A manual of style for the rest of us.

教育の場で「説明する」ためのパソコン術

宇多　賢治郎

山梨大学教育学部、同附属小中学校　協力

Microsoft Office 2016 を使って
どこまでできるかを示すために、
本書はすべて Word 2016 で編集した。
また、図の描画（一部加工は除く）は PowerPoint 2016、
データの加工やグラフの作成は Excel 2016 で行った。
なお、入稿データは Adobe Acrobat を使って
原稿を PDF 形式に変換したものである。

Microsoft Office 2016 および Microsoft Windows 10 は、米国 Microsoft
Corporation の米国およびその他の国における登録商標または商標です。
　Adobe Acrobat と Adobe Reader は、米国 Adobe Systems Incorporated の
米国およびその他の国における登録商標です。
　本文に掲載の製品名、会社名等は、一般に各社の商標、登録商標です。
なお本文中には、® および ™ などは明記しておりません。

はじめに

「パソコンが得意」という不思議な表現がある。「パソコン」は「道具」、それも非常に汎用性が高い「道具」のはずである。そこで、同じく汎用性の高い道具である「刃物」に置き換えてみる。

「刃物が得意」

この説明に違和感があるのは、「刃物」という「道具」を使う「目的」（何のために）と「方法」（どのように）が示されていないからであろう。例えば、「料理が得意」と表現すべきであろう。

このように、パソコンが得意かどうかは、教育の場なら「教育に役立つ使い方」に絞り込んで評価した方がよいはずである。このようなことを踏まえ、本書では教育の場で必要な「説明する」方法と、内容を整えるために必要なパソコンの使い方という「型」を説明することにした。

この「型」というものについて、落語家の故立川談志氏は次のようなことを語っていたという。

「型」ができていない者が芝居しても、ただの「型なし」である。

「型」がしっかりした者がオリジナリティを押し出せば、「型破り」になれる。

「型」を作るには稽古しか方法がない。

このように「型」、ここでは「説明する」ために必要な技能を身に着けるには稽古、つまり訓練や練習を繰り返す必要があり、その課程や過程で失敗し、反省し、重要性や危険性を体験する必要がある。ところがパソコンという「道具」が普及したことで、いつもしている人には便利にはなったが、まだ身に着いていない人、しばらくその作業をしなかった人が「稽古」する機会、あるいはその中で経験を積める度合いが減り、その重要性が軽視されやすい状況になってしまっている。また「稽古」、つまり訓練や経験の重要性を軽視する考えが、教育現場に影響を与えやすくなってしまっている。

しかし、人が「説明する」という技能を身に着けるには、相当な時間と労力と経験が必要である。また、この「説明する」という技能は、昔の「読み書きそろばん」と言われた技能のように「教養」(Arts)、人が社会に所属し、生活していくために必要なものである。このような、専門的な知識や技能ではないため軽視されがちな、基本である「説明する」技能を身に着けてもらうという「目的」に役立つよう、パソコンという「道具」を使う「型」、ここでは要点と方法論を本書にまとめた。

そこで本書を「読む」際は、この「当たり前」なことがわざわざ書かれている部分を読み飛ばさず、**自身の方法論を点検するために用いる**ことを勧める。また本書は**読むだけでなく、調べることができる**ようにも作成してある。パソコンの横に備えていただければ幸いである。そうすれば、パソコンのたまにしか使わない機能やその操作方法などは、「調べる」ことができる。つまり、本書があれば操作方法は忘れても問題になることは減るはずである。

大切なのは、相手に理解してもらうよう努めるという「目的」、そのために用いる「説明」という「手段」、その説明のための一連の作業に用いるパソコンという「道具」の、どれかではなく、それらの「つながり」である。

この「つながり」を意識できていれば、パソコンだけでなく Tablet や将来現れるかもしれない未知の機器で、また複数の機器を用いて作業を行わなければならなくなっても、それほど困らなくなるはずである。また、今までの方法や他の人のやり方を頭ごなしに全否定して「～は時代遅れ」とか、「これが使えない人は～」などとうそぶくことが、他の人にとって迷惑なだけでなく、自身にもためにならないことが分かるはずである。

目次

はじめに ……………………………………………………………………………… 3

目次 ……………………………………………………………………………… 4

1.「説明する」という目的の確認

1-1.	「説明する」ということ …………………………………	8
1-2.	「分かる」ということ ……………………………………	10
1-3.	文系・理系の誤用 …………………………………………	12
1-4.	目的の確認 …………………………………………………	14
1-5.	内容の作成 …………………………………………………	16
1-6.	形式の確認 …………………………………………………	18
1-7.	文書（論文）の例　その1 ………………………………	20
1-8.	文書（論文）の例　その2 ………………………………	22
1-9.	配付資料、要約の例 ………………………………………	24
1-10.	授業用資料の例 ……………………………………………	26

2.「道具」の使い方の確認

2-1.	パソコンという「道具」の性質 …………………………	28
2-2.	自己管理の重要性 …………………………………………	30
2-3.	Windows10 の設定変更 ……………………………………	32
2-4.	キーボードを使った文字入力 ……………………………	34
2-5.	ショートカット操作と手の配置 …………………………	36
2-6.	フォント（字体）の使い方 ………………………………	38
2-7.	文字の探し方 ………………………………………………	40

3. 情報の収集、整理、管理

3-1.	パソコン上の情報管理 ……………………………………	42
3-2.	ファイルの整理・管理　その1 …………………………	44
3-3.	ファイルの整理・管理　その2 …………………………	46
3-4.	ファイル管理のための操作 ………………………………	48
3-5.	フォルダーとファイルの管理　その1 …………………	50
3-6.	フォルダーとファイルの管理　その2 …………………	52
3-7.	情報収集と選別　その1 …………………………………	54
3-8.	情報収集と選別　その2 …………………………………	56
3-9.	図書館の利用 ………………………………………………	58
3-10.	インターネット検索の使い方 ……………………………	60

4．PowerPoint で図を描く

4-1.	図を描くということ	……………………………………	62
4-2.	PowerPoint の設定	……………………………………	64
4-3.	図形の描き方	……………………………………	66
4-4.	矢印、テキストボックスの描き方	……………………………………	68
4-5.	図形のサイズ、形状、順序の変更	……………………………………	70
4-6.	図形の移動、塗りつぶし、配置	……………………………………	72
4-7.	まとめて選択、グループ化	……………………………………	74
4-8.	図形描画機能の活用方法	……………………………………	76
4-9.	図形の配置	……………………………………	78
4-10.	板書計画の作り方	……………………………………	80

5．Excel 操作の基本

5-1.	表計算ソフト（Excel）の性質	……………………………………	82
5-2.	Excel ファイルの構造	……………………………………	84
5-3.	Excel 操作の基本	……………………………………	86
5-4.	取り消しと削除	……………………………………	88
5-5.	シート内の移動	……………………………………	90
5-6.	セルの範囲選択	……………………………………	92
5-7.	式の書き方	……………………………………	94
5-8.	相対参照と絶対参照	……………………………………	96
5-9.	複製と移動の操作　その1	……………………………………	98
5-10.	複製と移動の操作　その2	……………………………………	100
5-11.	形式を選択して貼り付け	……………………………………	102
5-12.	セルの設定　その1	……………………………………	104
5-13.	セルの設定　その2	……………………………………	106
5-14.	エラー表示	……………………………………	108
5-15.	関数の基本　その1	……………………………………	110
5-16.	関数の基本　その2	……………………………………	112
5-17.	シートの操作	……………………………………	114

6．表計算の基本

6-1.	表計算の性質を理解する	……………………………………	116
6-2.	問題1の解説	……………………………………	118
6-3.	問題2、問題3の解説	……………………………………	120
6-4.	問題4、問題5前半の解説	……………………………………	122
6-5.	問題5後半の解説	……………………………………	124

7. データの加工、計算

7-1.	データ加工の目的	126
7-2.	作業内容の確認	128
7-3.	必要なデータを抽出する	130
7-4.	データを必要な形に加工する	132
7-5.	比較のための計算　その1	134
7-6.	比較のための計算　その2	136
7-7.	変化率の統合、平均の計算	138
7-8.	アンケート結果の分析	140
7-9.	一次統計の集計　テスト結果の集計	142
7-10.	偏差値の計算方法　考え方	144
7-11.	偏差値の計算方法　計算手順	146

8. グラフの作成

8-1.	グラフの特徴	148
8-2.	グラフの作成手順	150
8-3.	グラフの作成	152
8-4.	グラフの設定変更	154

9. Word 操作の基本

9-1.	Word の概要	156
9-2.	Word の設定	158
9-3.	ファイルの表示とページ送り	160
9-4.	用紙の構造	162
9-5.	文字数、行数の設定	164
9-6.	ページ番号の設定	166
9-7.	標準フォント（字体）とスタイルの設定	168
9-8.	テンプレートとセクション	170
9-9.	フォント（字体）の設定	172
9-10.	編集記号の設定	174
9-11.	文字揃え、Tab 設定	176
9-12.	範囲選択、移動と複製、削除	178
9-13.	検索と置換	180

10. 表の作成、加工

10-1.	説明に使う表の加工	182
10-2.	Excel で表を準備する	184
10-3.	表の移動	186
10-4.	表の罫線の設定	188
10-5.	Word 上の表の加工　その1	190
10-6.	Word 上の表の加工　その2	192
10-7.	授業計画表の作り方	194

11. 文書の設定

11-1.	文書の形式	196
11-2.	文書設定の概要	198
11-3.	文書の表紙、配布資料の頭	200
11-4.	見出し（スタイル）	202
11-5.	目次（Tab）	204
11-6.	参考文献一覧	206
11-7.	注	208
11-8.	文章の配置（インデント）	210
11-9.	図表を Word に貼り付け	212
11-10.	図表の配置と番号付け	214

12. スライドの作成

12-1.	スライドを使った説明	216
12-2.	スライドを作成する前提	218
12-3.	PowerPoint の基本	220
12-4.	スライドの文面作成	222
12-5.	スライドに図表を貼り付ける	224
12-6.	画像（写真）を載せる	226
12-7.	アニメーションの追加	228

13. 各ファイルの印刷

13-1.	文書（Word）の印刷	230
13-2.	配付資料（PowerPoint）の印刷	232
13-3.	シート（Excel）の印刷	234
13-4.	PDF ファイルの活用	236

おわりに	238
謝辞	239

1.「説明する」という目的の確認
1-1.「説明する」ということ

当たり前の確認

「説明する」作業の確認

まずは「説明する」、またその準備の際におさえておいた方がよいことを説明する。

以下のことを、「当たり前」であるために見落とし、また疎かにしていないかを確認することを勧める。

・相手がいる作業である

「説明」は、自分以外の人に対して行うことである。つまり当たり前のことながら相手がおり、その相手にある事柄を理解してもらうのが「説明する」ことの「目的」である。

・相手から時間をもらうことである

「説明」は、相手の時間をもらって行うものである。そのため、準備の段階からいかにその時間に意味を持たせるかを考える必要がある。

・相手に分かってもらうためにする

「説明」とは、自分が長い時間かけて理解したことの「ほんの一部」を、短い時間で相手に伝えることである。そのため、「目的」に合わせて情報を切り出し、加工して並べるのである。

・手段には「型」がある

「説明」の手段は、大きくは「書いて読ませる」と「話して聞かせる」の二つに分かれる。それらの方法には「型」、つまり形式があり、それに合わせて行う必要がある。

「目的」を意識すること

本書はこの「型」、形式に合わせ、限られた時間の中で効率よく「説明する」内容を作成するためのパソコンの使い方を説明する。そのため、まず目的と手段のつながりから説明する。

「説明する」ということは「手段」であり、その「手段」には「目的」がある。「目的」の共通点は、「説明する相手に分かる形にして示そうと努めること」であろう。この「分かる形」にするためには、「型」に合わせて「説明する」内容を整えることが必要である。相手が分かってくれるには、「気持ち」や「誠意」や「努力」以前に形式に合わせること、それに必要な様々な技能を身につけ、組み合わせることが必要である。

なお、「示そうと努めること」としたのは、「相手が分かる」というのは結果であることによる。「説明すれば分かるはず」というのは、度を過ぎれば相手の存在や意思を無視し、侮った傲慢な態度になりかねない。

制約を意識すること

「説明する」際に意識しなければならないのは、時間や文字数などの「制約」である。時間や文字数に制限がある場合、その条件に合わせて説明するには、何を削らなければならないのかを決断する必要がある。つまり、目的に合わせ、優先順位の高いものを時間内に収まるように選択していく。

逆に、与えられた条件内でできる説明をすればよいのであり、作業を始める前から「この条件では、伝えきれない」と悩む必要はない。

また「制約条件」が示されていない場合は、何を「相手に分からせ」、その結果としてどんな結果を得たいのかを考えてみればよい。そして、その目的を達成するように努めれば、効率よく作業ができるはずである。

「型」の基本

書いたものを読んでもらう

　パソコンを使うことによって、後からでも変更や調整が利くようになり、それゆえ初めから形式や制限を守ることに厳格である必要がなくなった。つまり論文のような文書を作成している最中は、それほど形式を意識することなく作業ができ、後から形式に合わせて調整をすればよくなっている。

　しかし電子化が進んだとはいっても、多くの文書は紙に印刷することを前提に作成することが多い。そのため電子化が進んでも、日本語の文書は原稿用紙、英語の文書は Type Writer で作成することを前提に作られた規定や慣習、またはそれらの名残が残っていることが多い。

話して聞いてもらう

　口頭で説明する人がまず注意しなければならないことは、以下の二つである。

- **・与えられた時間を守ること、あるいは短く済ませること**
- **・場の状況を把握し、最大限利用すること**

　説明をする会場の大きさ、聞く人の数、使える機器（黒板、ホワイトボード、スクリーン、電子黒板など）、聞く人と機器の位置関係など状況を把握し、会場にあるものは積極的に使うということを意識して行動することが必要である。

字数や時間などの条件の意味

　レポートや卒業論文に課された A4 横書きで何ページ、あるいは発表会での持ち時間は何分といった条件を、達成すればよいものとして捉える者がいる。確かに慣れていない人にとっては、その量の文章を書く、あるいはその時間を使い切るだけでも大変であろう。しかし慣れている人にとっては、その条件の中でやりくりしなければならない、という制約でしかない。

　つまり、その制約を守るというのは最低条件であり、説明する目的や相手の理解度などの前提条件を把握あるいは推した上で、制約の中に収まるように説明を切り取り、収めなければならない。

大学生活の活用方法

　これらを踏まえれば、大学生活四年間の学問生活で得られた、あるいはこれから得るであろう経験には、以下のような性質があることがわかる。

- **・特定の専門分野に基づき、学習と学問を通じて研鑽を積む**
- **・それによって培った技能を用いて、研究成果（卒業論文など）という成果を出す**

　つまり一つの型（専門分野の手法）を学び、それに沿って卒業論文作成という作業を例に文書を「書く」練習、またその作成過程で行う各種の発表や報告を例に、「話す」練習をするのである。

　この経験に基づいて、社会に出てから所属した組織、与えられた役割、取り巻く状況、自身の持つ能力などを踏まえていろいろな仕事をすることになる。このことを踏まえれば、本書を含め一冊の本を読んだ程度で「全てが分かる」はずがないということが理解できるはずである。本書は、その根幹である「説明する」ために必要な基礎的な方法を示すものでしかない。そこで、くれぐれもパソコン操作の小技集と勝手に決めつけず、それらの技能を使う目的や基本を意識して、個々で説明する技能が必要な理由を意識してもらいたい。

1.「説明する」という目的の確認
1-2.「分かる」ということ
「分かる」ということの確認

確認事項

本書を読む際は、以下のことを確認しながら読んでほしい。

・説明を読んで「当たり前だ」、「何を今更」と思ったことは、実行できているのか？

・実際に行っていることと、「しているつもり」になっていることの間にずれはないか？

自身への評価は「できる（はず）」かどうかではなく「しているか」、「しなければならない時に意識できているか」という厳しい基準で判断すること。もし、そのようなことを考える、実行する必要はないと思っているのならば、それはその人の「当たり前」にはなっていないということである。

また、人は頭で「思っている」ことと、実際に「実行している」ことがずれていることがある。やっかいなことに、このずれはいつの間にか生じていることがある。分かりやすい例に姿勢があげられる。自分では「背中を伸ばしている」つもりでも、実際は丸まっている、左右に曲がっていることがある。このようなことから、鏡を見て確認する、医師に診断してもらうといった客観視、つまり他者の視点からの「検証と評価」が必要となる。

このような姿勢に比べ、「説明する」ことができるかどうかは実感しにくく、また評価がしにくいものである。

「正しい」は事実でなく、人の解釈

「説明する」ためには、まず自分が「分かる」（理解している）ことが必要である。

大学受験までは「教えられたことは、正しいこと」という前提で、点数をもらうため暗記してきた。つまり「分かっている」とは「教えられたことを覚えている」ことであった。

しかし、今後は得た情報が「正しい」かどうかは、状況次第になる。自分に立場があり、それに基づいて知っている情報、得られる情報を元に常識、論理などを踏まえて考え、「判断」することになる。そこで、まず「正しいこと」を示す言葉としてよく使われている「科学」という言葉の意味を、『大辞泉』（小学館）で確認してみる。すると、次のように説明されている。

> 一定の目的・方法のもとに種々の事象を研究する認識活動。
> また、その成果としての体系的知識。

この説明によれば、「科学」とは人の「認識」とその成果を集めた「知識」、つまり人の解釈の集合体でしかないことになる。このことを踏まえると、「科学的ではない、だから正しくない」といった、科学が絶対、普遍であるかのような使い方が、誤用でしかないということに気づけるはずである。

つまり、「科学的に正しい」とは経験上、現時点では間違いと判断する理由が足りないもの、「論理的」とはその説明の範囲内では筋が通っているもの、という程度に捉えておいた方がよい。

「分かる」ことは「分ける」こと

「説明する」ためには、まず「分かっている」ことが必要である。この「分かる」と「分ける」が同じ「分」という漢字を使っていることは、偶然ではない。「科学」の元の英語「science」は、ラテン語の「scio」から来ており、この語源は「scindere」（切る、分離する）であるという。

つまり「分かる」とは「分ける」、という作業の結果である。この社会に形を為した現時点の「分けたもの」や「分け方」を教わるのが教育であり、教えるという「説明」以外の形で身につけるのが経験である。子供はそれが備わっていない、「自由」な状態だから「思いがけない」ことを言うのである。それは「はじめに」で述べたように、ただ「型なし」なだけである。

「分かる」と「バカの壁」

　この「分ける方法」ができると特定の「分け方」、つまり状況の何を見て、何を重視するかという共通の固定観念、いわゆる「常識」ができる。この「常識」で情報を処理し、判断するということは、それ以外を「分ける」、つまり切り捨てて顧みなくなるということでもある。これが『バカの壁』（養老孟司、新潮新書）と言われているものである。この「バカの壁」は「常識」のことであり、社会に所属し、生きていくために必要なものである。これにより、子供のような「自由な発想」はできなくなるが、それは単に「でたらめ」でなくなったというだけでしかない。

　一方、自分の頭に時間をかけて築き上げた「バカの壁」は度が過ぎると、特定の専門分野の限られたことはよく分かっても、それ以外に対する理解が損なわれることがある。これを「専門バカ、無教養」という。つまり、専門と教養のバランスと柔軟性が大切であることが分かる。

「でたらめ」から「へたくそ」に

まずは「でたらめ」から「へたくそ」になる

　度を過ぎれば「バカの壁」になるとしても、「分かる」ためには「分ける」方法を身につけ、その方法論に基づいて考え、まとめ、説明できるようになければならない。

　この方法論が身についていない、「できていない」状態をよく見ると、実は全く異なる二つが混在していることが分かる。

- **でたらめ　：　ルールや方法を知らないため、適切な行動が取ることができないこと**
- **へたくそ　：　ルールや方法を理解してはいるが、未熟、経験不足からうまくできないこと**

　二つの違いは、「何をしたらよいか」を分かっているかどうかである。「でたらめ」は何をしたらよいかを分かっていない状態である。これに対し、「へたくそ」は分かっているけれども、現時点では実行しきれていない状態のことである。例えるなら、ボクシングで相手を蹴る、抱えて投げとばすのが「でたらめ」であり、ルールを把握し、遵守しているが弱くて勝てないのが「へたくそ」である。

　まずは「でたらめ」から「へたくそ」にならなければならない。つまり、まずは「何をしなければならないのか」を知る必要がある。これを踏まえ、「何ができていないか」を把握し、改善していく必要がある。

　厄介なことに、ルールを十分把握していない、しようとしていない、つまり自分が「でたらめ」でしかないのに、「へたくそ」あるいは「できている」と思いこむことがある。この状態では、講義や研修などに参加して時間と労力を費やしても、知識や技能を身につけることは困難であろう。

できていると思っていることを確認、検証する習慣を

　人は自分が「できている」と思っていても、そうでないということがある。あるいは前はできていたとしても、人は時間と共にできなくなっていくものである。スポーツ選手などは、それが著しく現れる職業であろう。もちろん、頭脳労働でも使わないことは忘れていくし、またできなくなっていく。ただし、表に現れにくいため自覚しにくく、また指摘もされにくい性質を持っている。

　その結果、座右の銘と公言していることを実行していないという、言動不一致な状態に陥ることがある。このようなことを踏まえれば、意識して定期的に自己点検することが大切であることが分かる。

1.「説明する」という目的の確認
1-3. 文系・理系の誤用
文系、理系という分類
文系と理系という表現の誤用

　ここで問題にするのは、「私は（文・理）系だから、こういったことはやる必要はない。他の人がやればよい」といった、なぜか人を分類する方法、時に自身の所属や能力の不足に対する言い訳として使われている「文系」、「理系」のことである。例えば、教員が業務として行うアンケート集計や偏差値の計算を、「文系」という属性に自身が所属していることを免罪符にして、「理系」の教員がやるものであるという主張をする教員がいるとしよう。

　確かにやり方を知らないことに後ろめたさはあるだろうし、上手にできないために人に頼りたくなるものであろう。しかしアンケート集計や偏差値の計算といったことは、パソコンの普及、Windows95 の発売が契機だったのならば 20 年以上前に、「理系」の人や統計学を専門とする人の特殊技能ではなくなっている。また、これらの計算はよく見れば、中学校程度の説明力と数学力と計算に必要な時間さえあれば、たとえ手計算でもできなくはないことである。（7-10、7-11）

　そこで、まず根拠として使われている「文系」、「理系」の意味を辞書で確認してみる。

「文系」、「理系」の意味

　まず、「文系」と「理系」を『大辞林』（三省堂）で引いてみると、以下のように説明されている。
- ・ぶんけい【文系】　　文科の系統。また、その学科。
- ・りけい【理系】　　　理科の系統。また、その学科。

　これを見れば分かるように、人を分類する単語としての意味は記されていない。他のいくつかの辞書も人を分類する説明はしていない。「系」や「科」という漢字は「分ける」ことを意味するが、人を分類するものではなく、あくまで学問の分野を分けるものでしかない。

　次に、説明にあった「文科」と「理科」を引いてみる。以下は、必要な部分を抜粋したものである。
- ・ぶんか【文科】　　　自然科学系統以外の学問の分野。人文科学・社会科学の分野。（1番より）
- ・りか　【理科】　　　自然科学の学問。（2番より）

　この説明によれば、要するに自然科学を扱う学問が理科、それ以外が文科ということになる。

　次に、和英辞典（『新和英中辞典』、研究社）を引いて、英語表現を見てみる。
- ・ぶんけい【文系】　　humanities, social sciences, and fine arts; liberal arts
- ・ぶんか　【文科】　　literary course　（同社の英和辞典を引くと、「文学科」と訳されている）
- ・りけい　【理系】　　science
- ・りけい　【理科】　　science

　このように「理系」が「science」と明確であるのに対し、「文系」はいろいろな表現があり、「強いて言うならばこういう表現が当てはまる」ものが示されていることが分かる。また、文系の説明に「social sciences」とあることから、文系も特定の「science」であることが確認できる。また、様々な表現がされていることから、この「文系」という分類を示す単語がないことも確認できる。

　また 1-2 で示したように、「science」の和訳語である「科学」は「一定の目的・方法のもとに種々の事象を研究する認識活動。また、その成果としての体系的知識。」（『大辞泉』、小学館）であった。つまり「科学」とは理系であっても、人の経験則とそれを探求の結果、現時点では正しいとされる「認識」を集めた「知識」であり、将来否定される可能性もある「暫定的な人の解釈」でしかないことが確認できる。

「自然科学」と「人文・社会科学」、「教養」の意味

　次に「教養」の意味を整理してみる。まず「nature」（自然）に対し、「arts」（人、人によって為された、うまれたもの）がある。つまり人文科学（humanities）は、「arts」やその源である「人間本性」（human nature）を対象とする認識活動である。また社会科学（social science）は社会、ここでは人が所属する集団の中で行われる「人の関わり」を研究対象とする認識活動である。

　このようなことから、理系と文系の違いは研究する対象、「自然」か「人、社会」かという違いでしかないことになる。またこれらの対象の違いは、「普遍性」の度合いでしかない。つまり、人がどのように主張しようと「自然法則」は変わらないし、人が知っているのは「科学という認識活動を用いて、人がした解釈」でしかない。これに対し、「人、社会」の法則は、人ないし人々が所属する集団の中に意識として存在するものである。そのため、集団に属する人々の考え方や共通認識が変われば、あるいは異なる集団ならばその法則は成立しなくなる。このことを踏まえれば、「社会科学は科学でない」と主張するのは、「科学」という言葉の誤用に基づいた勘違いと決めつけでしかないことが分かるはずである。

言葉の誤用がもたらす勘違い

　このようなことから、あえて「文系」、「理系」を人の分類に用いるとしても、せいぜい以下のような意味にしかならないことになる。
- **・文系とは、文科に属する科目に重点を置いて勉強した経験を持つもの**
- **・理系とは、理科に属する科目に重点を置いて勉強した経験を持つもの**

　つまり「学んできたこと」、「経験してきたこと」、その結果として身についた技能の差でしかない。大学レベルで学ぶ専門分野にまでなれば文系、理系と分類することは意味があろう。しかし、義務教育で学んだ内容を無視し、教育では何ともならない人の特性であるかのように言い、人を分類する方法として用いれば、それは誤用である。

「説明する」ための技能は、文系、理系の分類以前のもの

　そもそも、社会人として独立するため、人に「説明する」技能を身につけることは文系、理系といった専門分野以前の「教養」である。それは社会で生活するための技能である Literacy、つまり「読み書きそろばん」の一部でしかない。人は働いて金銭を得るために労働をする、また得たお金を使って生活するため文字を読み、人の話を聞き、金勘定程度の計算を行い、そして人に「説明する」必要がある。

　その「説明する」内容は、職種や業務内容によって異なるであろうが、手段はほぼ共通である。
- **・人前で話す、文書で示すといった手段を使って「説明する」**
- **・その際、補足資料として図、表、グラフ、数式、文章といった表現を用いる**
- **・その表現に必要な資料やデータを準備し、「説明する」ように整える**

　その内容には科目、専門分野の違いはあろう。しかし統計学は知らないとしても、偏差値を計算し、グラフを作成する程度のことは、パソコンという道具が普及したことにより、特殊技能ではなくなっている。（ある意味、人がすることでさえなくなっている。）

　少なくとも本書で説明する各種の計算方法は、義務教育レベルの数学を使えばできるもの、しかも計算それ自体はパソコンに「代わりにやってもらう」ものでしかない。そのため、文系や理系などの言葉の誤用に基づいた言い訳をして決めつけたり、開き直ったりせずに、せめて本書が示した程度のことはできるようになっておくことを勧める。

1.「説明する」という目的の確認

1-4. 目的の確認
「説明する」ための前提の確認

「説明する」ことの「目的」

　「説明」の内容を作成する際は、その「目的」を意識する必要がある。例えば、授業ならば、まず「分かってもらい」、次に覚えてもらうことであろう。このように、どのような目的があっても、まずは情報を受け止めてもらうこと、そしてそれを「分かってもらう」ことが不可欠である。

　しかし、慣れないと「何のために」を忘れて、「何を、どうやって」という手段にばかり目を向けてしまいがちになる。これにより、例えば卒業論文の作成作業で「自分が分かったこと」と、その一部である「相手に説明すること」の区別がつかなくなり、文章がまとまらなくなるということが起こる。そのため、相手に「何を分かってもらう」ために、「どのように説明するのか」ということを、常に意識する必要がある。

「説明する」際の注意点

　「説明する」ために注意することは、以下の二点である。

1. 要点を押さえて、「きちんと」説明する

2. できるだけ「簡潔」に、平易に示す

　この「きちんと」ただし「簡潔に」という相反することを、同時に達成することは困難である。

　そのため、まず「説明する」目的が、前述した「**相手に理解してもらうよう努力すること**」であるということを意識する必要がある。この目撃を達成するためには、説明する目的、状況、用いる方法といったものを踏まえ、**相手に合わせて**この一見対立する二つの「バランス」を取らなければならない。

　なお、理解は相手がするものであるということは、忘れてはならない。また、どんな説明をしたとしても、相手が聞く耳を持たない人ならば、分かってもらうことはできないので、その場合は自分を責める必要はない。

「説明する」内容の準備

　説明する内容を作成する際は、「目的」を意識し、常に忘れないよう、外れないよう注意する必要がある。そのため、まず目的や達成方法を自分にどこまで決める裁量があるかを確認すること。

1. 説明する内容が、(ある程度)用意されている場合

　　例：小中学校、高等学校の授業

　　　小中学校、高等学校の授業は、「学習指導要領」や指定の教科書などの資料を前提に、一時限という時間の区切りの中で説明する内容を作り、必要に応じて資料などを追加していくことになる。

2. 説明する内容も、(ある程度)自分で作成する必要がある場合

　　例：学生の卒業論文、研究授業やその成果などをまとめた研究論文(1-7、1-8、11章)

「説明する」ための準備作業

　この場合は、以下の二つの作業を同時に行うことが必要になる。

・「内容の作成」の作業(読む、調べる、実験するなど)

・作成した内容を踏まえ、それを説明するための加工作業(本書で説明する方法論)

　「内容の作成」作業は非常に専門的なものであり、研究ならば分野別、仕事ならば職種などによって様々である。そのため一律に方法を示すことは困難である。そこで本書では、大学という学問の場で「説明する」こと、小中高の教員が生徒に「説明する」ことを例に、方法論を示していく。

「説明する」ということの確認

「説明する」方法

　「説明する」方法を確認すると、大きく分けて二つに分かれる。

・書いて、読んでもらうこと（論文などの文書）

・話して、聞いてもらうこと（発表、報告など）

　この二つの違いの一つに「自由度」、つまり「説明」の際に状況対処ができるかどうかがある。

　文書で説明する場合は書いたもの、印刷したものを渡すことになるので、当然のことながらその文面だけが評価対象となるはずであり、その変更や補足は困難なはずである。

　これに対し、「話すこと」はどのような形式であれ、どのような道具（スクリーン等）を使うにせよ、口頭で説明することを聞いてもらうことになる。そのため、用意してあったものをそのまま行うだけでなく、進行に合わせた調整や内容を変更することが可能になる。

　また、どのような状況で説明するのか、相手の人数、会場の広さ（幅や奥行）、スクリーンやマイクの有無、それらを使った時の見やすさ、聞きやすさなどによって、受ける印象も変わってくる。

「説明する」には相手がいる

　説明するにあたって、まず相手を想定することが必要である。つまり話をする場合は聞く人、書く場合はそれを読む人を想定して、作業を行うことになる。

　相手がいることを踏まえた上で、行うことになる作業は、以下の三点である。

0. 説明する「内容」を考える

　この番号を「0」としたのは、この部分の作成は専門性が高く、本書では取り扱わない部分であることによる。卒業論文のように作成経験がない上に内容作りが大変な場合は、この部分に時間をかけすぎてしまい、この後にする説明のための準備がおろそかになりやすい。

1.「内容」を分かりやすく説明する

　自身が長い時間をかけて調べ、試行錯誤して作成した成果を、あるページ数の文章、数十分の発表に収めて説明しなければならない。中間報告、卒業論文の進捗状況を説明する場合は、相手が指導教員なので、難しいことをそのまま説明しても何とかなるであろう。しかし、発表会では全く前知識のない部外者や初心者を相手にすることが多い。その場合は、説明する相手の理解度を意識して、これまで当たり前なこととして説明しなかったことから、きちんとする必要がある。

2. ただし、きちんと説明する

　きちんとした説明の場では必要な資料を揃え、図表やグラフなどを示しながら説明するなどの工夫が必要である。つまり、相手に説明するということは、本人が分かる、あるいは分かったつもりになれる状態よりも高い理解度が必要であり、以下の名言が参考になる。

　　　　　Albert Einstein　　"If you cannot explain it to a six year old, you don't understand it yourself."

　つまり分かっているということは、分からない人を相手にし、相手の状態や状況を踏まえて情報を「分けて」整理し、相手が「分かる」ように並べて示すことができるということである。ただし、「できる」ことが「うまくいく」、つまり相手が理解してくれることを保証する訳ではないことは心がける必要がある。

1.「説明する」という目的の確認
1-5. 内容の作成
説明する内容の作成

「頭の中ではできている」だけでは無意味、無価値

アイディアは思いついただけでは意味がない。とにかく「形」に、この場合は「説明に使える形」にしなければならない。「説明に使える形」とは、根拠を示しながら説明が行える状態のことである。この「説明する形」を整えるには、手間と時間が必要になる。

「頭の中ではできているのに、間に合わなかった」という人がいる。「頭の中でできている」ことをそのまま出せば完成形になるのは、「頭のよい、天分に恵まれた人」か「即興で何とかできるまで経験を積んだ人」くらいである。自身がそういう天分を持っている、あるいは経験を積んでいると堂々と公言していることになるので、言わないようにすることを勧める。

そもそも、この失敗は作業の時間配分を間違えた、見込みが甘かったということでしかない。

内容は作りながら絞り込み、並べ、整えるもの

結局、「説明する」ためには、使えるかよく分からない文章や資料をたくさん作成することになる。慣れていなければ、締め切り間近になってから、その山の中から使えそうなものを何とか説明になるように並べることになる。慣れている人からすれば、材料が揃っているのだから、残る作業は切り取って並べるだけだと思うであろう。しかし、その並べ方が分かっていない、あるいは慣れていないから苦労しているのである。

慣れてくれば全体像がある程度見え、根拠となる資料やデータの使い方、あるいは逆に資料やデータから何が説明できるかが捉えられるようになる。ただし、これには慣れが必要である。それを経験がないのに、集中すれば短時間で済むと思っている人は考えを改めた方がよい。また、そういう指導をする人がいるのならば、その人はそんなことをしないでも済んでしまった「頭がよい人」なのか、自身が苦労したことを忘れているのか、虚勢からとぼけているだけだろうから、真に受けて真似しない方がよい。ひょっとすると、単に仕事や役割であるはずの指導や説明ができないだけかもしれない。

いずれにせよ、天分も経験も不十分という自覚があるのならば、真似すべきことではない。

意味の塊を作る作業

小さな意味の塊を作り、つなげる

どんな方法で説明するにせよ、目的を設け、大まかな説明の流れを作り、その説明に必要な細かい部品をたくさん作り、つなげていくという作業をする。一人で作業をするのであれば、手順や手続きを設ける必要はなく、最終的にそのようにまとめられればよい。

段落の重要性

文書の場合、意味の最小単位は「文」(sentence)にしない方がよい。難しいことを説明するため、意味の塊を作ろうとすれば、文が長くなってしまうからである。そこで、文はなるべく短く細かく区切り、それをつなげて段落(paragraph)になるようにまとめる。

このように「一段落に一意」とし、並べ、以下のように意味の階層を作っていく。

大意　←　　　　　　　　　　　　　　　　　　　　→　詳細、厳密

表題→章　→　節　→　（略）　→　段落（その部品としての、文→単語）

段落が大事であることを示す例

　段落が「文書」の構成上、意味の最小単位であることを示すため、Word の操作方法を見てみる。そもそも論文の形式は欧米で発達したもの、また Word は英語用（米国産）のソフトである。

　このことを踏まえて、ネットの英字新聞の文面を Word 上にコピーし、文章の適当な箇所で以下の操作を行ってみるとよい。

・マウスでワンクリック（マウス左ボタンを一回押す）　→　文字を入力する箇所を選択
・ダブルクリック（二回、すばやく押す）　　　　　　　→　一単語が選択される

　単語間をスペースで区切る英語ではうまくいくが、日本語ではうまく機能しないことがある。

・トリプルクリック（三回、すばやく押す）　　　　　　→　一段落が選択される

　つまり一文（sentence）の選択は、マウスのクリックではできないことになる。このことから、「文」という単位はそれほど重要でないという位置づけで、Word の操作方法が作られていることが分かる。

意味の塊を踏まえた推敲作業

二つの推敲作業

　推敲作業は、大きく以下の二つに分かれる。

・文単位の細かい推敲：てにをは、などの細かい表現や誤字・脱字の修正（ミクロな視点）

　　これまでも作文、小論文のような形式の文章でやってきたはずである。

・俯瞰的な推敲：構成など（マクロな視点）

　　論文などの文書は、説明する目的、そのための構成など、短い文章では意識しづらかった俯瞰、つまり大きな視点での推敲が重要となる。また Word を使った文書作成は、手書きにない自由がある。逆に簡単に直せてしまうため、キリのよいところで止めるといった歯止めが利きにくくなる。

「マクロな視点」でする推敲作業

　「マクロな視点でする推敲作業」として、以下の5点があげられる。

・形式は守れているか？（最大ページ数、紙の大きさ、行数、文字数など）
・目的に必要な説明は揃っているか？（目次、小見出し）
・それぞれの段落が意味の塊になっているか？（段落）
・段落間がつながり、その上で流れる説明になっているか？
・つなげた段落の集まりが全体で大きな意味の塊をなしているか？

　この推敲の結果、説明に不要な箇所があれば削除する。あるいは削除が望ましくなければ、「注」を設けて、そこに移してしまう。（11-7）

　また表現、単語の統一などの細かい修正は、一見「ミクロの視点」の問題に思えるが、実は全体の調和、「マクロの視点」の問題でもある。例えば、単に目の前の語句を直すだけでなく、形式を統一する必要などがある。

1.「説明する」という目的の確認

1-6. 形式の確認
文書や資料の形式

聞かせると読ませる

　本書では、1-7〜1-10 で文書や発表用の配布資料の例を示し、その上でそれらの形式を整えるために必要な Office の操作方法を示していく。その「型」つまり形式は、説明する手段によって異なるものである。既に説明したように「説明する」の手段とは、大きくは以下の二種類に分かれる。

・話して、聞いてもらうこと(発表、報告など)
・書いて、読んでもらうこと(論文などの文書)

　これらの性質の違いが、そのまま発表用資料と文書の「型」、つまり形式の違いに現れる。

文書の主役は文章

　論文などの文書は、それ単独で完結していなければならない。つまり、それを読んだだけで伝わるようにしておかなければならない。そのため、後から補足することはできないということを前提に、読者を想定し、目的に合わせて書くことが必要になる。

　例えば、学生が卒業論文を書く場合は指導教員、審査の先生、ゼミの生徒などが対象になる。そこで 1-7、1-8 では論文の形式で、偏差値の計算方法を説明する例を示す。ただし、文書の表面的な形式を示すことを目的にしたものであり、内容は偏差値の計算方法を解説しているものに過ぎない。

　(Excel を使った計算方法は、7-10、7-11 を参照)

発表用資料の形式

　「話しを聞いてもらうために用いる資料」の内、本書で説明するのは以下の三点である。

	本書	準備	変更
発表用の配布資料 (レジュメ)	1-9	各ソフトで作成後、 Word に統合し、文書化	説明を抜かす 口頭や黒板等で追加する
スライド	1-10右	PowerPoint で作成	説明を抜かす 口頭や黒板等で追加する
板書計画	1-10左	PowerPoint で 板書計画を作成	柔軟に変更可能

　この三つを比較すると、口頭で説明する以外は方法が全く異なることが確認できる。

　また表の上の形式ほど、説明している最中に変更しにくいものであることが分かる。

　いずれにせよ、話す内容をきちんと決め、それに必要な資料を揃え、見せることができるようにするといった、事前の準備を必要とする。つまり技術的なことを除けば、これらの違いは本番の状況に合わせて変更しやすいか、その変更によって違和感が生じやすいかでしかない。

補足：電子黒板の特徴は柔軟性

　電子黒板は、要するにスライドや映像資料の上に直に書ける、つまり別々だったものを重ねることができるようになった柔軟性が高い道具である。つまり、全て書かなければならなかったのを、スライドや映像としてあらかじめ準備でき、また黒板のように本番中にある程度の変更ができるようになったものである。このことから、上記の資料を整えることができれば、あとは操作方法を覚えればよいだけのものでしかないことが分かる。

要点と要約

要点を取り出し、つなげていく

　1-5 の説明を踏まえれば、文書は次のように構成されていることがわかる。

・段落（節、章など）という「意味の塊」ができている

・「意味の塊」がつながり、意味の「流れ」が作られている

・作られた「流れ」により、大きな「意味の塊」が成立している

　これらが示せていれば、読み手にとって理解がしやすいものとなり、また「要約」も簡単に作成することができるようになる。要約の「要」（かなめ）は扇の骨をまとめる釘、つまり中心のことである。文書には説明の「中心」があり、それを取り出して短く説明したものが「要点」である。

　この「要点」は段落ごと、段落を合わせた節ごと、節を合わせた章ごとに、また当然のことながら文書全体にも存在する。この要点を取り出し、短く表せば節や章レベルでは小見出しになり、全体から取り出せば表題、タイトルになる。つまり、「意味の塊」の中にそれを説明するための「意味の塊」があるという上下の階層関係が成立するように、文書はこの構成を意識して作成する必要がある。また、そのように作成されていれば、要点がつかみやすく、概要も分かりやすいものになるはずである。

要約の整え方

　つまり、要約を作るのに必要なのは、以下の三点である。

・要約の字数制限と元々の文章の長さの違いを意識する

・何のための要約か「目的」を意識し、要約に入れる基準を明確にする

・どの規模（段落、節、章）の意味を抽出するのが適当かを確認する

「読ませる」要約

　文書の場合は読ませる文章から適宜要点を取り上げ、それらをつないで要約文を作成する。

　上記の「要点の整え方」で示したように、一つの「意味の塊」から要点を抽出し、それらをつなげれば要約になる。例えば、**1-9 右下**の 400 文字の要約文は **1-7**、**1-8** にある「文書」の例の各段落から要点を抽出し、つなげる作業をしただけのものである。本来ならば、目的に合わせた変更を加えるべきであるし、詳細に説明する必要があれば、より細かい「意味の塊」を抽出するなど、工夫を要する。

「話す」ための要約

　一方、話すことの要約は、これから何を話すか、今何を話しているのかの要点を示すものである。

　話すことが主であるから、発表用の配布資料で示す要約はその補助になるようにする。つまり発表用の配布資料は、聞くことの邪魔にならないように作成しなくてはならない。

　このことに注意し、**1-9** のように要点を箇条書きにし、できるなら一行内に収めるようにするとよい。このように箇条書き形式で要約を並べると、説明の進行表を兼ねたものになる。

要点の把握のギャップ

　発表用に用いる資料によって、相手がどれだけ把握してから話を聞くのかが異なる、ということに注意する必要がある。つまり、発表用の配付資料はあらかじめ要点を全て見せてしまうのに対し、スライドや黒板を使った板書はまだ表示していない部分があり、当然のことながらまだ書いてないことを相手は知らない、という状況で説明をすることになる。（**スライド 12 章**、**板書 4-10**）

1. 「説明する」という目的の確認

1-7. 文書(論文)の例 その1

文書の例(論文) その1

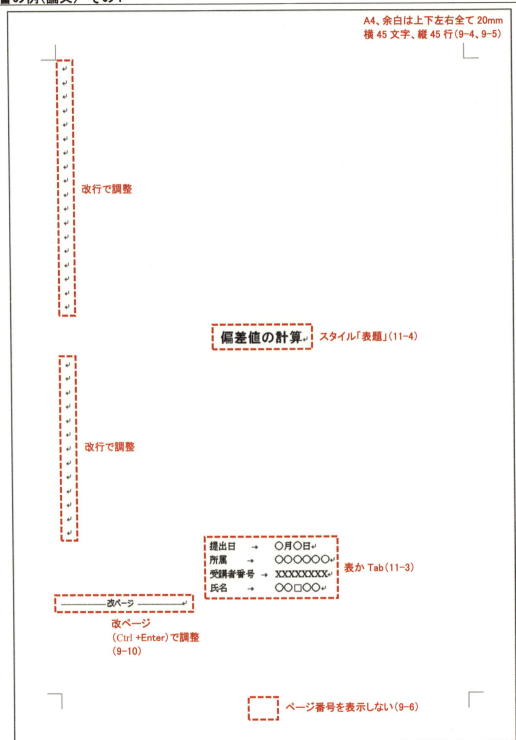

文書（論文）の例　その1　　1-7

文書の例（論文）　その2

1. 説明

ヘッダー機能（11-3 右）

偏差値の計算□□□○○□○○　（XXXXXXXX）

節番号：インデント
小見出し：左揃え Tab
ページ番号：右揃え Tab
リーダー（点線）（11-5）

■目次
第1節	→	はじめに□ ……………………………………………………………	□1
第2節	→	偏差値の計算式□ …………………………………………………	□1
第3節	→	偏差値の理解に必要な、数学の復習□ ……………………	□1
第4節	→	小学生の行動と偏差値の計算□ ………………………………	□2
第5節	→	計算例□ ……………………………………………………………	□2
第6節	→	おわりに□ …………………………………………………………	□3
参考文献	→	…………………………………………………………………………	□3

■1．はじめに　スタイル「見出し1」（11-4）

段落頭を下げる：インデント（11-8 左）

□本稿は、論文などの文書の体裁を Word で整えることができるよう、一通りの書式設定を学ぶための教材として作成したものである。この教材では、例として偏差値を説明する。この説明では、一見複雑に見える偏差値の計算が、実は小学生の頃からしている行為の延長にあり、これに中学校の数学の内容を合わせれば、計算できる程度のものであること示す。

■2．偏差値の計算式

偏差値とは、あるテストの結果を加工し、他のテストの結果と比較できるようにしたものである。これによりテストの点数は、平均点を 50 点にしてある条件に従って散らばるように変換される。
テストの点数を偏差値に変換する計算式は、式1のようになる。

$$50 + 10 \times (x_i - \bar{x}) \div \sqrt{\frac{1}{n}\sum_{i=1}^{n}(x_i - \bar{x})^2} \qquad (1)$$

数式の配置：
Tab の応用
（9-11）

数学に苦手意識を持ち、数式をできれば見たくないと思っている人には、複雑な長い式に見え、嫌になるかもしれない。そこで、この式1を日常的な行動との関連を意識させながら、読み解いていく。

■3．偏差値の理解に必要な、数学の復習

この偏差値の計算式を理解するには、まず中学生レベルの数学の二つのことを理解していればよい。
第一に、平均点は全体（例えばクラス）の「標準」の点（クラスのテストの点数の真ん中）を求めるための計算であり、その方法は「全員の点数を足して、人数で割る。」である。
これを数式で表現すると、式2のようになる。

$$\bar{x} = \frac{1}{n}\sum_{i=1}^{n}x_i \qquad (2)$$

つまり、x_i が「ある人」（i 番目の生徒）のテストの点数、Σ が「全データを足す」、$1/n$ が「データ数で割る」になる。このことから、式2の右辺の x_i より左の部分は「全てのデータを足したものを、データ数で割る。」という意味であることが分かる。
第二に、「ある値の自乗（2乗）の平方根（2乗根）は、元の値である」ということである。
これを数式で表現すると、式3のようになる。

$$a = \sqrt{a^2} = (a^2)^{\frac{1}{2}} \qquad (3)$$

□本稿では、偏差値の理解を優先し、統計学自体の説明は極力行わない。そのため、理論的な説明の不足は否めない。統計学そのものの理解を深めたい人は、ロウントリー（2001）をはじめ入門書を読むことを勧める。
□本稿では、Word に組み込まれている旧式の「Microsoft 数式 3.0」を使って数式を編集している。他に「数式」を使う方法もあるが、簡単なのは教科書をデジカメなどで撮影し、画像として文中に組み込む方法もある。

脚注
（11-7）

-1-　ページ番号を表示
2ページ目以降に、1から振っていく（9-6）

- 21 -

1.「説明する」という目的の確認
1-8. 文書（論文）の例　その2
文書の例（論文）　その3

偏差値の計算□□□○○□○○（XXXXXXXX）

なお、式3の右辺が示すように、平方根（2乗根）は2分の1乗である。このことは表計算ソフトに式を書く際、役に立つ。

4. 小学生の行動と偏差値の計算

偏差値の計算式の内容を直感的に理解するには、小学校でテストが返された時の様子を思い出してもらう必要がある。いつの頃からかテストの返却が終わると、教員はテストの平均点を述べるようになったはずである。また、これを聞いた生徒は、自分のテストの結果と平均点を比べたはずであり、比べる際は式4のような計算を無意識にしたはずである。

$$x_i - \bar{x} \qquad (4)$$

この式4の計算を「偏差」という。この「偏差」は平均点、つまりテストの結果の「標準」との引き算であり、平均点より上ならプラス、下ならマイナスというように、善し悪しも示すことができる。

しかし、テストごとに平均点が異なるように「偏差」、つまり「標準」（平均点）からの離れ方の標準的な大きさもテストによって異なるため、異なるテスト間の比較は意味をなさない。そこで、比較可能な値に変える必要がある。そのためには、まず比較対象である基準、クラスの「偏差」の「標準」を求める必要がある。この「標準偏差」とそれぞれのテストの「偏差」を比べることで、異なるテストの結果を比較することができるようになる。

ここで言う「標準偏差」の求め方は、基本的には「全てのデータを足したものを、データ数で割る。」でよい。しかし、「偏差」をそのまま合計すると、プラスとマイナスの値が相殺されてしまい、必ずゼロになるという性質がある。そこで、マイナスの値をプラスに変えるために自乗（2乗）したものを用い、計算の最後にその平方根（2乗根）を取る、という方法を用いるのである。

これにより得られた値は、ゼロを平均にし、-3から+3の間にほとんどが収まる、統計学に接する機会が少ない人には直感的でない値になる。そこで、この値に10をかけて、50を足すことで100点満点の形式に近い形に変換する。これが「偏差値」と呼ばれるものである。

これまでの説明を式1に加えたものが、図1である。

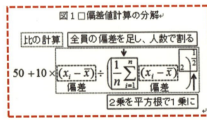

図1　偏差値計算の分解

中央揃え（9-11、11-10）

PowerPointの図を拡張メタファイルで貼り付け後、トリミング（11-9）

図1は、式1の平方根の表記を、2分の1乗に変えてある。これは、ある値を2乗したものを2分の1乗すると、元の値に戻るという計算をしていることを、示すためのものである。

5. 計算例

これを踏まえ、簡単な例を使って、計算の説明をしてみよう。表1は4人のテストの例である。
4人の「テストの点」の「標準」である「平均点」は、点数の合計（280点）を人数（4人）で割ることで求められている。求められた平均点70を用い、「偏差」を求めたところ、プラスとマイナスの値が合わさり、「合計」と「標準」はゼロになっていることが確認できる。

例えばExcelの式では、3の自乗（二乗）は「=3^2」、9の平方根（二乗根）は「=9^(1/2)」と表記する。

-2-

文書の例（論文）　その4

偏差値の計算□□□○○□○○（XXXXXXXXX）↵

中央揃え（11-10）

表の加工（10 章全般）

表１□テストの例（４人）↵

名称↵	テストの点↵	偏差↵	偏差の自乗↵	偏差を標準、10で割る↵	偏差値↵
生徒 A↵	74↵	4↵	16↵	0.2↵	52↵
生徒 B↵	98↵	28↵	784↵	1.4↵	64↵
生徒 C↵	66↵	-4↵	16↵	-0.2↵	48↵
生徒 D↵	42↵	-28↵	784↵	-1.4↵	36↵
合計↵	280↵	0↵	1600↵	0↵	200↵
標準（平均）↵	70↵	0↵	400＝20²↵	0↵	50↵

↵

そこで、「偏差の自乗」を求めてから合計すると 1600、これを４人で割ると 400 になり、その平方根は 20 になる。このようにして求めた「偏差」の「標準」である 20 で、「偏差」を割った値が、それぞれのテストの結果がクラスの「標準」からどれだけ離れているかを示した比になる。この比に 10 をかけて、50 を足すことで、100 点満点のテストの結果に近い表現に変換したものが「偏差値」になる。↵

図２左は、偏差値が理論上に分布する様子を表したグラフである。しかし、実際は図２右の実例ように、０点や 100 点の壁や、配点方法などにより、このような形になるわけではない。↵

↵

PowerPoint の図を拡張メタファイルで貼り付け後、トリミング（11-9）

図２□偏差値の分布（左：理論上の分布、右：実例）↵

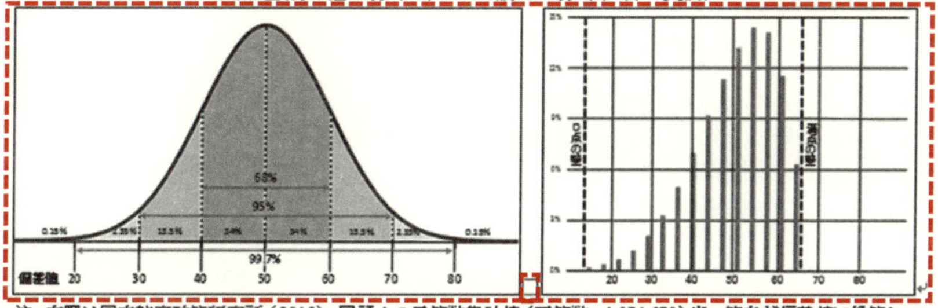

注：右図は国立教育政策研究所（2015）、国語Ａの正答数集計値（回答数：1,074,670）を、筆者が偏差値に換算し、グラフ化したものである。↵

2つのグラフに囲み線、グラフの間に全角スペース（11-9）

↵ 注なので、フォント（文字）を9ポイントに（11-7）

▪６．おわりに↵

以上、偏差値の計算方法を説明した。偏差値の計算式をいきなり見れば、数学に苦手意識を持つ人は敬遠したくなるであろう。しかし、本稿で説明したように、作業の多くは小学生の時からしていたことであり、中学校で習う数学で計算できる程度のものである。また、人数分繰り返さなければならない、手間のかかる計算は、表計算ソフトが代わりにしてくれる。つまり、偏差値の計算は、特殊な技能を必要とするものではなく、本講義を通じて表計算ソフトの活用方法を身につければ、誰でもできるものである。↵

↵

▪参考文献↵

宇多賢治郎（2017）『教育の場で「説明する」ためのパソコン術』、学文社。↵

D.-ロウントリー（2001）『新・涙なしの統計学』、新世社。↵

国立教育政策研究所（2015）「２．教科に関する調査の結果□（１）調査結果概況□全国－児童（国・公・私立）」、『平成 27 年度□全国学力・学習状況調査□調査結果資料【全国版／小学校】』。↵

二行目以降を下げる：インデント（11-8）

-3-↵

1.「説明する」という目的の確認
1-9. 配付資料、要約の例
配付資料の例　その1

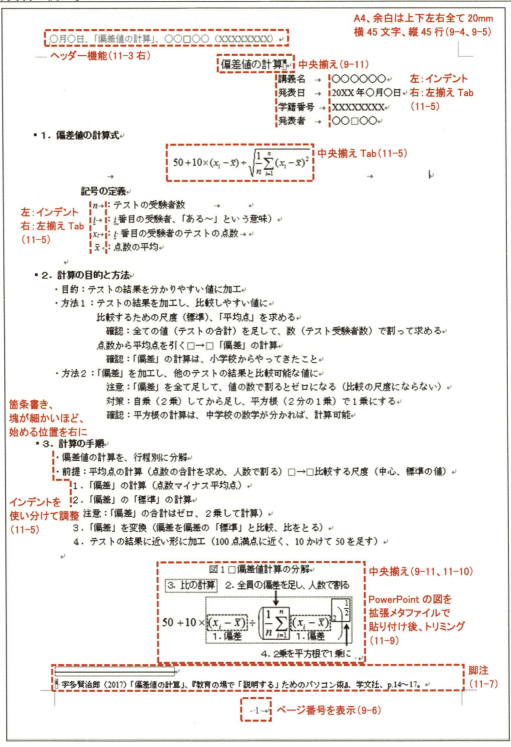

配付資料の例 その2

○月○日、「偏差値の計算」、○○□○○（XXXXXXXX）

- 4. 表計算ソフト上の作業手順
    表計算では、以下の8工程に分けて、作業を行う
        前提：平均点の計算
            手順1：平均の計算
        1.「偏差」の計算
            手順2：偏差の計算を人数分計算
        2.「偏差」の「標準」の計算
            手順3：偏差の2乗を人数分計算
            手順4：偏差の2乗の総和
            手順5：手順4の結果を人数で割る
            手順6：手順5の結果の平方根
        3.「偏差」を変換
            手順7：偏差÷6の結果を人数分計算
        4. テストの結果に近い形に加工
            手順8：手順7を偏差値に換算を人数分計算

図2□実習で作成するグラフ

Excelのグラフを拡張メタファイルで
貼り付け後、横幅80mmに縮小（11-9）

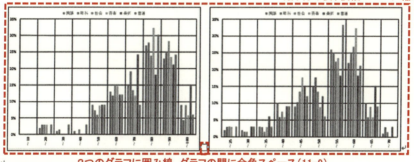

2つのグラフに囲み線、グラフの間に全角スペース（11-9）

- 要約文の例

要約文の書き方（10-6）
　偏差値の計算式は複雑に見える。しかし、多くの作業は小学生でしてきたことであり、残りの計算は中学校の数学が分かればできるものである。このことに気づいてもらうため、計算行程を分けて説明した。まず、平均点の計算とは、全ての値を足し、値の数で割ることで「中心」を求めることである。次に、偏差の計算、それぞれの値と値の平均を比較することは、テストの際に無意識にしていたはずのことである。また、この偏差の「中心」の計算の基本的な理屈は、平均点と同じである。しかし、平均点と同じ方法で、偏差の中心を求めてもゼロになることから、マイナスの値を無くすため自乗し、それで求めた「中心」の平方根を計算するという、中学の数学を使った方法が必要になる。最後に、この偏差の「中心」とそれぞれの偏差の比を取れば、比較可能な値が求まる。この計算結果を分かりやすくするため、100点満点の結果に近いものに加工すれば、偏差値になる。（396文字）

囲み線は、表（1×1）を使用（10-7）

改ページ

-2-

1.「説明する」という目的の確認
1-10. 授業用資料の例
授業用資料の例

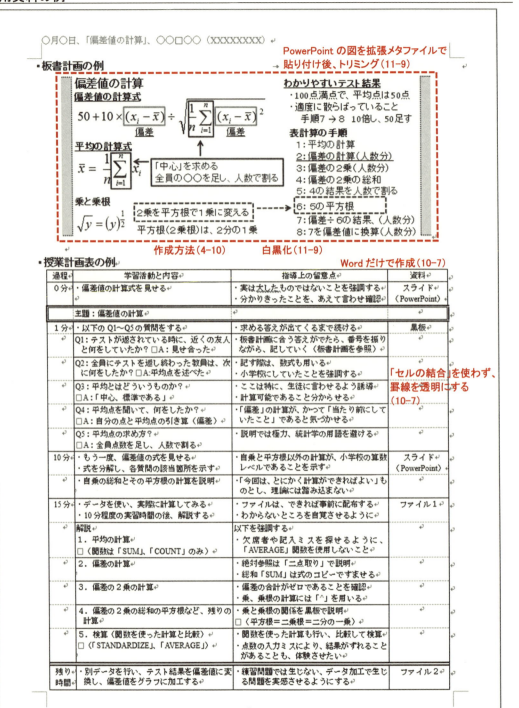

授業用資料の例　1-10

スライドの例

○月○日、「偏差値の計算」、○○□○○　(XXXXXXXXX)

・配付資料(スライド)の例

PowerPoint のスライドを拡張メタファイルで
貼り付け後、横幅 80mm に縮小(11-9)

ここでは、Word 原稿に貼り付けているが、
PowerPoint の「配布資料」で印刷可能(13-2)

「説明する」ためのパソコン術
偏差値の計算

XXXXXXX
○○　○○

スライドに囲み線を追加、スライドの間に全角スペースを入れる
白黒化(11-9)

偏差値

・計算式

$$\bar{x} = \frac{1}{n}\sum_{i=1}^{n} x_i \quad 平均点$$

$$50 + 10 \times (x_i - \bar{x}) \div \sqrt{\frac{1}{n}\sum_{i=1}^{n}(x_i - \bar{x})^2}$$

・用語(例:あるテストの結果)

n : テストの受験者数

x_i : i 番目の受験者の点数

（i は抽象的、「ある〜」の意）

目的と方法

目的:テストの結果を分かりやすく
　・比較できる値に変換する
　・比べる対象、尺度が必要
　・尺度となる値を作成
方法:テストの結果を加工
　・平均点:点数の中心を計算 → 標準に
　・各自の点数と平均点を比較(→偏差)
　・偏差の「標準」を求め、比較に使う

平均点の計算

・中心を取る

$$\bar{x} = \sum_{i=1}^{n} x_i \div n$$

全て足す　　人数で割る

・集団を代表する値, 標準として用いる

「偏差」の計算

・集団の標準とのズレ(偏差)を測る
　それぞれの値から平均点を引く

$$x_i - \boxed{\bar{x}} \quad 平均点$$

・偏差とその「標準」の比を取れば、
　テスト間でも比較可能に → 偏差値
・偏差を全て足すとゼロになる
　→ 2乗してプラスに変換、平方根で戻す

偏差値の計算式:まとめ

式は、四要素の組み合わせ

比の計算　全員の偏差を足し、人数で割る

$$50 + 10 \times (x_i - \bar{x}) \div \left(\frac{1}{n}\sum_{i=1}^{n}(x_i - \bar{x})^2\right)^{\frac{1}{2}}$$

偏差　　　　　　　　　偏差

2乗を平方根で1乗に

計算結果を10倍し、50足す、
結果が、100点満点のテストに近くなる

スライドの作成方法(12 章)

---

1. 説明
2. 道具(PC)
3. 情報管理
4. 図
5. Excel 操作
6. 計算の基本
7. データ処理
8. グラフ
9. Word 操作
10.表加工
11.文書設定
12.スライド
13.印刷

1. 説明する
2. 分かる
3. 文系理系
4. 目的
5. 内容
6. 形式
7. 文書例1
8. 文書例2
9. 配布資料
10.授業用

-4-

2.「道具」の使い方の確認
2-1. パソコンという「道具」の性質
手段の一部でしかない「道具」

パソコンという「道具」の例

　本書は、Microsoft Windows10、Office 2016 を積んだパソコン（外付マウスを接続した中型のノートパソコン程度のものを想定）を、「道具の例」に用いて説明する。わざわざ「道具の例」と表記しているのは、本書の「目的」は「説明する」方法を示すことであり、パソコンは「道具」つまり必要な手段の一部と位置づけているためである。

　1990 年代にパソコンがワープロ専用機を駆逐したように、Tablet あるいは今後現れるかもしれない未知の機器によってパソコンが駆逐される可能性はある。しかし現時点では、「説明する」ための「作業」に用いる「道具」としてはパソコンがまだ主流であるため、その使い方を説明していく。

Microsoft Office 2016 と使用環境の変化

　Microsoft Office2016 では、Windows 版と Mac 版の違いが少なくなり、また Tablet 版、SmartPhone 版、Web 版も機能が限定されているものの、Windows 版に準じたものになってきている。その結果、例えば PowerPoint は SmartPhone の小さな画面でも閲覧や若干の修正なら行うことができ、SmartPhone をプロジェクターに接続すれば発表ができるまでになっている。

　しかし本書では、まずは**一つの道具だけで一通りのことができるようにする**ため、パソコンで使う方法の説明に専念する。それに慣れたら、各人がそれぞれの必要性に応じて、適切な機器を使った方法に応用すればよい。

「できる」と「使えている」の違い

「当たり前」の再確認

　まずは、「習得すべきこと」を確認する。類書と位置づけられる書籍の表紙や帯には、「全てができる」とか「全てが分かる」といった定型文が書かれていることが多い。

　これに対し、**本書は、「全てができる」とか「全てが分かる」必要はない、という立場で説明する。**

　必要なのは、自身がやらなければならないことを、役割や状況に合わせて判断し、それに対応するための技能である。

　つまり、仕事や生活のためにできるようにしておかなければならないこと、覚える（この場合は暗記する）こと、習得しなければならないことは限られている。一方、高校の文理選択や受験科目の選択のように、苦手なことを、嫌なことを避けることができるということも少なくなる。仕事ならば、作業をすることに対して責任を負い、できない人に対する評価は下がる。つまり嫌なこと、苦手なことをしなければならない際は、いかに効率よく行い、最低限の苦労で済ませることができるかが重要になる。

　道具は使う方法が分かっているだけでなく、目的に合わせて使うことで意味を持つものである。逆に、「何かができそうだから」という不明瞭な理由で高価な道具を購入し、無理して時間や労力を費やしても、技能は身に付きにくいものである。

　このことを踏まえ、Excel（表計算ソフト）を道具として用い、偏差値の計算を行うことを例に、作業内容を整理してみる。

パソコンという「道具」の性質　　2-1

1. 目的と理論（統計学）

　雑多な数値を計算によって加工し、分かりやすい形に性質を抽出する。例えば、「偏差値」に加工することにより、異なる種類のテストの点数を、テストの違いを越えて比較することができるようにする。

2. 実行手段（計算方法）

　「偏差値」の計算は、大きくは二段階に分かれる。第一段階は、異なるテストの結果を比較可能な状態に加工することである。第二段階は、加工した値をより直感的にするため、100 点満点のテストの分布に近づけるための加工を行うことである。（7-10、7-11）
　これらの作業の内、多くのことは小学校からテストが返却されるたびにしてきたはずのことである。これに二手間程度、中学校レベルの数学の計算を加えれば、「偏差値」の計算はできてしまう。

3. 道具の使い方（Excel の操作）

　偏差値の計算で必要な中学校レベルの数学とは、平方根の計算のことである。この平方根の計算は大変ではあるが、紙を使った手計算でも可能なものである。この作業を、表計算ソフト（Excel）に、代わりにしてもらえれば、結果を得ることができる。

道具は「目的」が重要

必要に応じて、適したやり方で使えるか

　道具は何のために使うか、という目的が大事である。このように考えれば、「パソコンが使えるか？」という目的なき質問は不十分であるし、「パソコンが苦手」というあいまいな意識も意味をなさないことが分かるはずである。「道具」というものは、それを使って自身が必要と想定する作業ができればよいものである。汎用機器であるパソコンも、そういうものでしかない。

パソコンの特徴を捉える

　パソコンの特徴は「元に戻す」、つまり取り消し、やり直しが利くことである。また、この性質を活用すれば、「試してみて、だめなら戻す」、「試したことを比較し、よい方を選ぶ」といった積極的な使い方もできる。これにより、頭の中だけで考えるだけではなく、画面上に示して検証するといったことも可能になる。
　このように、パソコンを使うことで「試す」ことが楽になったのだから、その作業を効率化する方法を習得することが重要になる。

本書が勧める方法

　本書ではパソコンを使う前提として、以下のことを心がけ、実行することを勧める。
- ・目に優しい環境を整える（画面は最大化、明るさを調節する）
- ・手間を減らす（「Ctrl」キー、「Shift」キー、「上下左右」キー、ショートカット操作などを活用する）
- ・効率よい操作を行う（素早く、間違えにくく、見つけやすく、直しやすい方法を用いる）

　これらを実際に行うための方法を、本書で説明していく。

---

1. 説明
2. 道具(PC)
3. 情報管理
4. 図
5. Excel操作
6. 計算の基本
7. データ処理
8. グラフ
9. Word操作
10. 表加工
11. 文書設定
12. スライド
13. 印刷

1. PCの性質
2. 自己管理
3. 基本設定
4. 文字入力
5. ショートカット
6. フォント
7. 文字

2. 「道具」の使い方の確認

2-2. 自己管理の重要性
健康管理は自己責任

長期間、作業を続けることを意識すること

　「説明する」ことは、頭脳を使う作業である。大学生活では学問や研究のための説明を、また仕事に就いてからは企画、報告など様々な説明をすることになる。そして、その準備のために椅子に座りっぱなしで、長時間にわたりパソコンなどの電子機器を使い続けることになる。

　デスクワーク中心の業務に就けば、最低でも週5日、1日あたり8時間はパソコンに向かうことになり、これに残業や休日出勤が加わることもある。20数歳で就職して60数歳が定年だとすれば、このような状況を40年近く続けることになる。もちろん配属先の変更、転職、出世などで状況や立場が変わるだろうが、デスクワークがゼロになることは少ないであろう。また昇進によって、以前よりも俯瞰的に考える必要性が高まる中、加齢によって衰えゆく頭脳や身体に合わせ、心身を害することがないよう、前よりもさらに健康に留意する必要が出てくる。

無茶を前提に作業をしないこと

　「自分は徹夜を何日連続でした」などの「武勇伝」は誇らず、反省した方がよい。本人は自慢のつもりかもしれないが、それが常態化しているということは、要するにペース配分がまともにできていないだけである。確かに、そういう無茶をしなければならないことはあるが、それは緊急時の対処に留めるべきことである。人によっては、そういう状態が続いても仕事ができ、疲れないという人もいるのだろう。しかし、それは天分に甘えているか自傷行為でしかない。自分にそういう天分や趣味がないと思っている人は、真似をしないほうがよい。

　「無事、これ名馬。」ということわざが示すとおり、無茶をしないことが大事であり、それを可能とする状況を整えるのも能力である。無茶しない状況への改善は、日常の「当たり前」の見直しから始まる。自身の環境、仕事の方法の「当たり前」を見直し、必要があれば目の前の気づいたことから少しずつでよいから変えていけばよい。特に、パソコンを使った作業は改善する余地が大きい。

　なお、無茶を他人に課すことを平然とできる人とは、距離を置くことも検討した方がよい。

守るべきもの目、肩、腰、指

　パソコンを使うなどデスクワークをする場合は眼精疲労、肩こり、腰痛、また腱鞘炎などといった「職業病」から身を守る必要がある。これらは姿勢をよくしているだけでも、ある程度は軽減できるものである。

　そこで、まずは自身の姿勢だけでなく、作業をしている環境（椅子、机、パソコン）などを含めて、包括的に自分の作業環境を確認することを勧める。

身体に負担をかけない工夫

　パソコンを長時間使う際は、首と肩に頭と腕の重さをかけないように注意することが必要である。

　だらしない姿勢になると、楽になったように錯覚する。人によっては、その姿勢で作業を続ける癖がついていることもあろう。しかし、それは姿勢を崩すことにより、今までにかかっていた体重を不自然な箇所にかけているだけであり、肩こり、腰痛、ヘルニアなどの原因でしかない。

　一見、堅苦しく見えても、事務用の椅子が想定している姿勢で座るのが望ましい。今日の事務机はきちんと座れば、身体にかかる負担を散らすように作られているものが多いからである。

姿勢の確認
適度な緊張と脱力
　座りっぱなしで作業を長時間するのだから、座りっぱなしでも疲れにくい姿勢が取れるように、環境を整えることが必要である。
　そこで、肩、背中、指先などに疲れを感じないとしても時々、姿勢を確認することを勧める。
　どのようにするべきかは、身長や手足の長さなどの違い、また机や席、パソコンの配置などいろいろ条件が異なるので、ここでは基本的な注意点のみ説明する。

- 体が接する面積を広くとる
- 腕は机や肘掛けに置いてしまう
　　椅子に肘掛けがあれば使うこと。
- 文字を見るのが楽な距離を画面と取る
　　知らない間に首が前に出ているのは、文字が小さいと無意識に感じているものと捉えてよい。
- 画面の明暗を調節する
　　周りの明るさと違いすぎないように調整する。近年のパソコンならば、キーボード上のファンクションキーで調整ができることが多い。

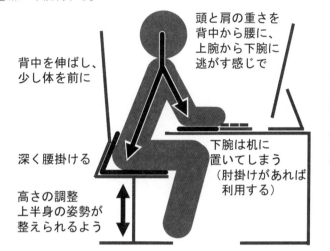

改善方法の例
　職場の支給品や大学の端末室のように私物でないものを使う場合、できることは限られるであろう。その場合でも、いすの高さを変える、クッションを入れるなど、工夫して対処すること勧める。
　なお、金銭的な負担を感じるのなら、体を痛めたことでかかる治療やマッサージ、湿布等にかかる費用、それらに奪われる時間、予約などの手間、身体的苦痛や精神的ないら立ちやだるさなどと比べ、高い買い物かどうかを検討するとよい。

ストレッチと適度な筋トレ
　作業中と異なる姿勢や動きをして、体をいろいろな方向に伸ばしてみる。これにより、ある程度はこわばった筋肉をほぐし、血の流れをよくすることができる。
　自身が普段、どのような姿勢や動きをしているかを確認し、それとは異なる動きを与えるとよい。
　これらを組み合わせて、毎日ある程度いろいろな方向に体を動かしているという状況を整えるとよい。もちろん、スポーツやトレーニングをするといった形で身体を動かすことは、集中している状況からの解放、気分転換などの面から、精神的にも重要である。

2.「道具」の使い方の確認
2-3. Windows10 の設定変更
本書の表記方法
画面上の表示と本書の説明
ここでは「文字色の設定」を例に、本書で操作を説明する際の表記方法を示す。

メニューを使った操作方法の表記例
本書では、汎用のノートパソコンの画面サイズの一つである WXGA（縦 800、横幅 1280）で表示される Office の操作画面を説明に用いる。そのため、この大きさと違う機器を使っている場合は、表示が異なること、説明したものが表示されていないことがある。

また、説明用の画像に Office の画面をそのままではなく、以下ように加工したものを用いる。

例えば、フォント（文字）の色の指定の操作方法は、以下のように示す。

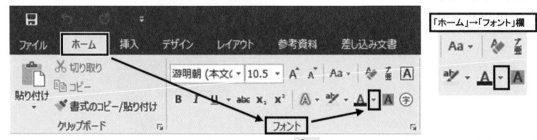

作業画面上部にある、メニューの「ホーム」タグと ▲▼（フォントの色）アイコンの間は距離があるため、そのまま画面の画像を使うと紙面の無駄になる。そこで、右上の図のように画像に手を加えたものを用いる。

また文面では、以下のように説明する。

手順. メニュー「ホーム」→「フォント」欄の ▲▼（フォントの色）横の▼を選択する。

その他の設定画面（欄の右下）
「メニュー」には現れない設定をする場合は、欄の右下にある 🔲 を押すと現れる各設定画面を用いる。本書では、この設定画面を使った設定方法を説明することが多い。

Mac 版 Office2016 には、🔲 は存在しないため、画面最上部にあるメニューバーを使うことになる。

描画、表など、ツールの表示
一部のツールには、その対象（画像、表など）を選択している状態でないと現れないものがある。
- 「図ツール」のメニュー　　図形を選択すると現れる
- 「表ツール」のメニュー　　表を選択すると現れる

これらを選択すると、操作画面の右上にそれぞれの設定メニューを表示するタグが現れる。

この場合、説明は項目が一つ増えるため、以下の例のように表記する。

手順. メニュー「表ツール」→「デザイン」→「飾り枠」欄の「罫線」下の▼を選択する。

Windows 10 の設定変更

タスクバーの設定

本書では、2016年8月から利用可能になった Windows10 Anniversary Update（以下、Windows10）を説明に用いる。この Windows10 で作業を行う前に、「タスクバー」を以下のように設定する。

パソコンを操作する前に、以下の設定をしておくことを勧める。

・**タスクバーは「結合しない」に設定する**

手順1. タスクバーの上で、マウスの右ボタンを押す。
手順2. 「設定」を押し、現れた「タスクバーボタンを結合する」で「結合しない」を選択する。

これで、各ソフトで開かれているファイルの数と、ファイル名の一部を把握することができるようになる。

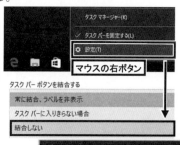

・**使用頻度の高いソフトを、常にタスクバーに表示する**

手順1. 常にタスクバーに表示させたいソフトを起動する。
手順2. 開かれたソフトの上で、マウスの右ボタンを押す。
手順3. 「タスクバーにピン留めする」を選択する。

「タスクバーからピン留めを外す」を選択すると、解除される。

・**検索ウィンドウ（Cortana）の小型化**

手順1. タスクバー上で、マウスの右ボタンを押す。
手順2. 現れた一覧から、「Cortana」→「Cortana アイコンを表示」を選択する。

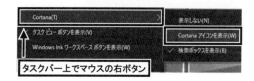

壁紙の変更

パソコンの背景（壁紙）にきれいな風景写真などを使いたくなるかもしれない。しかし、きれいな写真は明るい色調であることが多く、長時間目の前に置くのに適さない。そもそも、本書では Office を使った作業は全画面で行うことを勧めている。そのため、パソコンの壁紙は暗めのもの、単色なら濃い灰色などを使うことを勧める。

画面を暗めに設定

画面が明るすぎないよう、部屋の明るさに合わせて調節することを勧める。

ノートパソコンの場合、キーボード上部の「ファンクションキー」（F と番号が並んでいるキー）に絵が描かれていることがある。この場合、「Fn」キーをおさえながら絵が描かれているファンクションキーを押すと、絵の説明の通りに画面の明るさの調節、音声の調節などが設定できる。

なお、デスクトップ型のパソコンの場合は、ディスプレーの下部や側面に設定を変更するボタン等が用意されていることが多い。また機種によっては、キーボードに特殊なボタンを用意しているものもある。

2.「道具」の使い方の確認

2-4. キーボードを使った文字入力
キーボードの慣れ方

ローマ字入力の練習
　文章を、キーボードで入力するために重要なことは、以下の三つであろう。

・適切な姿勢をとる(2-2)

・考えたことを忘れないうちに書ける(打てる、入力できる)ようにする

・考えることの妨げにならないように、入力の作業を行えるようにする

　これらを踏まえ、本書では以下の訓練方法を勧める。

訓練方法

・時間を計りながら、かな50音の入力をする(あいうえお〜わをん)

・入力が終わる度に、かかった時間を記録する

・以上を5分間繰り返す

　その際は、母音(a, i, u, e, o)の位置(右ページ)を頭で意識しながら行うこと。

　なお、かな50音の練習ができる無料のWebサイトもあるが、本書では紹介を控える。

結果の評価方法

　以下の訓練が終わったら、どこが疲れたか、強ばったか、痛いかなどを確認すること。

・首、背中、腰　　　→　姿勢が悪い

・指、前腕　　　　→　力を入れすぎ

・体が前かがみに　→　集中しすぎ

　これらを踏まえ、2-2で説明した姿勢のように腕を机の上やひじ掛けに置き、最小限の力で入力作業ができているかを確認する。

　この適切な姿勢を維持した状態で、次に入力作業そのものを確認する。

・指使いを守れているか?

　2-5で示す配置を基本としながらも、負担が大きくなければ自分が打ちやすい方法でもよい。

　要するに、「考えることを邪魔せずに必要な作業ができる」のであればよい。

・入力速度は30秒を、安定して切れているか?

　訓練ではとりあえず30秒を安定して切れるようにすること。これができるようになったら、後は現場で慣れればよい。わざわざ訓練を行うのは、作業をしている間にいつの間にか慣れるという方法だけでは効率悪く、また体に負担がかかる「悪い癖」が付く可能性があることによる。

普段から注意するべきこと

　最低一日八時間、週五日の作業を意識し、それに耐えられるような適切な状況を整える。

・姿勢を整える

・体の力を適度に抜く

・適度に休み、体を伸ばす

　たまに姿勢や環境を見直してみて、環境や方法に改善方法がないかを考える。これにより自身の心身を守り、作業に支障をきたさないようにしなければならない。そこで自身の体に負担を与えない、疲労を蓄積させないようにすることを意識するようにすること。

日本語とキーボード

日本語の発音とローマ字入力

　日本語をローマ字入力する場合は、英語のキーボード配列を使うことになる。
　一方、日本語の音は五十音からなり、それぞれの音は母音（a, i, u, e, o）と子音（k, s, t, n,…）を組み合わせて発音する。つまり日本語をローマ字打ちすると、二回から三回に一回は母音（a, i, u, e, o）を入力することになる。
　そのため、まだキーボード入力に慣れていないのなら、まず母音の五文字の位置をしっかり頭で覚え、以後は子音の入力にだけに注意すればよい。これに対し、子音は**左**ページの訓練を繰り返すことによって指に覚えさせればよい。

母音と子音

　他に撥音（ん）、濁音、半濁音といった音もあるが、それは以下のように入力する。

分類	キー	例
母音	a, i, u, e, o	あ、い、う、え、お
子音	k, s, t, n, h, m, y, r, w	か、さ、た、な、は …
撥音	n	ん（nn）
濁音、半濁音	g, z, d, b, p	が、ざ、だ、ば、ぱ
拗音	y, sh, j	きゃ（kya）…、しゃ（sha）…、じゃ（ja）
促音、拗音などの小文字	x, l（効果は同じ）	っ（xtu）、ぁ（la）、ゃ（xya）、ゎ（xwa）、
促音	tt, ss（子音の連続）	あった（atta）など

　また「ふ」が「fu」、「hu」の両方で入力できるように、いろいろな読みに対応しているので、思いつきの入力でもなんとかなることが多い。

2.「道具」の使い方の確認
2-5. ショートカット操作と手の配置
編集用の手の配置
ショートカット操作の手の配置

　文章の編集、図表や数式の作成などのため、マウスなどを使った編集作業に時間を費やすことになる。その場合、左手を以下のように配置してショートカット操作を行うと、効率的に作業ができる。

　本書では「Ctrl +C」のように、「おさえる」キーと**「押す」キー**が区別できるよう表記する。

「おさえる」キーは、**「押す」**キーを押している間は放さないこと。

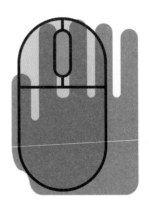

主なショートカット操作

　主なショートカット操作は、以下のとおりである。

利用頻度	分類	操作内容	ショートカット操作
多	取り消し関連	元に戻す	Ctrl +Z （左、薬指）
		やり直し、繰り返し 「元に戻す」の取り消し	Ctrl +Y （左、人差し指）
	ファイル保存	保存	Ctrl +S （左、薬指）
	コピー関連	切り取り	Ctrl +X （左、薬指）
		コピー	Ctrl +C （左、中指）
		貼り付け」	Ctrl +V （左、人差し指）
		形式を選択して貼り付け	Ctrl+Alt +V （左の小、薬、人差し指）
少	その他	すべてを選択	Ctrl +A （左、薬指）
		検索	Ctrl +F （左、人差し指）
		新規ファイル作成	Ctrl +N
		印刷	Ctrl +P

文字入力用の手の配置と指の分担の確認
英字（ローマ字）入力の指の配置
文字入力の操作では、両手を下図のように配置するのを基本位置にする。

慣れていない人は、以下のように指を置くようにすればよい。

1. 左の人差し指を「F」、右の人差し指を「J」の上に置く
2. 両手の親指を　　　　　　（Space）キーに置く
3. 残りの指は、人差し指と同じ行に順番に置いていく

各指の分担の基本は、下図の手と線で示したとおりである。

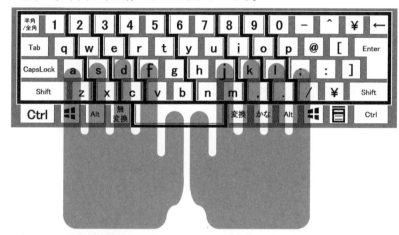

「Shift」キーをおさえた時のキーの配置
英字入力の場合、「Shift」キーを押すと、キーの配置が下図のように変化する。

これで英語の大文字と、「！"＃＄％＆」などの、主に一番上の行に配置された記号が入力できるようになる。

補足：「Caps Lock」と解除（「Shift」+「Caps Lock」キー）
　キーボードの左「Shift」キーをおさえて、上にある「Caps Lock」を押すと、「Shift」キーをおさえたままの状態になり、常に大文字を入力するようになってしまう。ただし、数字などアルファベット以外の文字は、「Shift」キーをおさえていない状態のままである。この状態を解除するためには、以下の操作を行えばよい。

手順．キーボードの左「Shift」キーをおさえたまま、「Caps Lock」キーを押す。

2.「道具」の使い方の確認

2-6. フォント（字体）の使い方
全角文字と半角文字

文書のフォント（字体）設定

　用いるフォント（字体）は基本２種類で、その使い分けは以下の通りである。

・文章など、読ませる箇所は 明朝体

・**小見出し、図表名や区切りなど、強調したい箇所は ゴシック体**

　つまり基本的に文書は明朝体で書き、見出しなどの区切りのように目立たせたい理由のある箇所には**ゴシック体**を使う。手元にある本をいくつか開いて、書式を確認してみるとよい。

スライドのフォント設定（ゴシック体）

　一方、PowerPoint では標準設定のまま、つまり全て**ゴシック体**を用いることを勧める。これは上記の文書の「文章」に相当するのが話す内容で、「小見出し」に相当するものをスライドで示すからである。

　また明朝体は横線が細く、スクリーンでは読みづらいことがある。そのため、スライドで明朝体を使うことは勧めない。（長文を引用して画面に表示する場合は、明朝体を使う方が良いこともある。）

本書が推奨するフォント

　本書では、以下の設定を推奨する。その設定の仕方は**9-7 左**を参照。

・文書の本文は、 日本語 MS 明朝、半角英数字 Times New Roman

・**文書の見出しやスライド（PowerPoint）には、MS P ゴシック（半角英数字を含む）**

　また、自分のパソコン以外で作業や発表をする場合を考え、特殊なフォントは使わない方がよい。

全角文字と半角文字の違い

　英字、数字、カタカナなどの文字には、「全角文字」と「半角文字」の二種類がある。

　基本、英語や数字には「半角文字」、日本語には「全角文字」を用いると考えればよい。

　パソコンの性能が低い時代、半角文字の幅は全角文字の半分であったが、今日はその違いが分かりにくくなっている。特に、以下で説明するフォント名に P が付くものは、注意が必要である。

P が付く文字、付かない文字の違い

　P は Proportional の頭文字である。パソコンの性能が低い昔は、適切な横幅が文字によって異なる英数字を無理に同じ幅で表現していた。そして、字の形状に合わせて横幅を調整したフォントを区別するために P を付けていた。今日のパソコンの半角英数字は、Proportional が基本になっており、また Times New Roman のように名前に P が付いていない。

フォント（字体）名	半角文字	全角文字
MS 明朝	12345ABCDEabcde!?,.%=@	１２３４５ＡＢＣＤＥａｂｃｄｅ！？，．％＝＠
MS P 明朝	12345ABCDEabcde!?,.%=@	12345ABCDEabcde！？，．％＝＠
TimesNewRoman	12345ABCDEabcde!?,.%=@	（半角文字専用のため、存在しない）

　一方、日本語は原稿用紙に書き、基本全ての文字の大きさが同じ活字（活版印刷に用いる鉛合金の字型）を使ってきた。また上記のように半角文字の横幅は、文字通り全角文字の「半分」にするため、字の本来の形を無視して横幅を一定にしている。これに対し、P の付くフォントでは全角半角の区別がつきにくく、例えば「２０１５年」のような表記をしても気づかないということが起こりうる。

　（印刷してから気づくことも多い。）

標準フォント（字体）の Century と Times New Roman

　本書では、英数字（半角文字）は Word 標準の Century ではなく、Times New Roman を使うことを勧めている。Times New Roman を勧めているのは、以下のように斜体専用、太字専用の字体が用意されていることによる。

フォント（字体）名	標準	斜体	太字	斜体＋太字
Century	BCDEFGbcdefg	*BCDEFGbcdefg*	**BCDEFGbcdefg**	***BCDEFGbcdefg***
TimesNewRoman	BCDEFGbcdefg	*BCDEFGbcdefg*	**BCDEFGbcdefg**	***BCDEFGbcdefg***
ショートカット操作		Ctrl +I	Ctrl +B	

　Times New Roman の斜体は筆記体調、数式や記号で使われている形式になる。

日本語入力と半角文字（英語）入力の切り替え

　英文は全角文字を使わず、半角文字だけで書くようにする。
　日本語（全角）と英数字（半角）の切り替えは、通常はキーボードの左上にある「**半角／全角（漢字）**」キーを押して行う。（タスクバー右側で確認できる。）

全角と半角の変換

　「α」など、全角文字にも半角文字にもある文字の中には、フォントを変えることで全角文字から半角文字に変換、また逆に半角文字から全角文字に変換できるものがある。
　例えば、マウスで全角文字の「α」を範囲指定し、英字フォントに変更すると半角の「α」になる。つまり英語以外の半角文字は全角文字で入力し、それを半角に変換することもできる。

	全角	半角	全角半角の自動変換
日本語	○	カタカナのみ	×
英語	○	○	×
その他半角文字	○	○	○

　なお、メニュー「**ホーム**」→「**フォント**」欄の ![Aa▼] 「文字種の変換」右の▼を選択し、現れた一覧を使うと、英語やカタカナを全角から半角に変換すること、またその逆のことができる。

注意：特殊な文字（外字）は、用いるフォントによっておかしくなる

　なお、フォントによっては「外字」と呼ばれる特殊な文字（例：〒、①、Ⅳ）が用意されていないことがある。それらのフォントに変更すると表示がおかしくなるか、表示されなくなってしまう。
　このようなことから、特殊な文字を使う場合は注意が必要であり、ファイルを人に渡すことになる可能性を考えれば、使わないほうがよい。そもそも「説明」のために必要な文書や資料は、デザインではなく内容で勝負するものである。そのため特殊なフォントを用いず、最初から備わっているものだけを用いればよい。

2.「道具」の使い方の確認
2-7. 文字の探し方
特殊な文字の入力
特殊な文字の探し方
　日本語のキーボード設定では入力できない英語以外の他言語特有の文字を入力する場合、他の言語の入力をできるように設定する方法がある。しかし、このような他言語の文字を頻繁に使うのでなければ、ここで紹介する方法で済ませてしまえばよい。

半角文字の入力（α を例に）
　Office で特殊な半角文字をする場合は、以下の「記号と特殊文字」を使って探す。

手順1. メニュー「挿入」→「記号と特殊文字」欄にある「記号と特殊文字」を押す。
手順2. 現れた一覧の下にある「その他の記号」を選択する。
　すると、「記号と特殊文字」の設定画面が現れる。
手順3. 「フォント」欄を「英数字用のフォント」に変更する。
手順4. 「種類」欄で、必要な分類（ギリシャおよびコプト）を選択する。
手順5. 現れた一覧から必要な記号（α）を探し、選択する。

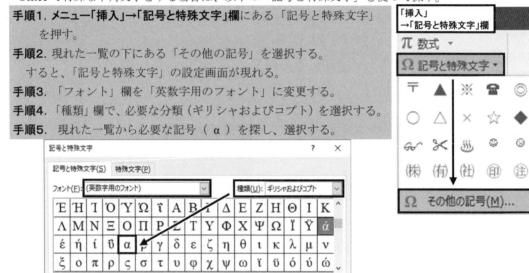

全角文字の入力（α を例に）
　全角文字の探し方は、以下の二種類である。
方法1. ひらがなで読みを入力する
　「あるふぁ」と入力し、「Space」キーを押す。
方法2. IME パッドを使って「α」（全角）を探す
　「IME パッド」を使い、文字を検索する。

手順1. 画面下タスクバー右の「あ」（文字設定）上でマウスの右ボタンを押す。
手順2. 現れた一覧から「IME パッド」を選択する。
手順3. 現れた「IME パッド」設定画面左側にある 「文字一覧」を選択する。
手順4. 現れた「文字カテゴリー」から分類（ギリシャおよびコプト）を選択する。
手順5. 表示された文字一覧から文字（α）を探す。

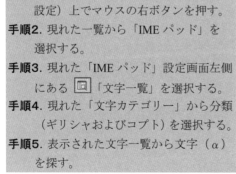

全角文字を探す（主に漢字）

「IME パッド」の表示

「IME パッド」では「手書き」、「総画数」、「部首引き」などで、漢字や記号を探すことができる。人名の特殊な漢字（例：齋、邊）や、読み方が分からない漢字を探すのに役立つ。

そのため、まず以下の操作で「IME パッド」を表示させる。

手順1．画面下タスクバー右の「あ」か「A」の上で、マウスの右ボタンを押す。
手順2．現れた一覧から「IME パッド」を選択する。

すると「IME パッド」が表示される。この「IME パッド」は常に表示される。しかし、作業画面が狭いので広げ、表示される文字数を増やして探すことを勧める。

手順1．現れた「IME パッド」の右下に
　　　　カーソル（マウスの矢印）を重ね、
　　　　マウスの左ボタンをおさえる。
手順2．そのままカーソルを移動し、
　　　　「IME パッド」の表示領域を広げる。

「部首引き」で探す（漢和辞典の方法）

漢和辞典の辞書引きの方法と同じように、漢字を部首の画数で探すことができる。

手順1．「IME パッド」の左側にある、
　　　　部 を選択する。
手順2．メニューの左上で「画数」を指定する。
手順3．左の一覧から「部首」を選択する。
手順4．右下の一覧から漢字を探す。
　　　　画 を使い、総画数で探すこともできる。

「手書き」で探す

「IME パッド - 手書き」のメニュー左側の空欄にマウスで字を書いていくと、右側に漢字の候補一覧が表示される。その際は、以下の点に注意すること。

- 一画ずつ書き足していけば、途中で見つかることがある
- 逆に書きこみすぎると、あるはずの文字が表示されなくなることもある
- 手書きを初めからやり直したい時は、「IME パッド」の右側にある「消去」を押す
- 全角文字用であり、全角でもギリシャ文字のように表示されないものもある

この「IME パッド - 手書き」は、以下のように操作する。

手順1．「IME パッド」の左側にある、
　　　　✎ を選択する。
手順2．「IME パッド」左にある「ここにマウス
　　　　で文字を描いてください。」欄に、マウス
　　　　をペン代わりに字（線）を書きこむ。
　　　　線を書くには、マウスの左ボタンをおさえ
　　　　たままカーソルを移動する。

3. 情報の収集、整理、管理
3-1. パソコン上の情報管理
情報収集のための整理と管理

情報収集作業の複雑化

「説明する」ための作業の多くは、大学生ならある学問を修得した証である単位を獲ることを目的に、社会人なら仕事のために行うことが多いであろう。それらを高校までの学校の学習と比較すると、次のような違いがある。

- **目的が多数に増え、かつ期間や締め切りが変則的になる**

    学期末の試験のように、クラスや学年規模で共通だったものが、人によって異なったものになり、自身で構築、把握、管理し、行動する責任が課せられる。

- **いくつかの作業を並列で行うことになる**

    いくつかの目的に基づいて文書や資料を作成し、異なる日や場所に提出、説明することになる。

- **結果、扱う情報が大量になる**

    その結果として扱う情報量は増大し、暗記で対応できる量ではなくなる。

知っている「情報」を、使う「知識」、活かす「知恵」に

極論になるが、高校までなら試験日にのみ必要な内容を覚えていられればよかった。

これに対し、大学以降は覚えた情報を使って何ができるか、何が説明できるかが重要になる。

また、以下の理由から、必要な情報を全て覚えるのは困難になる。

- **大学受験時に比べて記憶力が低下する**
- **必要になる情報の量が増加する**
- **覚えきれない量の情報を処理することになる**

つまり頭脳は年々衰えていくのに、利用しなければならない情報の量は増加する。この状況に対応するには、全ての情報を暗記していなくても、ある程度は対処できるようになる必要がある。

「説明する」のための整理

同じ「説明する」でも、今後は以下にあげるような手間が増える。

- **形式に合わせて自分で体裁を整える**
- **多数の資料やデータを作成に用いる**

大事なのは「説明した」という既成事実ではなく、「相手が分かってくれた」という結果が得られるように努力することである。（「相手のいる話」であるため、「努力する」までしかできない。）そのために根拠を探し、加工して説明に用いることが必要になる。そのためには、まず情報の収集、処理、分類、保管といった作業が必要になる。

これらの整理作業をパソコン上で行うには、パソコンを使って行う作業と現実の作業の違いを理解することが必要になる。例えば今日のパソコンの性能を踏まえれば、現実のように思い切って捨てることが、パソコン内の整理に適さない方法であることが分かる。つまり空間が十分になく、積み重ねると見えなくなる現実の空間で整理を行う場合は、思い切って捨てなければならなくなる。しかし容量的な制約はほぼなく、整理も簡単なパソコン内では、必要なファイルがあるべき所に置かれているか、検索しやすい状況を整えておくことができればよく、むしろ捨てない方がよくなる。

また仕事の場合は、過去にしたことを忘れたとしても再現ができるようにしておき、また効率よく探せる状態を整えておくことが必要になる。

パソコン上の情報管理　3-1

電子データの整理と管理

パソコン内と現実の違い

パソコン内のファイル整理と管理の特徴、また現実との違いをあげると、以下のようになる。

- ファイルの大きさや性質が影響しにくい
- ファイルの移動、コピー、廃棄が容易である
- 仕切り（箱、引き出し）の変更、つまりフォルダーの作成、削除が容易である

つまり自由度が高く、状況に合わせて「柔軟」に整理方法を変えることができる。

ファイルとフォルダー

ファイルとフォルダーは本来、どちらも書類をまとめるための文房具であるが、パソコンの世界では以下のような意味で使われる。

- ファイル：　　一つのかたまりとして扱われる文書、画像などの総称
- フォルダー：　ファイルをまとめる箱

一つのファイルの中にまとめて分類するか、それとも分けて多数のファイルにしてフォルダーにまとめるかという選択も、整理の過程で必要になる。

フォルダーを多用し、階層を作り上げる

とにかく作業がしやすいように、どこに何があるのか分かるようにしておく必要がある。

そのため、一目で把握できない数のファイルが並んだら、整理することを考えた方がよい。

パソコンの内部は現実のような空間的制約はないので、慣れないうちはフォルダーを作りすぎるくらいでよい。大事なのは、必要なファイルが見つけやすい状況を整えることである。

作業画面の効率化

本書では、パソコンの初期設定の状態をなるべくそのまま用いることを基本とする。

ただし、以下は作業の効率化がはかられるので、設定しておくことを勧める。

- ナビゲーションウィンドウを「開いているフォルダーまで展開」に設定する（3-4）
- エクスプローラーのタスクバーにピン留めする（Windows10 では初期設定）
- エクスプローラーは二つ並べて表示して、使用する（Ctrl +N、3-4）

他の操作一覧

ファイルの整理のために覚えておくと便利な操作方法は、以下の通りである。

- 選択の効率を上げる（「Shift」キー、「Ctrl」キーとマウスの左ボタン）

ファイルを一度に処理するため、「Shift」（まとめて選択）、「Ctrl」（追加選択）を利用する。

- ファイルを一度にまとめて開く（ファイルを選択し、「Enter」キー）

同じファイル形式ならば、10 個程度のファイルを同時に開くことができる。

- ファイルの削除（「Delete」キー、マウスの右ボタンから「D」キー）

通常なら「削除」の操作をするとファイルは「ごみ箱」に移動し、保管される。

しかし、USB フラッシュメモリーなど一部の外付機器の場合、削除すると即消去されてしまうことがある。この場合は「取り消し」（Ctrl +Z）が利かず、削除してしまったファイルを元に戻すのは、一般の使用者が知る程度の方法では無理なので、注意すること。

1. 説明
2. 道具(PC)
3. 情報管理
4. 図
5. Excel 操作
6. 計算の基本
7. データ処理
8. グラフ
9. Word 操作
10. 表加工
11. 文書設定
12. スライド
13. 印刷

1. 情報管理
2. 整理その1
3. 整理その2
4. 管理の操作
5. 操作その1
6. 操作その2
7. 情報選別1
8. 情報選別2
9. 図書館利用
10. ネット検索

- 43 -

3. 情報の収集、整理、管理

3-2. ファイルの整理・管理 その1

整理の基本

ファイル整理の基本

パソコン内のファイルの整理は、例えば以下のように行う。

・大元は一カ所に

本書では、「ドキュメント」フォルダーを大元にし、全てのファイルをその中に入れることを勧める。このように保管すれば、パソコンに接続した記憶媒体（USB フラッシュメモリー、外付ハードディスクなど）に、「ドキュメント」フォルダーを丸ごと複製（コピーと貼り付け）するだけで、全ファイルのバックアップ（ファイルの複製を作成しておくこと）が作れるようになる。（3-3）

なお、「デスクトップ」（画面上）に置く人がいるが整理しにくく、探しにくいため勧めない。

・原則：「作業用」と「保管用」に分ける

現実では、必要な資料は机に置かれ、使わない資料は本棚などにしまわれているはずである。これを踏まえ、パソコンのファイルも同様に、今使っているものと、使っていないものの、二つに分けるとよい。

「作業用」と「保管用」に分ける

ファイルは、大まかには以下の図のように分類する。

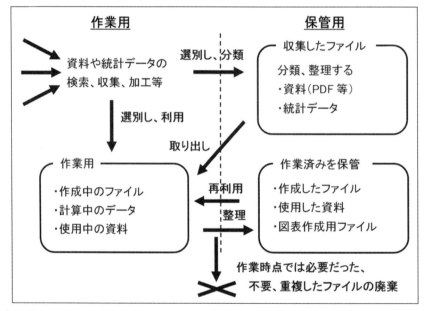

まず、現在作業中のものを「作業用」フォルダーに入れ、作業のために事前に集めておいたもの、終わったものを「保管用」フォルダーに入れるようにする。また「保管用」フォルダーの中のファイルを加工する際は、いったん「作業用」フォルダーにコピーする。つまり、移さずに複製を作成し、元のファイルが損なわれないようにする。

現実と異なるのは、パソコン上では複製が容易であり、複製をすれば、もともと保管されていた場所からもファイルがなくならないということである。この性質を踏まえ、利用すると、ファイルの管理が容易になる。

- 44 -

「作業用」フォルダーの使い方

「作業用」フォルダー

いくつかの仕事をそれぞれの期日を守ってこなしていけるよう、以下のように整理する。

・**作業の目的別にフォルダーを作成する**
・**関連する資料ファイルを作業ファイルと一緒に置いておく**

また「保管用」フォルダーにあるファイルを使う際は、必ず元のファイルを残し、その複製を「作業用」フォルダーに作成すること。

例えば論文を作成する際のファイルは、以下のように分けられる。

・**自分の原稿、発表資料**（Word、PowerPoint）
・**図表用のファイル**（Excel、PowerPoint）
・**関連する資料**（PDF 等）

また長期の研究、つまり論文を数本、段階的に作成するような場合は、資料や計算用のファイルは作業全体でまとめて併用できるようにするなど、状況に合わせて工夫するとよい。

「作業用」フォルダーでは、臨機応変に分類方法を変える

例えば、論文を作成する場合は、大量のデータを長期にわたって扱うことになる。初めのうちは目次案に合わせ、章別にフォルダーを用意しておく。作業が進み、そこまで細かくする必要がなくなれば原稿、資料、図表の別にフォルダーを作成して整理するなど、状況に合わせればよい。

また毎日の作業終了時に、「保管用」のフォルダーに複製を作成するように習慣づけるとよい。そうすれば作業を誤ったとしても、「保管用」に残したファイルを使って復旧することができる。

なお、「作業用」フォルダーを丸ごと USB フラッシュメモリーに複製することで、その時点で必要なものを持ち運ぶこともできる。ただし、紛失した時の被害が大きくならないよう、運ぶファイルは移動先で、あるいは移動中にする作業で必要な、最低限のものに限定した方がよい。

注意：文書と発表用資料の扱い

例えば卒業論文の場合、作業は大きく論文そのものの作成と、経過等の報告や発表の二つに分かれる。この二つの作業は別物であるため、フォルダーは別にしておくとよい。

発表用の配付資料は、論文や前回の報告で使用した配布資料を再利用することが多い。そのため、**報告や発表をした時点の状態のまま取っておく**ことを勧める。このように時点別に残しておくと、各報告時点の状況がどのようなもので、その際に何を説明したのかを後から確認することができる。

注意：最新版が「作業用」フォルダーに置かれているように

ファイルを複製すると、どのファイルが最新なのかが分からなくなる、と思うかもしれない。しかし、「作業用」フォルダー内で作業目的別にフォルダーを作成し、その中にあるファイルで作業を行うようにすれば、常にそのフォルダー内に最新版があることになる。それを常に更新すればよい。

またそのファイルを適宜、「保管用」フォルダーに複製して、予備を作成すればよい。

3. 情報の収集、整理、管理

3-3. ファイルの整理・管理　その2
「保管用」フォルダーの整理

収集したファイルの保管

　　入手した資料や統計データなどのファイルは、以下のように「保管用フォルダー」に整理する。

- **集めたファイルは、なるべく入手した状態のまま残す**
- **ファイル名は、必要に応じて変更する**
- **フォルダーは、自分が探す際に採る方法に合わせて分類しておく**

　　自身が探す際に、どのような手順で探すかを把握し、それに合わせて分類していけばよい。つまり、各自の状況とその変化に対して柔軟に合わせるための変更が必要であり、試行錯誤することになる。

作業済みファイルの保管

　　「保管用」フォルダーに作業済みのファイルを保管する際は複製し、以下のように分けて保管することを勧める。

- **作業終了時点別（その時にどのような作業をしたのかを、後から確認できるようにしておく）**
- **目的用途別（よく使うものをまた使えるように、見つけやすくしておく）**

　　重複する無駄なファイルができると思うかもしれない。しかし、パソコンや記憶媒体の残り容量を考えれば、映像を大量に扱うのでもなければ、重複により容量が不足することはないはずである。

　　また、どのファイルが最新かという問題は、**3-2** で説明したようにすればよい。そのようにしておけば、「最新」版は必ず「作業用」フォルダーにあることになる。このようにしておけば、その複製を置く「保管用」フォルダーには、途中経過の複製か「最終」版が置かれることになるはずである。

「作業終了時点別」のフォルダーにそのまま残す

　　紙の資料は場所を取り、また重ねると探しにくくなるため、使いそうにないものは積極的に捨てないと困ることになる。しかしパソコンの場合は、ファイルを残しておく方が合理的である。

　　実際に作業をする際は、時間が経てば何をしたのか忘れており、当時の痕跡をたどって作業をすることになることも多い。そのため中途半端に整理してしまうと、整理時は不要と思っていたものが、必要になり困ることもある。そこでフォルダーの名前の前に日付を入れて、時系列に並ぶように残しておくことを勧める。

補足：日付の入れ方

　　ファイルを保管用にまとめる場合は、日付をフォルダー名の前に追加することを勧める。なお、作業終了日ではなく、提出日や報告日などを記し、日程表と照らし合わせて探せるようにしておくこと。

　　なお、パソコンのファイルでは「 / 」など使えない文字がある。つまり、「2011/3/11」という名前はつけられないので、「20110311」や「2011-03-11」のように日付を付けるとよい。

「目的用途別」のフォルダーの整理

　　以上の理由から、パソコンでは用が済んだファイルを捨てない方がよい。また作業を継続する場合、同じような作業をまた行う場合は、よく使うファイルを以下のように整理しておくとよい。

- **使い回しが効くように、ファイルを統合しておく**
- **どのような作業をしたのか、メモを残しておく**
- **重複している場合は再利用しやすそうな方を残し、残りは捨てる**

バックアップ

バックアップの目的

　パソコンを使っていると生じるいろいろな問題に対処できるよう、ファイルの複製を作成しておくことが必要になる。具体的には、以下のことから自身のデータを守れるようにしておく必要がある。

・誤った操作による上書き、消去
・ファイルの破損（多くの場合、原因不明）
・ウイルス感染などによるファイルの破損ないし使用不可
・USB フラッシュメモリーなど記憶媒体の物理的な故障、破損
・パソコンの故障（ハードウェアの故障、ソフトウェアの故障）

外部媒体への複製

　「ドキュメント」フォルダー内に納めたファイルを、パソコンから外せる記憶媒体に複製しておけば、パソコンが壊れてもファイルは残される。このような作業を行うことを「バックアップを取る」といい、この方法は大きくは以下の二種類に分類できる。

・フラッシュメモリー、外付けハードディスクに複製を作成する
　　作成や更新が容易である一方、ウイルスの感染や誤った消去により作成した予備のデータも一緒に使えなくなってしまうことがある。

・CD、DVD に焼き付ける（消去できない形で記録）
　　物理的に破壊しない限り消えることはほぼないが、作成に手間がかかる。
　　ハードディスクや USB フラッシュメモリーに比べても容量は小さく、また経年劣化によるデータの破損もありうる。またラベル名を記入する際に油性インクを使えば、時間をかけてインクがディスクの記憶面に浸透してしまい、読み取りができなくなることもある。

事故や災害の対策のように、程度の問題

　要するに絶対安全な方法はないので、複数の異なる予防措置を取ることを勧める。また、「どこまで行うか」は程度の問題である。つまり災害対策や保険と同じで、多くすれば手間や時間の浪費が増えるし、少なければ防げない確率が上がる。その見極めは個人の責任と判断ですることになる。

　いずれにせよ、この作業は簡単に行える方法で習慣づけた方がよい。例えば **4-1** で説明した、「ドキュメント」のフォルダーに全てのファイルを納めれば、そのフォルダーを丸ごと外付けの記憶媒体に複製するだけでよくなる。また自動的にバックアップを取ってくれるソフトや、パソコン内のファイルを更新したのに合わせ、外付け機器のも同じ内容にしてくれるソフトなどがある。必要がありそうなら導入を検討してみるとよい。ただし、危険性も考えられるため、本書では紹介は控える。

パソコン内のファイルの複製も行うこと

　「作業用」フォルダーの複製を頻繁に「保管用」フォルダーに作成するのも、予防措置の一つである。この方法だと、確かにパソコンがおかしくなった時にファイルを救済することはできない。しかし、「作業用」フォルダーにあるファイルを誤って消去した場合なら、これまでの作業を救うことができる。何より複製を取っておいた機器をわざわざつなげることなく、簡単に復旧することができる。

3. 情報の収集、整理、管理

3-4. ファイル管理のための操作
「エクスプローラー」の起動と使い方

ファイル管理の操作のコツ

ファイルの管理を効率化する操作のコツは、以下の通りである。

- フォルダーの多用と階層化　　→　ファイル、フォルダーの位置を把握しやすくする
- 「最大化」を使わず、二つ表示　→　複製元と複製先の両方を画面に表示する
- ショートカット操作で複製(2-5)　→　誤動作、誤操作による被害(ファイルの紛失)を防ぐ

「エクスプローラー」の起動

Windows7 以降、「エクスプローラー」は「タスクバー」に初めから表示されるようになっている。これが表示されていない場合は、以下の操作を行い、タスクバーに表示させることを勧める。

手順1. 画面左下「スタート」ボタンの上でマウスの右ボタンを押す。
手順2. 現れた一覧から「エクスプローラー」を選択する。
手順3. タスクバーに現れた「エクスプローラー」の上で、
マウスの右ボタンを押し、「タスクバーにピン留め」を
選択する。(2-3)

「エクスプローラー」は二つ表示する

「エクスプローラー」は、「Ctrl +N」を使って二つ表示させ、コピー元とコピー先として使用することを勧める。なお、ファイルは移動せず、「複製」(コピー→貼り付け)をすること。

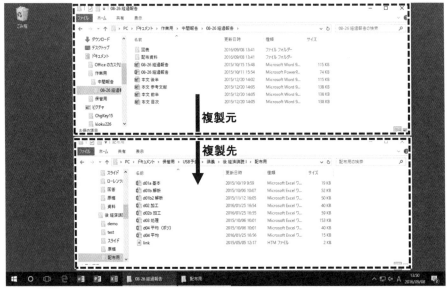

補足. ファイル管理の操作を間違った場合は、操作で直そうとせず、「元に戻す」(Ctrl +Z)を利用することを勧める。

「エクスプローラー」の設定

「開いているフォルダーまで展開」を設定

開いているフォルダーの位置を把握しやすくするため、以下の設定を行うことを勧める。

手順1. メニュー「表示」→「オプション」を選択する。
手順2. 現れた「フォルダーオプション」の設定画面上部の「表示」を選択する。
手順3. 設定画面中央の「詳細設定」の「ナビゲーションウィンドウ」の「開いているフォルダーまで展開」をチェックし、設定画面下にある「OK」を押す。

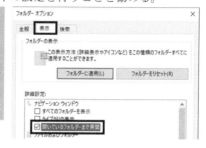

「エクスプローラー」のサイズ変更

「エクスプローラー」は、Office ソフトのように最大化せず、二つ並べて用いることを勧める。そのためには、以下のようにサイズを変更する。

手順1. カーソル(マウスの矢印)を「エクスプローラー」の右下に合わせる。
手順2. カーソルの形が ↘ になったら、マウスの左ボタンをおさえる。
手順3. そのままカーソルを移動し、「エクスプローラー」の形を変更する。

なお、右下でない角や辺でもサイズの変更は可能である。
・角に合わせると、両方向の斜めに向いた矢印が現れ、サイズを変更できる
・辺に合わせると、水平(垂直)、両方向の矢印が現れ、その方向のみ変更できる

ファイル移動の誤操作を減らす

左側の「フォルダー」一覧をファイルの移動の際に利用するのは、以下の理由から勧めない。
・マウスの左ボタンを放す際、カーソルが動いてしまうことがある
・アイコンの表示が小さいので、カーソルが動けば別のフォルダーを選択したことになってしまう

このような問題を回避するため、「エクスプローラー」は、以下のように用いることを勧める。
・フォルダーをたどる(開けて、また開けて)作業では、左側の「フォルダー」欄を使う
・ファイルやフォルダーの複製は、右側のファイル一覧を用いて行う

左:フォルダー欄 | 右:左の欄で指定したフォルダー内にある、ファイルの一覧

3. 情報の収集、整理、管理

3-5. フォルダーとファイルの管理　その1

ファイル一覧の形式

ファイル一覧の表示

ファイル一覧の表示形式で主に使うのは、以下の二つである。
- 詳細（左下、詳細なファイル情報を表示、標準設定）
- 大アイコン（右下、写真等、画像の縮小版を表示）

標準では「詳細」で表示されるが、フォルダー内が画像ファイルだけの場合は、勝手に「大アイコン」、つまり画像の縮小版を表示することもある。

この二つだけなら、切り替えは「エクスプローラー」の右下にあるボタンを押せばよい。

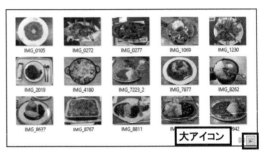

「詳細」な表示

「詳細」のファイル一覧を使うと、ファイルをいろいろな形式で並び替えることができる。

例えば下の画像では、名前の昇順（数字、AtoZ、あ～んの順）にファイルが並ぶようになっている。

名前	更新日時	種類	サイズ
図表	2016/09/08 13:41	ファイル フォルダー	
配布資料	2016/09/08 13:41	ファイル フォルダー	
08-26 経過報告	2015/10/15 15:48	Microsoft Word 9...	115 KB
08-26 経過報告	2015/10/11 15:54	Microsoft PowerP...	74 KB
本文 後半	2015/12/20 14:02	Microsoft Word 9...	115 KB
本文 参考文献	2015/12/20 14:05	Microsoft Word 9...	138 KB
本文 前半	2015/12/20 14:05	Microsoft Word 9...	138 KB

「詳細」では、小さいアイコンやファイル名に加えてファイルの形式、ファイルの容量、更新日時など、詳細な情報が表示される。

分類を使った並べ替え

「詳細」には「名前」、「サイズ」、「種類」、「更新日時」といった様々な分類があり、その分類に合わせてファイルを並び替えることができる。これにより、例えば「更新日時」で並べ替え、しばらく更新していないファイルを探す、といった使い方もできる。

手順. 一覧の上にある分類の内、並び替えたい項目の上にカーソル（マウスの矢印）を重ね、マウスの左ボタンを押す。

補足. 同じ操作をもう一度行うと、配置の順序が反転する。

一覧に表示された ⌃ は昇順（文字の順、数が少ない、時期が早い）を、⌄ は降順を示す。

「エクスプローラー」の操作

新しいフォルダーの作成と名前の設定

フォルダーは作業状況や目的に合わせ、まめに作成、変更する、また削除するとよい。

手順1. メニュー「ホーム」→「新規」欄にある「新しいフォルダー」を選択する。
手順2. 青地に白い字で「新しいフォルダー」と書かれているフォルダーが現れたら、名前を入力する。

なお、青地に白い字は、文字入力が可能な状態であることを表している。

ファイル、フォルダーの名前の変更

作業の進行状況やファイルの分割の過程で、ファイル名を変更する。

手順1. 「エクスプローラー」右側の作業画面のフォルダーの名の上で、マウスの左ボタンを押す。
手順2. そのまま1～2秒待ち、その後もう一度マウスの左ボタンを押す。
手順3. 青地に白い字の状態になれば文字が入力できるようになるので、ファイル名を変更する。

またマウスの右ボタンを押し、現れた一覧から「名前の変更」を選択する方法もある。

別のフォルダーに移動

「エクスプローラー」の画面は、以下のように用いるとファイルにたどり着きやすくなる。

・**左側の「フォルダー」欄にあるフォルダーの一覧を使う**

3-4 の「開いているフォルダーまで展開」を設定しておくこと。

・**開いているフォルダーよりも上の階層のフォルダーは、上側の「フォルダー」欄を使う**

下図の「エクスプローラー」上部にある、開いているフォルダーの位置を示している欄を使って、上の階層に移動することができる。

またフォルダー名の間にある、そのフォルダーの中にあることを示す「＞」の上でマウスの左ボタンを押すと、以下の画像のように「＞」が下向きになり、その階層のフォルダー、つまり同じ場所にあるフォルダーが表示される。

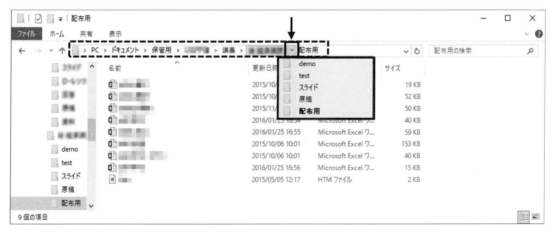

3. 情報の収集、整理、管理

3-6. フォルダーとファイルの管理　その2

フォルダー、ファイルの選択

一つのファイル、フォルダーを選択する

手順1. 選択したいファイルやフォルダーが置かれているフォルダーを表示する。
手順2. 選択したいファイルやフォルダーの上にカーソル（マウスの矢印）を重ね、マウスの左ボタンを押す。

「Shift」キーを使って選択（二点を指定し、間のファイルをまとめて選択）

手順1. 選択したいファイルの集まりの端で、マウスの左ボタンを押す。
手順2. もう片方の端にカーソルを移動する。
手順3. 「Shift」キーをおさえる。
手順4. 「Shift」キーをおさえたまま、マウスの左ボタンを押す。
補足. どちらの端から選択してもよい。

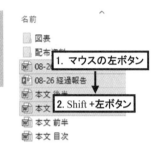

「Ctrl」キーを使って選択（個別にファイルを追加選択）

手順1. 選択したいファイルのどれかの上で、マウスの左ボタンを押す。
手順2. 他の選択したいファイルにカーソルを移動する。
手順3. 「Ctrl」キーをおさえる。
手順4. 「Ctrl」キーをおさえたまま、マウスの左ボタンを押す。
補足. さらに追加したいものがあれば、それらのファイルの上で、手順2～4を繰り返す。

「Ctrl」キーと「Shift」キーを組み合わせて選択

「Shift」キーを使って大雑把にまとめて選択し、「Ctrl」キーとマウスの左ボタンを使ってファイルを追加する、除外するといったように、操作を組み合わせると効率的に整理ができるようになる。

「Ctrl +A」を使って一括選択

フォルダー内を全て選択する場合は「Ctrl +A」を押す。この状態で「Ctrl」キーとマウスの左ボタンを使って、選択する必要のないファイルを外すこともできる。

手順1. 選択したいフォルダーを選択し、右側の一覧で左ボタンを押す。
手順2. 「Ctrl +A」を押す。
　　　　　フォルダー内のファイルとフォルダーが全て選択される。
手順3. 不要なファイルの上で「Ctrl」キーをおさえ、マウスの左ボタンを押す。

フォルダー、ファイルの削除

ファイル、フォルダーを削除する

手順1. 不要になったフォルダーやファイルの上に、
　　　カーソル（マウスの矢印）を重ねる。または複数のファイルを
　　　選択する操作を使って、まとめて選択する。
手順2. 削除の操作を、以下のいずれかで行う。
　・キーボードの「Delete」キーを押す
　・マウスの右ボタンを押し、現れたリストから「削除」を選択する
　・マウスの右ボタンを押し、次に「d」キーを押す
手順3. 「ファイル削除の確認」の画面が表示されるので、
　　　「はい」を選択する。

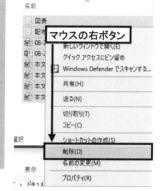

補足：「ファイルの確認」の表示をなくす方法

　たくさんのファイルを整理する場合、いちいち「ファイル削除の確認」の設定画面が表示されると効率が悪い。この設定画面を表示しないように設定することができる。

手順1. 「ごみ箱」のアイコンの上にカーソルを重ねる。
手順2. マウスの右ボタンを押し、現れたリストから「プロパティ」を選択する。
手順3. 「全般」欄の下にある「削除の確認メッセージを表示」のチェックマークを外す。

「ごみ箱」を空にする（完全な削除）

　削除されたファイルやフォルダーは「ごみ箱」に置かれる。この「ごみ箱」は「デスクトップ」画面の上に表示されている。（「エクスプローラー」には、ごみ箱は表示されないようである。）
　ファイルは「ごみ箱を空にする」操作を行わない限り消去されないので、空にする前に「ごみ箱」を開いて、捨ててよいか確認することを勧める。
　また、定期的に「ごみ箱」を空にするようにしておかないと、ファイルが増えすぎて消去時の確認作業が難しくなる。

手順1. 「ごみ箱」のアイコンの上にカーソルを重ねる。
手順2. マウスの右ボタンを押し、
　　　現れた一覧から「ごみ箱を空にする」を選択する。
手順3. 削除の確認画面が表示されるので、「はい」を選択する。
注意：「ごみ箱を空にする」で消したファイルを復元するのは
　　　通常の操作では無理なので、消す直前にもう一度、捨てて
　　　よいのか確認するとよい。

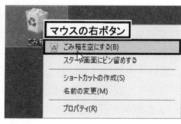

「ごみ箱」内のファイルの操作

　「ごみ箱」に置かれたファイルは、内容を見ること、加工するなどの操作ができない。また「ごみ箱」に置かれたフォルダーを開いて、フォルダー内を表示することもできない。
　これらの操作をするためには、「ごみ箱」から移すか、元にあった場所に戻す必要がある。

手順．「ごみ箱」内のファイルの上でマウスの右ボタンを押し、「元に戻す」を選択する。
　　　あるいは、別のフォルダーに移動する方法もある。

3. 情報の収集、整理、管理

3-7. 情報収集と選別　その1

「情報」の質の確保

変わらない探し方、変わる選別の方法

　ここでは「説明する」際に参考にするもの、具体的には文献、資料、統計データ等をまとめて「情報」と表すことにする。必要な「情報」を集める作業は、本屋や図書館で文献を探す、インターネットで検索をかけるといったように、学校の宿題や生活でしてきたことと基本的には変わらない。

　しかし、今後の作業では、以下の三点に注意する必要がある。

・情報収集から説明までの作業に責任が課される

　資料の閲覧貸出やコピーをする、人（研究者、役所や会社の担当者など）と会って説明を聞くなどのために必要な立案、計画、手続きといった一連の作業に責任が生じる。

・収集する情報量が激増する

　論文の参考文献数が 10 冊というのは、調べた本が全部で 10 冊という意味ではない。引用したもの、あるいは直接引用していないが重要であったものが 10 冊という意味になる。つまり、この他には資料として使っていないもの、表記するまでもない前提知識を学んだ文献、本書のような技術書など参考にした文献もあるが、それらはいちいち記さないということである。

・収集後の選別、処理が重要になる

　「説明」で用いることになる「情報」は、「質」が重要なため、その選別が重要となる。

「情報」の使い方

文献の使い方

　受験科目である「小」論文の場合、資料は持ち込み不可なため、知っていることを前提に賛否、意見の両論併記をすれば客観的な説明をしたことになる。これに対し、今後は入手した文献などの「根拠」を踏まえて、説明することになる。

　論文、資料など文献の形で入手した情報は、以下の説明をするために使われる。

1. 事実の説明（記事、議事録など）

2. 他の人（主に研究者）がした事象に対する説明、解釈、評価

　これらの説明文を、以下のように用いる。

1. 引用し、そのまま説明に組み込む

2. 要約し、縮めたものを説明に用いる(1-6 右)

　これを適切に行うためには、内容を把握するための要約の能力が必要になる。

　またその際は、以下のことを行うこと。

1. 人がした説明と自分の説明の違いを明確にする(11-8)

2. 人の説明を用いる場合は、引用したことを示し、またその出所を示す(11-6～11-8)

参考：統計データの使い方

　統計データは数値であるため、そのまま引用するだけでなく、表やグラフに加工して用いることもできる。

・必要な値を抽出、加工し、説明に用いる(7章)

・表やグラフに加工し、説明に用いる(7章、8章)

　自分で加工した表やグラフでも、元になったデータの出所はきちんと示すこと。

「情報」の選び方

検証性の確保

　誤った「情報」を使わないよう配慮して選別するだけでなく、説明を受けた人が使われた情報の内容を検証できるように、情報源を示しておく必要がある。

　「正しい」とは、説明した者が示した「判断」でしかない。そのため、その説明がどのような根拠に基づいた「判断」なのかを、検証できるように示すのである。つまり説明する際は、用いた根拠、情報の出所を参考文献一覧や脚注で示し、検証可能にしておく必要がある。（11-6～11-7）

原典を入手し、利用することを心がける

　文献内で引用されたものを、そのまま再引用（孫引き、とも言う）せずに、情報の出所を参考文献一覧から把握して、原典までさかのぼって調べるよう努めること。再引用だと元の説明と異なったものになっている可能性がある。

　原典までさかのぼるべきものには、例えば以下のものがある。

- **引用されていた元の文献**
- **官公庁が出した報道資料**
- **議会など、関連する様々な会議の議事録**
- **統計データ**

　データを表やグラフに加工すると、細かい数字が省略される、必要な箇所のみ抽出される、元々あった補足説明が省かれているといった、加工がされたものを使うことになる。

ネット情報は複製せず、再入力すること

　インターネット（以降、ネット）を使った情報収集、特に検索は簡単にできる分、選別と処理を注意して行う必要がある。特にブラウザー（Edge、Internet Explorer、Google Chrome など）に表示された情報はコピーして、Word ファイルに貼り付けることができるため、情報入手と文章作成の境目がなくなりやすい。そこで、以下のように作業を行うことを勧める。

- **引用する場合は文章を再入力すること**

　文献を引用する際は貼り付けをせず、再入力することを勧める。これは再入力、つまり書き写すという作業を通して内容を検証し、理解するためでもある。

- **ネットで得た文章の処理、検証などは、印刷した書類上で行うこと**

　長文の場合は画面内だけで検証するのは難しく、また目が疲れるので、印刷した紙の上で書き込みながら行うことを勧める。

3. 情報の収集、整理、管理

3-8. 情報収集と選別　その2

インターネット情報の使い方

情報の「検索」だけでは、知識は身につかない

　検索で「情報を拾う」のは、自身の基礎学習のためや、もの忘れをフォローするためには非常に便利である。しかし「説明」する際には、そのような「拾った情報」をそのまま使わないほうがよい。

　知識は情報を多面的につなぎ合わせて、構成されるものである。関連するもの、話の流れの前後に位置するものも合わせて知っていた方がよく、それによって理解が深まるものである。そのため「分からない」だから「検索する」、そして「必要な箇所だけ読む」という、「その場限りの対処」で済ませていては身につかない。また調べておしまいにするのではなく、知らなかったことをついでに知る機会、忘れたことを反省する機会とし、その機会を有効利用することを勧める。

Google 検索や Wikipedia が忌避されるわけ

　説明、特に研究など高度な作業では、Google 検索の利用や Wikipedia の引用は忌避されることがある。ネットを使った情報収集そのものが問題と断じる人もいるが、それは核心ではない。電子化が進み、出版物として手に入らない、あるいは入りにくい情報や統計データが増えている中、印刷物にならずにネットのみで公開、配布されている情報も利用しなければならなくなってきている。

　このことを踏まえれば、一見ネットが悪いように見える裏に、以下の問題があることが分かる。

1. 安直に誰かの成果を利用しているだけ

　検索で情報を入手するのが悪いとされる理由は、安易に写せるからだけではなく、結果としてそれを利用した人の成果と評価できる箇所が少なくなるからである。例えば、学生が論文やレポートを書く場合、たとえ目先の目的は単位や卒業のためであったとしても、その課題をこなすために時間をかけ、図書館などを利用して数十冊の文献をあたり、現場に足を運ぶなどの苦労を「経験」することができる。それをネット検索で済ませてしまえば、「やったふり」で済ませてしまうことになる。

　また、自分で文章を書くことは、集めた情報を元に考えて、作り直すということである。この相当な手間と時間を要する作業は、特に「説明する」能力と経験が少ない人にとっては訓練、経験の機会である。このような重要な機会をないがしろにしたことになる。

2. 更新、削除が容易なため、証拠になりにくい

　情報源としてはネットよりも出版物、紙の資料の方がよいとされる。もちろん、出版物にも間違いや問題はある。しかし、いったん印刷された本を書き換えることは物理的に困難である。また、それを書いた作者だけでなく、出版社が関わることで責任が明確にされた情報源になる。このようなことから、人の手に渡ってから隠蔽することは難しくなる。

　これに対し、ネットでは垂れ流しであり更新も容易である。つまり勢いで書き散らしたものがそのまま載り、「炎上」つまり物議をかもしても、削除してとぼけることも容易にできる。

　つまり紙とネットの違いは、証拠として残りやすいかどうかである。そのためネットを使う場合は、紙のように責任が明確にされ、安易に削除、修正がされない（はずの）Web サイトを選んで、そこから情報を得る必要がある。

　なお、嘘で人を誘導する、中には「説明しない」ことで判断に必要な情報を与えないという悪質な方法が採られていることもある。このようなことから、「裏を取る」という作業が必要になる。

情報収集と選別　その2　　3-8

問題のあるインターネットの使い方

問題のある電子情報の使い方

　左ページで説明したことを踏まえれば、電子情報を利用する際にやってはいけないこととして、以下の三点があげられる。

- × **検証性や裏付けがない、または不明瞭なソースを使うこと**
- × **検索結果などをコピーし、そのまま用いること**
- × **ネットに載っている情報をつまみ食いして、自分の文章のように仕立てること**

　要するに、これらのことはネット検索でなくても問題になるようなことである。それが、道具が変わったことで容易になり、また目立つようになっただけのことである。

安直な言い訳の道具としての使い方

　図書館の蔵書検索や官公庁のサイトの検索も、使い方次第で善し悪しが決まるという例を示す。

- × **図書館の文献検索（OPAC）で探しただけで、文献探しをやめた**
- × **手に入れにくい資料が、ネットで公開されていなかったのであきらめた**

　ネットで検索できるのは、世に出ている情報の一部であるし、図書館の検索で蔵書が引っかからないことはよくあることである。これで終わりにしてしまっては、以下のように評価されてしまう。

- × **情報を入手する、集める方法が分かっていない（情報収集能力の不足）**
- × **安直にネットを利用しただけで、簡単にあきらめすぎる（忍耐力、努力の不足）**

　例えば図書館にある蔵書は、様々な理由で見つからないことがある。その場合、次にするべきことはあきらめずに本棚に並んだ書籍をダメ元で見に行く、他の図書館や本屋を巡るといったことであろう。

　つまりネットで検索するということは、ほんのとっかかりでしかない。

入手した情報はそのまま使わないように

　ネットの情報源はいつ消されるか分からない、誰が書いたか分からない情報源が多く、引用するリスクが高い。そのため記してある情報源を、できれば紙に印刷されているものまでさかのぼり、参考にする必要がある。これらのことから、ネットの「検索結果」を根拠に用いて説明するということは、要するに用いる情報の精査、吟味、検証が不十分ということでしかない。それはネット情報であるかどうかの問題ではなく、単に手抜きあるいは手抜かりでしかないということになる。

1. 説明
2. 道具(PC)
3. 情報管理
4. 図
5. Excel操作
6. 計算の基本
7. データ処理
8. グラフ
9. Word操作
10. 表加工
11. 文書設定
12. スライド
13. 印刷

1. 情報管理
2. 整理その1
3. 整理その2
4. 管理の操作
5. 操作その1
6. 操作その2
7. 情報選別1
8. 情報選別2
9. 図書館利用
10. ネット検索

3. 情報の収集、整理、管理

3-9. 図書館の利用

図書館の蔵書検索

図書館の利用

　古い書物、発行部数が少ない研究書、出版物でない資料などは、小規模の書店や市営図書館などでは入手しにくいため、大型の国公立図書館や大学の図書館を利用して閲覧し、コピーすることになる。

　これらの図書館の蔵書を探す際は、以下のようなオンライン蔵書目録の検索サービス、通称 OPAC（ Online Public Access Catalog 、オーパック）を利用することになる。

・CiNii Books（大学図書館の本を探す　http://ci.nii.ac.jp/books/ ）

・CiNii（日本の論文を探す　http://ci.nii.ac.jp/ ）

・利用できる大学図書館の OPAC（大学関係者や在籍者なら、まず所属する大学から）

・国会図書館の蔵書検索　（ http://iss.ndl.go.jp/ ）

・国公立図書館の OPAC

　分野によっては、これに専門分野の関連書を集めた施設も加えた方がよい。

　検索の項目は多種あるが、初めは知識がないので「タイトル」で探すことになる。しかし調べた文献数が増えていくにしたがって、「著者・編者」や出版社に関する知識が増えタイトル、著者・編者、出版社といった項目でも探せるようになるはずである。

OPAC を使った検索のコツ

　図書館によって OPAC のデザインが多少異なるが、基本的な操作方法はほぼ同じである。

　OPAC で検索しても表示されないことは、蔵書が図書館に存在しないことを意味しない。元データの入力ミスや検索プログラムの性質など、いろいろな理由で検索されないこともある。

　そのため、以下の方法を試すことを勧める。

・いろいろなキーワードを試してみる

　　具体的な文献名が分からず適当な単語を入れて検索する場合は、それで見つけることができたら幸運というつもりで、しつこく行うこと。また OPAC は使っているプログラムや文献データベースの性質などによって検索結果が変わるので、諦めずいろいろ入力してみることを勧める。

・著者名の姓と名の間にスペースを入れる（複数の条件検索）

　　姓と名前を別々に検索すると、その姓だけを持つ人と名だけを持つ人の共著を探すこともある。また、同姓同名にも注意すること。

請求記号と分類

　図書館の蔵書は背表紙の下側にシールが貼られ、そこに請求記号（分類番号とその他の記号からなる）が書かれていることが多い。そこで、以下のことを行うこと。

・自身の研究分野の分類番号を把握しておく

・蔵書検索の際は、請求記号を最後のアルファベットまでメモする

請求記号の例
（山梨大学図書館）

　なお、多くの図書館では日本十進分類法（Nippon Decimal Classification、NDC）に基づいて、同じように本を振り分けている。ただし、付けた人の裁量に任せられるのか、図書館によって請求記号は異なる。そこで図書館ごとに調べ、細かい数値やアルファベットまでをメモする必要がある。

　　（右の例は、山梨大学図書館における、本書の請求記号）

007.6

- 58 -

図書館の利用

図書館の蔵書の「複写」

　図書館で蔵書の一部を、コピー機を使って「複写」（操作の「コピー」との混同を防ぐため、「複写」と表記する）する場合は、その図書館の規則を把握し、守ること。その際は、以下の箇所も「複写」することを勧める。

・必要な箇所の前後

　必要なページだけでなく、該当箇所が含まれる節または章も一緒に「複写」してしまうことを勧める。なお、著作権法により、「複写」してよいのは全ページの三割までとされている。

・奥付（出版に関する情報のページ）

　奥付とは、著者・編者の姓名・発行年月日・定価などを示したものであり、本の後ろの方のページにあることが多い。参考文献一覧を作成する際は不可欠である。なお、文献の表紙、裏表紙を「複写」だけでは発行年が書かれていないなど、参考文献一覧を作成する情報源としては不十分なことがある。

・目次と概要を説明している箇所

　「複写」した箇所の本における役割や位置づけなどを把握できるようにしておくため、目次と概要などの説明書きも「複写」しておくことを勧める。

　なお、本の概要は序章（序論、はじめに）や終章（おわりに、あとがき）などで説明されているので、その場合はこれらの箇所も「複写」しておくことを勧める。

大学内の図書館など施設の利用

　大学内の図書館などの施設を利用する際は、事前に以下のことを把握しておくとよい。

・貸出、返却の手続き（特に休館日、閉館時）
・貸出可能な文献の種類、数、期間
・館内の機の位置と値段、必要な手続き
・利用できるデータベースサービス（3-10）

　大学によっては学部別、研究科別に図書室が設置されていることもある。また、書籍が研究室（教員の部屋）にあり、借りにくいこともある。これらのことから、同じ大学所蔵の図書でも本によっては閲覧、貸し出しの方法、貸し出しまでに要する日数などの条件が異なることがある。

大学生が他の大学図書館を利用する場合

　大学の図書館を利用するのはそれほど難しくない。そのため大学生の場合、自分の大学にない本は、他の大学の図書館まで探しに行くこと。なお、所属する大学と互いの図書館の相互利用の提携をしていることもあるので調べ、利用するとよい。

　また、これらの施設を利用する場合は、事前に以下のことを調べておくこと。

・休館日、利用時間の確認
・部外者の利用方法、条件
・身分証明書等、入館に必要なもの

　なお、身分証明書の発行などの手続きには、日数を要することがあることに注意すること。

3. 情報の収集、整理、管理

3-10. インターネット検索の使い方

蔵書検索(OPAC)の使い方

OPAC を使った検索の方法

　OPAC(オンライン蔵書目録の検索サービス)の使い方は、図書館によって多少デザインが異なるものの、同じである。要は検索欄に探したい情報を入力して、「検索」を押せばよい。図書館内のパソコンならば、ブラウザー(Edge、Internet Explorer、Google Chrome など)のホーム画面(起動時のページ)が図書館の Web ページか OPAC につながるようになっているはずである。
　この OPAC を使う際は、以下の点に注意すること。

・キーワード検索以外の著者名、出版社名などでも検索してみる

・詳細検索を利用し、項目別に検索してみる

　それなりに文献を読んでいくと著者、出版社、論文誌などで、研究テーマに関する文献が探せるようになる。これらにより「フリーワード」、つまり適当に単語を入れてみるだけでなく、先行研究者名、発行年、論文誌名、出版社などで検索ができるようになる。詳細検索を使ってそれぞれの項目で検索すると、結果が早く出やすくなるので、利用することを勧める。

OPAC 利用時の注意

　OPAC は万能ではない。検索結果は検索プログラムの性質、入力されている文献のデータベース、その誤字や脱字また旧漢字など、こちらが把握できない要因によって左右されることがある。
　そのため、検索結果に探している文献が無くてもあきらめず、類書が置かれている本棚に行って探すくらいのことはしなければならない。

例:国立国会図書館サーチ(http://iss.ndl.go.jp/)

　検索方法の一例として、「国立国会図書館サーチ」を紹介する。この「図書館サーチ」では蔵書だけでなく、論文や新聞記事なども検索することができる。
　検索は「キーワード」欄に記入して「検索」ボタンを押せばよいが、このページでは下にある分類で絞り込むこともできるので、併せて用いるとよい。
　なお、文献名や著者名が分かっているなど目的が明確な場合は、詳細検索を使うことを勧める。

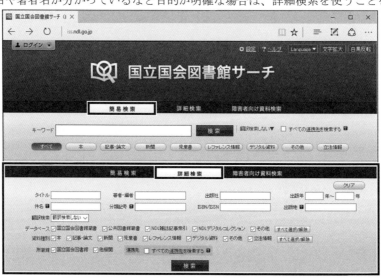

- 60 -

論文検索の使い方

CiNii、CiNii Books を同時に使用する方法

　論文一本の長さは十ページ程度で、定期刊行されている論文誌や紀要に掲載されているか、あるいは研究書の一部として組み込まれていることが多い。そのため OPAC を使う場合、論文名で検索することはできない。

　この場合は、論文の検索サイトを用いることになる。ここでは無料で誰でも使える、CiNii（論文情報ナビゲータ）を紹介する。CiNii は、Nii（国立情報学研究所）が提供しているサービスの一つである。

- 論文検索　　　CiNii（http://ci.nii.ac.jp/）
- 文献の検索　　CiNii Books（http://ci.nii.ac.jp/books/）

　まず以下の手順で、これら二つの Web ページを並べて表示する。

作業1. ブラウザーのタブ機能を使って、二つのサイトを表示する

> 手順1．「CiNii」の Web ページを開く。
> 手順2．「Ctrl +T」で表示するページを追加する。
> 　　　（画面上部「+」を押してもよい）
> 手順3．「CiNii Books」の Web ページを開く。

　次に、これらの Web ページを合わせて使い、論文、掲載された文献の順に探す。

作業2. CiNii で、論文名（キーワード検索）を調べる、掲載誌名、文献名を把握する

> 手順4．「CiNii」の検索欄に論文を検索する
> 　　　ためのキーワードを入れる。
> 手順5．現れた文献名をコピー（Ctrl +C）する。

作業3. CiNii Books で、掲載誌や文献がある大学図書館を探す

> 手順6．「CiNii Books」の検索欄に文献名を
> 　　　貼り付け（Ctrl +V）、検索する。
> 　所蔵する大学図書館が見つかるので、その中から行けそうな大学を選択する。
> 手順7．その大学の図書館の OPAC で、文献を
> 　　　検索し直す。
> 手順8．結果から必要な情報をメモする。

　文献名、所蔵している場所、請求記号の三点は、忘れずにメモすること。

　近年では論文をファイル、多くの場合 PDF 形式で配布していることが増えている。つまり、ネットで論文が入手できるので、図書館に行く必要がなくなる。ただし、その PDF ファイルが論文別に分かれている場合、文献情報など必要な内容がファイル内に記されていないことがあるので、ファイルを開いて確認し、必要があれば、掲載誌や巻号などの情報を補足する必要がある。

4. PowerPoint で図を描く
4-1. 図を描くということ
図の性質の確認

図は説明するために作成するもの

　図、表、グラフは「説明する」ための補足資料である。これらは発表等で話す、あるいは文書の説明を分かりやすくするために用いるものである。

　しかし、描いているうちに本来の意図を忘れ、情報を詰め込みすぎた説明過剰な図、また説明に必要ない図を作成してしまうことがある。そのような図は、かえって相手の理解を妨げてしまう。

　そこで、以下の点に注意すること。

・文章では説明できないことを図で表す

・最低限の説明しかしない（特に、スライドで示す図）

・図が不要になったら、除外するのをためらわない

　なお、文書の図と発表用の図（スライド）では込められる情報量が異なる。発表用の図は、口頭でしている説明の邪魔にならないよう、情報を簡潔にする必要がある。一方、文書の図は読者の意思で図を読むのにかける時間を変えられるので、発表用の図よりも情報量を増やせるはずである。

図の特徴

　文章や口頭での説明が一次元的にしかできないのに対し、図は縦横つまり二次元的を使って説明することができる。これにより双方向の因果関係や循環構造など、言語のような一次元的な説明では伝わりにくいことを示しやすくなる。

　一方、情報を詰め込むだけ理解が難しくなるため、要点を絞り込む必要がある。逆に、文章がまとまらない時は、伝えたいことの要点を並べて矢印で結んでみるとよい。これは自分の理解用、整理用なので、紙の上に殴り描くのでもかまわない。説明に使う必要が生じた時に PowerPoint で清書すればよいだけのことである。

まず紙の上で、下描きを繰り返す

　説明用の図を PowerPoint で描く前に、紙に下描きすることを勧める。PowerPoint では自由に配置を決められるため、行き当たりばったりで作成することもできるため、かえって時間がかってしまうということもある。そのため、図を描くのに慣れていない人は、紙の上でする下描きと PowerPoint の作業に分けて行うことを勧める。また、下描きは鉛筆ではなくペンで、紙を何度も換えて描き直すことを勧める。このように何度も描くのが面倒な状況になると、不要あるいは優先度の低い部分を描き飛ばして省略するようになるので、図が簡潔になっていく。

ペン画ではなく、切り絵の発想で描く

　PowerPoint の図形描画機能では、以下の発想で図を描くようにするとよい。

・色や模様がついた紙を必要な形に切って貼り付ける、「切り絵」の発想で描く

・PowerPoint の「図形」、つまり部品を組み合わせて図にする

・「図形」の形状変更、配置と順序の変更、移動、削除が後からできることを利用する

・「図形」の複製（Ctrl +D）ができることを活用する

　つまり、部品となる「図形」は一つだけ作成し、同じ図形や似ている図形が必要な時は複製したものを変形して作成する。また簡単に元に戻せる、後から変更できるというパソコンの性質を活用し、部品となる図形を用意する操作と、大きさや配置などを変更する操作を、別に行うと考えればよい。

PowerPoint の活用のコツ

図を作成する工程

図を作成する際の注意点は、以下の通りである。

・図を描きやすくするため、表示サイズを大きくして作業をする

サイズ指定だけでなく、「Ctrl +マウスのホイール」を使った拡大縮小も利用すること。**(5-2 右)**

・図の作成段階では、載せる時の大きさは考えずスライドいっぱいに描く

このように微調整が利くようにすると描きやすく、修正作業もしやすくなる。

元に戻す(Ctrl +Z)、複製(Ctrl +D)を活用する

間違えたら「元に戻す」だけでなく、「試す」という積極的な活用をすることを勧める。

例えば、異なる方法を試してみて、よくなければ「元に戻す」といった使い方をする。

効率よく、かつきれいに描くためのコツ

効率よく、かつきれいに図を描く際は、以下の名言が参考になる。

Leonardo da Vinci "Simplicity is the ultimate sophistication."

単純に描こうと簡略化すれば、図が簡潔にまとまるし、何より効率的である。そもそも芸術作品ではないのだから、伝わるように図が描ければよい。そのためには、以下の方法を用いることを勧める。

・最低限の図形(部品)、最低限の装飾で描く(4-3)

・線の太さなどの設定は極力同じにする(複製を活用)

・似た図形は複製(Ctrl +D)して回転、サイズ変更で対処する(4-6)

・図の大きさは「サイズ」で調整する(4-6)

・図形の削除は「Delete」キー、「BackSpace」キーを押す

複製した図形の並べ方

マウスを使って図形を一つずつ移動すると肩が凝るので、以下の機能を用いるとよい。

・「Shift」キー、「Ctrl」キーを使った追加選択、マウスで範囲選択を使い分ける

・まとめたい図形をグループ化する(4-7)

・図形は位置揃えで並べる(4-5、4-9)

・細かい調整は上下左右キーを使って行う(4-5、4-9)

・順序(図形の上下関係)を入れ替える

これらの操作方法を使った実例は、**4-8**、**4-9** を参照。

図を描くための用紙の設定

1枚のスライドを用紙と見立てて図を作成する際は、以下の設定を用いることを勧める。

・図を描く時のレイアウトは「白紙」

・スライドは標準(横4:縦3)

本書では基本、PowerPoint で作成する図は、標準の横4:縦3で作成することを勧めている。

ただし、**4-10** の板書計画のように横3:縦1にすることや、また縦置きの用紙に書くこともある。そのような場合は、必要に応じて設定を変更すること。**(4-2)**

4. PowerPoint で図を描く
4-2. PowerPoint の設定
PowerPoint の操作画面
PowerPoint で図を描く

　PowerPoint はスクリーンに投射するスライドを作成するための道具であるが、本章では Word に貼り付ける図を作成する道具として用いる方法を説明する。スライドの作成方法は **12 章**を参照。
　図の描画自体は、Word や Excel でもできる。しかし本書で想定している図は、本文の段落の間を空け、そこに配置するものである。このような図を Word で作成すると、文章の配置の影響を受けるなどして図が崩れるなど、おかしくなることがあるため勧めない。

スライドの一覧

　PowerPoint の作業画面の構成は、大きく二つの部分からなる。

　　右側:作業画面
　　左側:スライド「一覧」

　左側のスライド「一覧」を使い、スライドを以下のように扱う。

　　入れ替え(マウスを使って移動)
　　複製(Ctrl +D)
　　削除(Delete キー)

スライドのレイアウトの変更

　図作成のため、スライドのレイアウトを「白紙」に変更する。

手順1. メニューの「**ホーム**」→「**スライド**」欄の「レイアウト」右の▼を押す。
手順2. 現れた一覧から「白紙」を選択する。

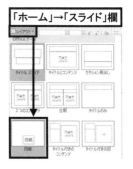

スライドの追加(Ctrl +M)

　レイアウトを変更したスライドで「Ctrl +M」の操作をすると、変更した設定のスライドが追加される。つまり「白紙」をいったん選択すれば、次からは「白紙」が用意されるようになる。

スライドの複製(Ctrl +D)

　似たような図を作成する場合は、既にあるスライドを複製し、それを変更すると早く描ける。つまり「Ctrl +M」で白紙から描き直すのではなく、複製（Ctrl +D）した図を加工することを勧める。
　作成したスライドを複製し、それに加筆すると効率よくスライドが作成できる。

手順1. 作業画面左側のスライド「一覧」で、複製したいスライドを選択する。
手順2. 「Ctrl +D」を押す。

　またはスライド「一覧」の上でマウスの右ボタンを押し、「スライドの複製」を選択する。

スライドの設定
「標準」(横4:縦3)への変更
　PowerPoint2013以降、スライドの標準設定は「ワイド画面（横16：縦9）」になった。
　この横幅が広い状態が図を描く際に適さない場合は、図を描く前に以下のように変更してしまう。

手順1. メニュー「デザイン」→「ユーザー設定」欄の
　　　「スライドのサイズ」を押す。
手順2. 現れた一覧から「標準（4：3）」を選択する。

スライドのサイズ変更
　例えば、Word原稿と同じA4用紙で図を作成することもある。この場合は以下のように設定する。

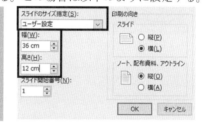

手順1. メニュー「デザイン」→「ユーザー設定」欄の
　　　「スライドのサイズ」を押す。
手順2. 現れた一覧から、
　　　「ユーザー設定のスライドのサイズ」を選択する。
手順3. 現れた「スライドのサイズ」の設定画面の
　　　「スライドのサイズ指定」で、A4を指定する。

　また「板書計画」(4-10)の横36cm、縦12cmのように、汎用の用紙サイズと異なるサイズを指定する場合は、「幅」と「高さ」に数値を入力して変更する。

補足：描き進めてからのスライドのサイズ変更
　作業中にサイズを変更すると、「最大化」か「サイズに合わせて調整」を選択する画面が現れる。
　「最大化」は、横16：縦9を横4：縦3（つまり横12：縦9）に変更するため、左右両端が発表時にスクリーン上に表示されなくなる。ただし、作業画面から削除されるわけではない。
　一方、「サイズに合わせて調整」は全体が縮小される。これにより図形のサイズが小さくなり、上下に空白ができてしまうことになる。

グリッド線の調整
　「グリッド線に合わせる」に設定しておくと、通常は表示されないグリッド線に合わせて、図形が移動するようになる。4-10の板書計画では「0.1cm」にグリッド線の間隔を設定し、配置した図形を上下左右ボタン1回につき「0.1cm」（縮尺10分の1なら1cm相当）移動するようにしておく。

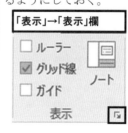

手順1. メニューの「表示」→「表示」欄右下にある、
　　　「グリッドの設定」を押す。
手順2. 現れた「グリッドとガイド」の設定画面上部の、
　　　「位置合わせ」の「描画オブジェクトをグリッド線に合わせる」に
　　　チェックを入れる。
手順3. 同設定画面中央の「グリッドの設定」で、「間隔」を「0.1cm」に
　　　変更する。

4. PowerPoint で図を描く
4-3. 図形の描き方
図を描く時の考え方
図形（部品）の種類

　図は、「図形」（PowerPoint で作成できる絵の部品）を組み合わせて描く。図を描く際は、この「図形」の種類を最低限にし、少ない種類の「図形」を組み合わせることを勧める。

　なお、本書の説明に使われている **2-5** の手の絵を含めた全ての図は、以下の五種類の部品を組み合わせただけで作成している。（矢印や点線は直線と円弧の一種として扱っている。）

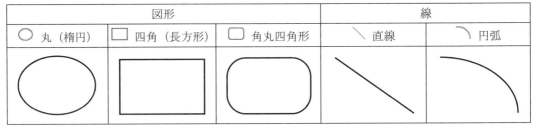

　　　　注：これ以外の部品を使う場合は、装飾過剰な図にならないように注意すること。

図形の描き方（丸を例に）

　「図形」の描き方はどの部品でもほぼ共通であり、以下のように行う。

手順1. メニュー「**ホーム**」→「**図形描画**」欄の ○「楕円」を選択する。
手順2. 「図形」の一角（どこでもよい）でマウスの左ボタンをおさえる。
　　　　（これを「**始点**」という）
手順3. そのままカーソル（マウスの矢印）を移動し、表示された「図形」を参考にしながら「図形」の対角でマウスの左ボタンを放す。
　　　　（これを「**終点**」という）

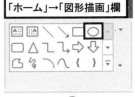

　すると、「青, アクセント1」という色が塗られた「楕円」が描かれる。
線の色の変更は **4-4**、図形内を塗りつぶす色の変更は **4-5** を参照。
　　また図形の削除は「Delete」キー、「BackSpace」キーを押す。

図形の描き方：図形

　図の描き方は図形系と線系の二つに分かれる。図形系は斜め線を描くと、その始点と終点を対角とする四角の中に図形が描かれる。これら図形はどの方向に斜め線を描いても、基本的に同じ形になる。

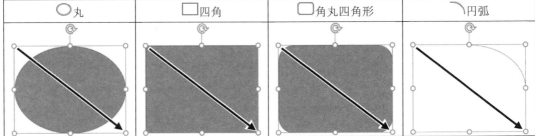

　円弧の場合は、マウスを使って描くのは「円」であり、その一部である「円弧」を表示する設定になっている。また常に右上の90度、時計の12時から3時の方向に描かれるようになっている。

図形の描き方　4-3

図形の描き方：線
線系は、マウスを動かした方向に描かれる。（矢印の頭、つまり矢は終点に描かれる。）

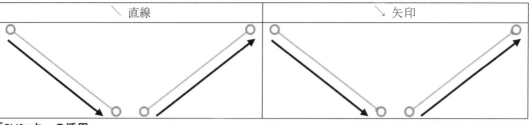

「Shift」キーの活用
「Shift」キーをおさえながら図形を描くと、以下の図形を描くことができる。

＼直線	◯丸	□四角	▢角丸四角形	⌒円弧
45度ごと、8方向に限定	円（縦横同寸）	正方形（縦横同寸）	正方形の角丸四角形	円の弧（縦横同寸）

黄色の点を使った形状変更
　円弧や角丸四角形のように、図形選択時に黄色の点が表示されるものがある。この黄色の点を使えば、以下の変更を加えることができる。
・円弧　　　　黄色の点が円弧の両端になり、円弧の内角を変更できる（初めは右上の90度）
・角丸四角形　四角の角にある丸（円）の半径を変更できる
なお、黄色の点を動かしたことによって生じる効果は、図形によって異なる。

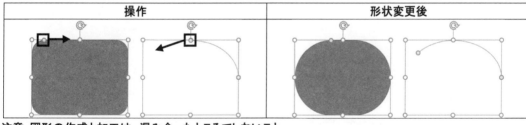

操作	形状変更後

注意：図形の作成と加工は、混み合ったところでしないこと
　図の作成が進み、たくさんの図形が描かれると、思ったように図形が作成、配置できなくなる。具体的には、新しい部品を描く時に既に描かれた他の図形と勝手にくっつく、一緒に動くなどの動作をするようになる。そこで、以下のように作業をすることを勧める。
・サイズの変更はマウスでせず、メニューの「サイズ」欄を使って行う(4-6)
・選択の方法を組み合わせて用いる(4-7)
　　例えば、マウスで範囲選択し、次に一緒に選択された不要な図形を、「Shift＋マウスの左ボタン」で選択から外す、などの方法を組み合わせる。
・いくつかの部品に分けて、別々のスライドで作成し、最後に組み合わせる(4-8)
　　また、マウスを使った「Alt」キーをおさえながら調整すると、うまくいくこともある。

4. PowerPoint で図を描く

4-4. 矢印、テキストボックスの描き方

線の設定

線の設定を選択
ここでは、既に引いた直線の色を黒、太さを 1.5 ポイントに変更するための設定を、例に説明する。

手順1. 設定を変更したい「直線」を選択する。
手順2. メニュー「ホーム」→「図形のスタイル」欄の「図形の枠線」を押す。
手順3. 現れた選択肢から、変更したいものを選択する。(この例では、太さのみ変更する。)

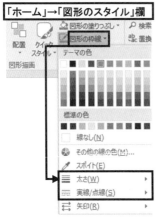
線の色の変更、設定全般
「ホーム」→「図形のスタイル」欄

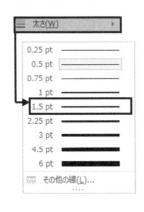
線の太さ(1.5 ポイント)

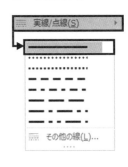
線の種類(直線のまま)

矢印の設定

矢印の描き方
矢印の描き方には、以下の二つの方法がある。

- メニュー「ホーム」→「図形描画」欄にある ↘ 「矢印」を選択し、描く
- 直線や円弧に矢印の設定を加える

「図形描画」欄を使った矢印の描き方は、直線の描き方と同じため省略する。(4-3)

矢印の設定
直線や円弧に矢印の設定を加えるには、以下の操作を行う。

手順1. 矢印に加工したい直線や円弧を選択する。
手順2. メニュー「ホーム」「図形描画」欄右の「図形の枠線」右側にある
▼を選択する。
手順3. 現れた一覧の下にある「矢印」を選択し、現れた矢印の一覧から
設定したいものを選択する。

なお、矢印の頭(矢)は線の「始点」と「終点」に付けることができる。しかし、どちらが直線の「始点」であるかを、画面上の線で区別することはできない。
そこで、とにかくどちらかを設定してみて、違っていたら逆に設定する。つまり後から変更ができることを活用し、違っていたら直せばよい。

テキストボックスの設定（図形の中に文字を書く）

図形の中に文字を書く方法
　テキストボックスの作成方法は、二通りある。
・メニュー「描画ツール」→「書式」→「図形の挿入」欄にある「テキストボックス」を選択する
　　「横書き」と「縦書き」があるので、注意すること。
・図形に、テキストボックスの設定を追加する
　　テキストボックスの描き方は長方形の描き方と同じであるため、省略する。
　図形内に文字を書くためには図形を選択し、図形の内側でマウスの左ボタンをダブルクリック（すばやく二回押す）する。
　また、以下の操作でも文字が入力できるようになる。

手順1．文字を入れたい図形（長方形など）を選択する。
手順2．マウスの右ボタンを押す。
手順3．現れたメニューから「テキストの編集」を選択する。

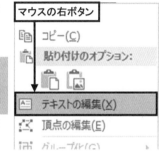

　これで図形の中に文字が書けるようになる。入力の際は、図形の大きさと文字のバランスに注意すること。
　初期設定が白文字なので、図形を白に塗りつぶしてから字を書くと見えなくなる。

図形の変更
　テキストボックスは長方形が基本形であるが、他の図形に変えることもできる。

手順1．形を変更したい図形を選択する。
手順2．メニュー「描画ツール」→「書式」→「図形の挿入」欄の
　　　「図形の編集」の右側にある▼を押す。
手順3．現れた一覧から「図形の変更」を選択する。
手順4．現れた一覧から変更したい図形を選択する。

　また図形とまわりの線を透明、つまり「塗りつぶしなし」、「線なし」にすることで、文字だけを表示することもできる。
　同様に、他の形の図形の形状を変更することもできる。

文字配置の変更
　テキストボックスは、図形中央の文字が配置されるようになっている。この文字の配置は、以下のようにして変更する。

手順1．文字配置を変更したい図形を選択する。
手順2．
　横方向：メニュー「ホーム」→「段落」欄にある「文字揃え」を
　　　　使って調整する。
　縦方向：メニュー「ホーム」→「段落」欄→「文字の配置」を
　　　　選択し、現れた一覧から配置を選択する。
　また、同欄の「文字列の方向」を使って縦書きに変更することもできる。

4. PowerPoint で図を描く

4-5. 図形の移動、塗りつぶし、配置

図形を移動する

図形の移動の操作方法

図形の移動作業は、以下の二つを組み合わせて行うとよい。

1. マウスを使って、大まかに移動する（「Shift」キーをおさえると、移動が縦か横に限定される）

2.「↑↓←→」（上下左右）キーを使って、微調整する

1. マウスを使った移動

「上下左右」キーだけで移動するのは大変なため、まずマウスを使って大まかに移動してしまう。

手順1. 移動したい図形の上で、マウスの左ボタンをおさえる。

手順2. そのままカーソル（マウスの矢印）を移動する。

2. キーボードの「上下左右」キーを使った移動

マウスではやりにくい細かい配置の設定は、「上下左右」キーを使って行う。

手順1. 移動したい図形の上で、マウスの左ボタンを押して選択する。

手順2.「上下左右」キーを押して移動する。（押し続けると、連続で移動する。）

図形に色を塗る

「図形の塗りつぶし」の操作方法

図形系（四角、丸、角丸四角）は、初期状態では青く塗りつぶされている。

これに対し円弧は塗りつぶしなし（透明）であるが、塗りつぶす色を指定することで、孤の内側を塗りつぶすことができる。また、枠線の色の変更も、同じ操作でできる。

手順1.「図形の塗りつぶし」で、色をつけたい図形を選択する。

手順2. メニュー「ホーム」→「図形描画」欄の「図形の塗りつぶし」を選択する。

枠線の色を変える場合は、同じ欄の「図形の枠線」を選択する。

手順3. 現れた色の一覧から、塗りつぶしたい色を選択する。

白黒の場合、色の代わりに模様（テクスチャ）で対応する。

手順1.「図形の塗りつぶし」の一覧下の「テクスチャ」にある「その他のテクスチャ」を選択する。

手順2. 作業画面右側に現れた「データ系列の書式設定」の「塗りつぶし（パターン）」を選択し、現れた模様を選択する。

なお「前景」、「背景」の色を、黒と白に指定することを忘れないよう。

（8-4 右）

「塗りつぶしなし」を選択

「塗りつぶしなし」を選択すると、図形の中が透明になり、下に配置された図形が透けて見えるようになる。この「塗りつぶしなし」に設定した図形は、図形の中でマウスの左ボタンを押しても選択されない。この場合は図形の辺、つまり周りの線を選択する必要がある。

配置を揃える
「配置」機能を使って揃える
　マウスで位置調整をするのは難しい。そこでマウスで位置を調整せず、「配置」機能を使って位置を揃えるように設定すればよい。

手順1. 位置を揃えたい図形を複数選択する。
手順2. メニュー「ホーム」→「図形描画」欄の「配置」を選択する。
手順3. 現れた一覧から「配置」を選択する。
手順4. 現れた一覧から選択したい配置方法を選択する。

　図形のまん中を揃えて上下に並べる場合などに用いると便利である。(4-9)

発想の転換の例：「白」の活用
交点の周りの線を白く、太くし、点を小さくする
　マウスで丸を描くと描ける最小のサイズが大きく、グラフの交点などはうまく描くことができなくなることがある。この場合は、逆に丸の周りの線を白く、太くした分だけ、中の黒丸が小さくなるようにする。

手順1. 最小の円を描く。（サイズを調整してもよい）
手順2. 円の内側を黒く塗りつぶす。
手順3. 円の周りの枠線を白色にする。
手順4. 線の太さを変え、中の黒い点の大きさを調整する。
手順5. 点を曲線の下に配置する。
補足． 点は「最背面」に移動するとよい。(4-6)

補足1.「サイズ」欄を使った図形サイズの縮小(4-6)
　マウスだけではある程度以上の縮小は困難である。そこで「サイズ」欄で縮小すると、より小さい丸を描くことができるようになる。
　また、位置は点（丸）の図形を範囲選択で選択し、「上下左右」キーで位置を調整すればよい。

補足2. 小さい部品が描けないなら、他の部品を大きく描く
　図形がうまく描けない、特に配置ができない場合は、図全体を大きく描き直すとよい。そうすれば図を大きくした分だけ、図形のサイズ調整や配置が楽にできるようになる。
　その後、完成した図全体を縮小すればよい。そのため本書では、まず「PowerPointで図を描く」、次に「拡張メタファイル形式にしてWordに移して縮小する」という手順で作業することを勧めており、この方法なら図全体の大きさを容易に変更することができる。(11-9)

4. PowerPoint で図を描く
4-6. 図形のサイズ、形状、順序の変更
サイズ変更の活用
複製からサイズの変更
　図形描画では「複製」、つまり「コピー」→「貼り付け」を「Ctrl +D」だけで行うことができる。
　また説明に用いる図は似たような部品を多用するため、本書ではなるべく五種類の図形だけで描くことを勧めている。これらのことを合わせると、以下の手順で作業を効率化することができる。
1. **図形を複製(Ctrl +D)する**
2. **複製した図形を変形、移動する**

　つまり、必要な部品をとにかく描いてしまい、後から移動、加工の作業をすればよい。

サイズの変更の手順
　サイズの変更の操作方法は同じでも、図形と線では結果が異なる。
　操作の手順は、以下の二種類である。
1. **マウスを使い、サイズを大まかに変更する**
2. **メニュー「描画ツール」→「書式」→「サイズ」欄を使い、サイズを調整する**

　本書では、サイズの調整はマウスを使わずに、この方法で行うことを強く勧める。
　特に板書計画(**4-10**)のように、ミリ単位で調整する必要がある場合はとても便利である。

「サイズ」欄を使った図形の大きさの変更
　図形の大きさは、マウスではなく「サイズ」欄を使って変更することを勧める。

手順1. サイズを変更したい図形を選択する。
手順2. メニュー「描画ツール」→「書式」→「サイズ」欄に、図形の縦横の大きさを示す数値が現れるので変更する。

補足. 数値右の▲や▼を押すと 0.1cm、つまり 1mm 単位で数値が変化する。

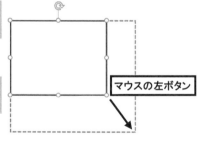

「描画ツール」→「書式」→「サイズ」欄

マウスを使った図形のサイズ変更
手順1. サイズを変更したい図形を選択する。
手順2. 図形の角に現れた丸を、マウスの左ボタンでおさえる。
　選択した図形の辺の中央に現れる丸だと、変更が縦か横に制限される。
手順3. そのままカーソル（マウスの矢印）を移動し、変更したい形になったらマウスの左ボタンを放す。

「Shift」キーを使った図形の拡大／縮小
　「Shift」キーとマウスの左ボタンをおさえながらカーソルを移動すると、相似形つまり縦横の比率が維持されたまま、「拡大／縮小」がされる。
　ただし直線（矢印を含む）の場合は、例えば水平線（縦のサイズがゼロ）のはずなのに、「Shift」キーをおさえながら変形すると**線が傾いてしまう**ことがある。その場合は「サイズ」欄を使って、高さがゼロになるように修正するとよい。

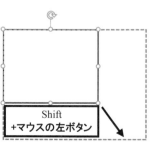

図形のサイズ、形状、順序の変更　　4-6

回転／反転
マウスを使った図形の回転
マウスの動かすことで、回転する角度を設定できる。

手順1．サイズを変更したい図形を選択する。
手順2．図形上部に 🔄 が現れるので、その上でマウスの
　　　左ボタンをおさえる。
手順3．そのままカーソル（マウスの矢印）を移動する。
補足．「Shift」キーをおさえて操作すると、15度単位で回転する。

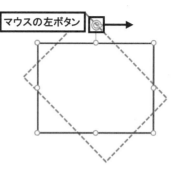

図形の回転／反転
90度単位の回転、上下反転、左右反転は、以下のように行う。

手順1．回転／反転したい図形を選択する。
手順2．メニュー「ホーム」→「図形描画」欄の「配置」を選択する。
手順3．現れた一覧から「回転」を選択する。
手順4．現れた一覧から配置方法を選択する。

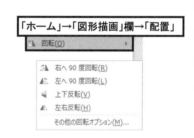

順序（図形の配置の順序）
図形の配置順を変更する
図形は後から描いたものが上に置かれるので、必要があれば、以下のようにして順序を換える。

手順1．順序を入れ替えたい図形を選択する。
手順2．マウスの右ボタンを押し、現れたメニューの「順序」
　　　から図形の配置の順序を選択する。

図形の配置順は分からないので、実際に使うのは「最前面」と「最背面」の二つだけにするとよい。
そもそも、説明用の図は簡潔に作成するべきものなので、図形を複雑に重ねないはずである。

一覧を使った図形の配置変更
なお、重ねる順番を変えるため、図形の配置の一覧を表示させるには、以下のようにする。

手順1．メニュー「ホーム」→「図形描画」欄にある「配置」を選択する。
手順2．現れた一覧から「オブジェクトの選択と表示」を選択する。
手順3．作業画面右に現れた「選択」画面で図形の順序を変更する。

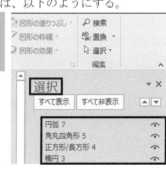

4. PowerPoint で図を描く

4-7. まとめて選択、グループ化

図形をまとめて選択

まとめて選択する方法

図形をまとめて選択する方法には、以下の二つがある。

・「Ctrl」キー、「Shift」キーをおさえながらマウスで選択する
・マウスを使って点線の四角を表示させ、まとめて選択する

なお、選択された図形の周りのそれぞれの辺や角には、形状やサイズを変えるための「丸」が表示されるので、選択されているかを確認するのに使える。

四角と角丸四角を選択

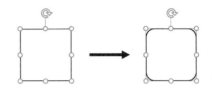

「Ctrl」キー、「Shift」キーを使った追加選択

図形の選択の場合、「Ctrl」キーと「Shift」キーは同じと思って差し支えないはずである。

> **手順1.** 図形を一つ選択する（図形の上で、マウスの左ボタンを押す）。
> **手順2.** キーボードの「Ctrl」キーまたは「Shift」キーをおさえて、図形を追加選択する。
> **手順3.** 選択したいものを全て選択するまで、手順2を繰り返す。

図形を選択から外す

選択された図形で、もう一度「追加選択」の操作を行うと、その図形は選択から外される。

マウスで四角を描いて、範囲選択する

図形の配置に余裕がある場合は、マウスでまとめて図形を選択する、以下の方法が活用できる。

> **手順1.** 描画キャンバスの図形が描かれていない箇所で、マウスの左ボタンをおさえる。
> **手順2.** そのままカーソル（マウスの矢印）を動かすと、始点と終点を対角線の両端とする灰色の四角が表示される。
> **手順3.** この四角に必要な図形が収まるように調整する。

右の例の角丸四角のように、全て点線内に収めなければ、選択したとみなされない。

また図形が複雑に配置されている場合は、うまく範囲選択できないこともある。その場合は、以下のように他の操作と組み合わせて選択する。

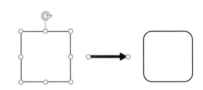

二つの操作を組み合わせる

上記の「Ctrl」キー、「Shift」キーを使った選択と、マウスで四角を描く選択の二つを組み合わせると、効率よく多くの図形を選択することができる。

> **手順1.** マウスで四角を描いて、図形をまとめて選択する。
> **手順2.** 選択されている図形の選択から外したい図形、または追加したい図形の上で、「Ctrl」キーまたは「Shift」キーをおさえ、マウスの左ボタンを押す。

なお、同じ操作を選択されていない図形に対して行うと、追加選択になる。

図形のグループ化

グループ化

「グループ化」の効果は、以下の三つである。
- 図形を組み合わせて作成したものを固定し、一つの図形として扱うことができる
- ある程度できあがった図を形が崩れないように、まとめてしまうことができる
- 特殊な形の図形を、本書が勧める5つの図形を組み合わせて作成しやすくなる（4-3）

グループ化の操作

まとめて選択したものは、グループ化によって一つの図形として扱えるようになる。

手順1. 左ページの「まとめて選択する方法」などを使って、グループ化したい図形を選択する。
手順2. 選択した図形の上で、マウスの右ボタンを押す。
手順3. 現れたメニューから「グループ化」にある、「グループ化」を選択する。

グループ化の解除

グループ化した図形は、「グループ化解除」によって別々の図形に戻すことができる。

手順1. グループ化した図形を選択する。
手順2. 選択した図形の上で、マウスの右ボタンを押す。
手順3. 現れたメニューから、「グループ化」にある「グループ化解除」を選択する。

グループ化の活用例（4-8、4-9）

グループ化、複製（Ctrl +D）、回転・反転の操作を組み合わせると、以下のように図を効率よく描くことができる。

手順1. 縦線、横線、弧の三種類を組み合わせ、グループ化する。（左下の図）
手順2. グループ化した二種類の矢印をさらにグループ化する。（左下の図の中央）
手順3. 複製して左右反転し、移動する。（右下の図、**図形の反転は 4-5**）

グループ化せずに反転すると、部品ごとに反転されるので注意すること。

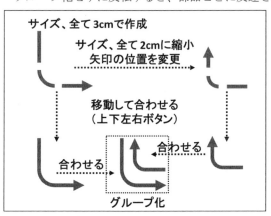

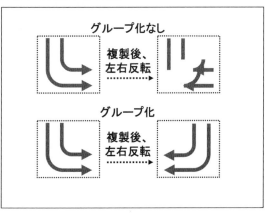

4. PowerPoint で図を描く
4-8. 図形描画機能の活用方法
実例1 単純な図形を合わせる例
PowerPoint を使った模写の例

PowerPoint の図形描画機能を使えば、以下のような複雑に見える図でも模写することができる。

また、PowerPoint の図形描画の特徴に合わせて図を描けば、簡単にかつ後から修正がしやすい図を作成することができる。

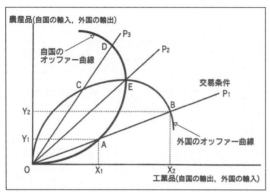
元の図

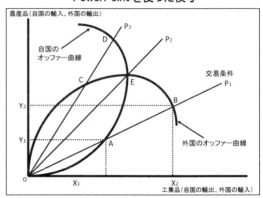
PowerPoint を使った模写

注：若杉隆平（1996）『現代経済学入門　国際経済学』, 岩波書店、p.9、図1-4から作成。

発想と手順

図形を描くための発想や手順は、以下のようにペンで絵を描くのとは異なるものである。

・描く順序はない

部品の作成、形状の変更、配置、順序の入れ替えができるという性質を活用する。

この例では、手書きの場合とは逆に、曲線に直線を合わせるように配置するとうまくいく。

・印刷したものが、そう見えればよい

左下図：点線は「四角」を使って描くと、描く手間や交点の位置を変更する手間が省ける。
　　　　点線は実線よりも少し細くしておかないと、印刷した線がデコボコになることがある。

右下図：グラフの曲線は、四つの「円弧」を組み合わせて作成している。

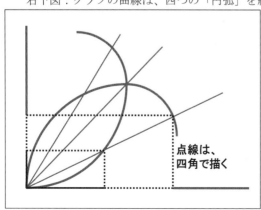

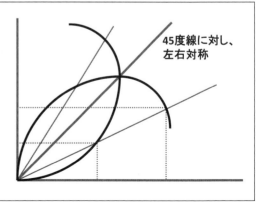

図形描画機能の活用方法　4-8

・描くのが難しい曲線を先に配置する

　ペンを使って描く場合は、直線から先に描いてバランスをとるはずである。しかしこの場合は、逆に曲線（弧の集合体）を先に置いて、それに合わせるように直線を配置すると描きやすい。

・形状が難しい部品はさらに分解する

　一つの図形で描くのが難しい場合は、分けて描くとよい。

・操作方法をうまく組み合わせる

　図の曲線部分を描くのは一見大変そうに見えるが、図の特徴を捉え、図形描画の機能を有効利用できれば、簡単に描くことができる。

手順1～6
- 手順1．縦横10cmの弧を作成（弧Aとする）
- 手順2．弧Aを二回複製（弧B、弧Cとする）
- 手順3．弧Cを縦横20cmに拡大（「サイズ指定」欄を用いる）
- 手順4．弧Cを複製（弧Dとする）
- 手順5．弧Cを左90度回転
- 手順6．弧Dを右90度回転

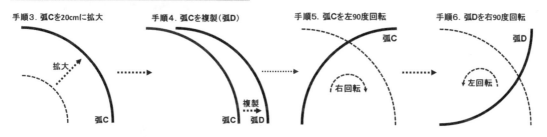

手順7
- 手順7．弧Dの右上（グラフの点E）で、四つの部品を合わせ、グループ化

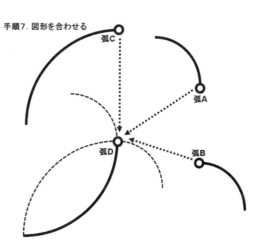

- 77 -

4. PowerPoint で図を描く
4-9. 図形の配置
実例2 グループ化と複製、反転の例

図で用いる表現の例
以下の図は、ある因果関係を示したものである。

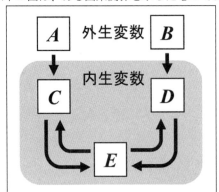

この図の特徴は、以下の通りである。
- 「主体」を、四角と文字で表している
- 与える影響と方向を、矢印で示している

  また双方向の矢印を使わず、二本に分けて表現することで、互いに影響を与えていることを強調している。

- 灰色(角丸四角形)で、計算上の領域を分けてある

  矢印が向いている、つまり影響を受ける「内生」と、矢印が向いていない、つまり影響を受けない「外生」に分けている。

このように、同じ分類のものに同じ図形を使えば、表現手段が減るので、図をまとめやすくなる。

複製とグループ化
「複製」や「グループ化」などの方法を活用することで、作業を効率よくすることができる。
上の例では、以下の技を使っている。

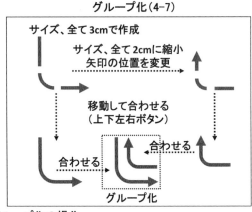
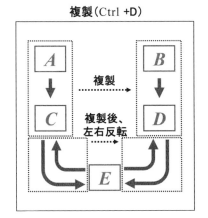

グループ化の操作
直線、孤、矢印の三つの図形を組み合わせて、一つの曲がった矢印を作成する。

これを「グループ化」で一つの図形としてまとめている。なお、右の「複製後の左右反転」は、グループ化してからでないと部品ごとに反転してしまうので、注意すること。(4-7)

手順．「グループ化」した図形を選択し、**メニュー「描画ツール」→「書式」→「配置」欄**の「回転」にある「左右反転」を選択する。

複製の操作
同じ種類の図形があれば極力「複製」(Ctrl +D) し、それに「移動」や「変形」を加える。

手順1．四角「C」を作成し、それを複製して文字を「A」に書き換え、二重線に変更する。
手順2．「A」、矢印、「C」を複製して移動し、文字を「B」、「D」に書き換える。

実例3　位置揃えを使った例
位置を揃える
　この図では作成作業、特に図形の位置調整を、なるべくマウスを使わずに行っている。

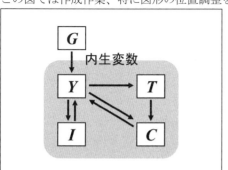

　まず左図をよく見ると、以下のような四角と矢印の組み合わせがいくつかあることが分かる。

　これを縦に三つ並べて、一番下の矢印を消し、文字を「Y」、「I」に書き換えれば、左半分ができる。
　ただし、以下では文字を「G」を最後まで変更せずに説明を続ける。

　この整列作業を行う際は、図形を選択すると現れる「描画ツール」を使うと、簡単にできる。

手順1. まだ一揃えしかない、四角（Gの文字入り）と矢印を選択する。
手順2. 「Ctrl +D」で複製し、縦に並べる。
手順3. もう一度「Ctrl +D」で複製する。
　すると、一組目と二組目の間隔と、同じ間隔で三組目が配置される。
手順4. 一番下の矢印を消し、残りの図形を範囲選択する。
　これで四角が三つ、矢印が二つになる。
手順5. メニュー「描画ツール」→「書式」→「配置」欄の「配置」を選択する。
手順6. 現れたメニューから「左右中央揃え」を選択する。

　この左右が揃った図形のうち四角、矢印、四角の組み合わせを複製すれば、右側もできてしまう。

上下左右キーを使った位置調整
　左下の二本の矢印を配置する際は、「上下左右」キーで調整するとよい。ただし、あらかじめグリッドに合うように設定しておくこと。**(4-3)**

手順1. 「Y」と「I」の間にある、「下向きの矢印」を複製（Ctrl +D）する。
手順2. 複製した矢印の頭（矢）を**メニュー**→「**ホーム**」→「**図形描画**」欄の
　「図形の枠線」にある「矢印」で逆にする。（上向きになる）
手順3. 「上下左右」キーを使って移動し、複製元の矢印と重ねる。
手順4. 「上の矢印」を選択して、「→」キーをある回数押す。
手順5. 「下の矢印」を選択して、「←」キーを前と同じ回数押す。

　つまり、同じ位置から逆方向に同じ数だけ押して動かすことで、中心から同じ距離だけ離れるようにする。

補足：マウスの移動では位置調整の点線と「Shift」キーを活用
　PowerPoint で図形を移動すると、既にある図形との位置関係を知らせてくれる。これを活用すると、ある程度はマウスだけでもできてしまう。
　なお、マウスでの移動の際は「Shift」キーをおさえると、移動が縦か横のどちらかに制限されるので、微調整したい時に用いるとよい。

4. PowerPoint で図を描く

4-10. 板書計画の作り方

黒板、ホワイトボードの使い方（板書計画）

黒板、ホワイトボードに何を書くか

ここでは板書計画に基づいて、黒板（ホワイトボードを含む）を利用する方法を説明する。

板書計画を作成した上で黒板に書くのであれば、結果的に以下の行動を取ることになる。

・説明する内容を小出しに書いていく

・結果、これまでの経過が示される

こういったことを踏まえると、準備をきちんとせずに、黒板を使って説明するということは、以下のことを同時にしていることになる。

・内容を考えながら説明する

・時間配分、進行を考えながら説明する

・その内容を補佐するように黒板に書く

このような作業を行いながら説明するのは、使い回してきた内容でもない限り、あるいは即興で行う説明に慣れていない限り困難であろう。そのため、まず「板書計画」を作成し、その板書計画に即して説明することを基本としながらも、状況に合わせて内容に適度な変更を加えるということになる。

教室と黒板のサイズの把握

一番後ろの席からどう見えるかを考えれば、手のひら程度の大きさの文字、それもある程度の力で書かないと、しっかり見える文字にならないことが分かるはずである。

この文字の大きさを単位にして黒板の大きさを計ってみると、横40文字、縦10行程度しか書けない、つまりみっちり書いたとしても400文字程度しか書けないことが分かる。

これに加えて箇条書きにすること、見やすくするために余白を設けることなども考慮すると、黒板には200文字程度しか書けないことが分かる。

板書計画の作成

板書計画を作成するための設定

この字数制限を踏まえて、板書計画つまり黒板に書く内容を、予め定めておくことが必要となる。

この板書計画を作成するためには、まず説明する会場、特に黒板を知る必要がある。黒板の大きさは教室によって異なり、また黒板に貼られたプリントや黒板を覆い隠したスクリーンによって、どれだけ使う面積が限られるかなども違ってくる。

PowerPoint で板書計画をするためには、以下の準備をしておくことが望ましい。

・黒板のサイズを測っておく

・黒板の10分の1のサイズで、PowerPoint でスライドのサイズを設定（4-3 右）

・「グリッド線に合わせる」を1mm で設定（4-3 右）

・縮尺10分の1の場合、フォント（文字）の最小サイズは20ポイント

このような形式に整えたスライドを黒板に見立てて、その上に「テキストボックス」や図形、また写真等の画像を縮小したものを配置していく。

板書計画のサイズ（作成時と配布時）

　板書計画は、長文はあまり使わず、単語や単文を配置していくことが多いはずである。このことから、Word よりも PowerPoint で作成する方が向いていることが分かる。つまり、この**4章**で説明してきた方法を組み合わせて用いると、効率よく作成作業ができる。

　例えば、横360cm、縦120cm の黒板の縮尺10分の1は、横36cm、縦12cm である。しかし、基本、教室が決まっている小中高等学校ならば、黒板両側が連絡事項や貼り付けたプリントで使えない部分があるはずである。そこで、その部分は「トリミング」で削ってしまう。（**11-9**）

　それでも縦長のA4用紙（横21cm、縦29.7cm）には収まらないはずである。しかし、縮尺10分の1は、作成作業を効率化するためのものであり、配布するものはそこまで寸法に厳密である必要はない。そこで、配布物に合うように縮小してしまえばよい。例えば、縦置き A4 用紙では、余白を除くと残り幅は18cm 程度になるため、横18cm、縦6cm の板書計画を貼り付けることができる。

板書計画の例（トリミング前と後）

　以下は、**1-10** の板書計画の例の両側をトリミングする前の状態である。

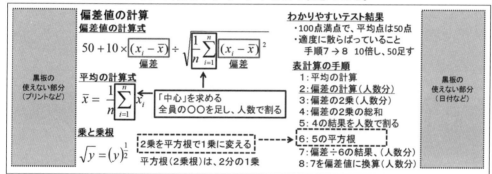

　これの左右両側をトリミングし、境界線と流れを書き加えると、以下のようになる。

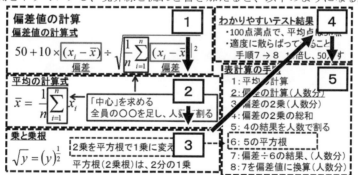

　この点線と矢印が示すように、**1-10** の板書計画は5つの意味の塊からなり、話の流れがまず左上から下に、次に下から右上に移動してから、また下に配置されている。

補足：板書計画のテンプレートを作成する

　板書計画をよく作成するのならば、それ用の設定を行った PowerPoint ファイルから「テンプレート」形式のファイルを作成し、利用するとよい。テンプレートの作成方法は **12-4** を参照。

5. Excel 操作の基本

5-1. Excel（表計算ソフト）の性質

Excel の性質

Excel は「計算してもらう」道具

　　Excel は計算するために用いる道具ではない。自分の代わりに「計算してもらう」道具である。

　　「してもらう」ということは、自身は以下の二点ができていれば、まずはよいことになる。

- **・上手に頼むことができる（工程の把握と説明）**
- **・頼んだ通りにできているかを確認できる（検算など）**

　　もちろん手計算でもできる程度に、計算の内容を把握できていることが望ましい。しかし電卓でさえ高価であった時代と異なり、計算の反復によりそれを体に叩き込む機会は少なくなってしまった。また、行う計算量も増え、いちいち手計算で確認するわけにもいかなくなっている。そこで Excel に効率よく「頼み」、計算結果が正しく行われているかを確認する方法が必要になる。

他の手段との違い

　　Excel を使う際にまず注意することは、以下の二点である。

- **・暗算、手計算の発想で Excel に頼まないこと**
- **・電卓の操作と同じ方法でも頼まないこと**

　　暗算、手計算、電卓で計算するのと同じ考え方で Excel を使わない方がよい。暗算と手計算は補助のために紙を使うという違いはあっても、頭を使って順番に計算をしていくという点で共通している。また電卓も取り消す、元に戻す機能をある程度備えているが、基本は一次元的に、つまり手順を踏んで、計算することしかできない道具である。

　　これに対し、Excel が分類される「表計算ソフト」は文字通り「表」、つまり縦と横に数値や式を配置し、二次元的に計算の作業を行うように作られているものである。また、本書でこれまで説明してきたパソコンの性質を利用することができる。

　　これらのことから、以下のように Excel を使うことが必要になる。

- **・表の縦（行）と横（列）の二次元で考える**
- **・「元に戻す」(Ctrl +Z)をはじめ、パソコンの機能を理解した上で使いこなす**
- **・複製機能を使って作業を効率化する（データの差し替え、計算式の複製など）**

　　要は、**理解が早くなる、間違えにくくなる、間違いに気づきやすくなる**ように作業を行うことが望ましい。

作業結果は後日、再利用することを前提に保管すること

　　日々、たくさんの計算をするだけでなく、計算以外のいろいろな作業も行うため、何をしていたかを総じて覚えておくことは困難である。

　　そこで、後から何をしたか覚えていなくても、また思い出せなくても何とかなるようにしておく必要がある。そのためには忘れた頃にファイルを開いても、何をしたのかが分かるようにファイルを作成しておくことが必要になる。

シートの左上に、必要な情報を配置する

作成したファイルは後から見直す、また再利用する可能性がある。そこで、計算結果をなるべくシートの左上に配置すること。つまり、横方向に計算していくなら最終的な計算結果を左端に、縦方向に計算していくなら上端に配置する。

このように配置すると、最終的な計算結果は左上にあるはずであるから、以前作成したファイルを開いたら、まず左上を確認すればよいようになる。これにより、そのファイルで行った作業を完全に忘れていても、そのファイルで何をしたのかを把握しやすくなる。

そのための位置調整は行、列を挿入して必要な場所を確保するという方法で行う。**（5-12）**

セルの塗りつぶしを使用し、罫線は使わない

同じ作業をしたセルは同じ色で塗りつぶし、そのことが分かるようにしておくとよい。

そこで、以下のようにセルに色を塗ることを勧める。

・値を入力した部分は、灰色に塗る

・計算した部分は、入力した式の区別がつくように2～3色程度で塗り分ける

・上下左右隣のセルと同じ計算をしている場合は、同じ色で揃える

・ただし斜め隣の場合は、異なる計算をしても同じ色を使ってもよいものとする

このような決まりを作っておくと、少ない色数でも作業内容を容易に把握できるようになる。

セルの「引用」を活用する

なお、枠線は Word に貼り付ける段階まで作業が進んだ時点で、計算用の表とは別に表を作成すること。その表に計算結果を「引用」つまり「 ＝ 」の後にセル座標だけ入力する。それに罫線を追加する方法を用いるとよい。**（10 章）**

ただ計算するだけなら、このような加工作業は必要ないであろう。しかし、実際の作業では後から検証する、修正を加えるなどの作業が想定されるため、このように備えておく必要がある。

標準フォント（字体）の設定

標準フォント（字体）の変更

Excel2016 から「游ゴシック」が標準フォント（字体）になった。

この標準フォントを、別のフォントに設定する場合は、以下のように設定する。

手順1. メニュー「ファイル」→「オプション」を選択する。

手順2. 「Excel のオプション」の設定画面が表示されるので、「基本設定」の「新しいブックの作成時」にある、「次を規定フォントとして使用」でフォントを選択する。

新しいブックの作成時	
次を既定フォントとして使用(N):	MS P ゴシック
フォント サイズ(Z):	11
新しいシートの既定のビュー(V):	標準ビュー
ブックのシート数(S):	1

昔の Excel の設定と同じにするなら、「MS P ゴシック」、サイズは「11」に設定すればよい。

5. Excel 操作の基本

5-2. Excel ファイルの構造

Excel ファイルの構造の確認

ブック、シート、セル

「Microsoft Office Excel 2016」（以下、Excel）のファイルは、以下の三階層からなる。

以下は、ファイル名「Book1」の「Sheet1」のセル「C5」（横3、縦5）を選択した状態である。

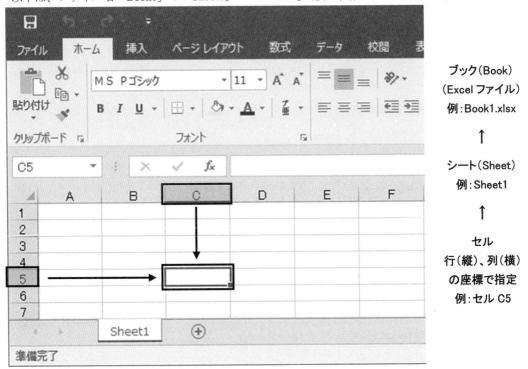

新規ファイルの構成

Excel を起動し、汎用の「空白のブック」を選択すると、「Sheet1」だけのファイル「Book1」が用意される。（「Ctrl +N」で用意したファイルも、この構成になる。）

	概要
ブック（Book）	Excel ファイル。シートが集まったもの。 名前をつけていない新規 Excel ファイルの仮名は、「 Book＋番号 .xlsx 」になる。
シート（Sheet）	セルによって構成される計算用紙。タグ付の紙を重ねたように表現されている。 シートは追加、削除、複製、並び替えが可能である。
セル	シートを構成するマス目であり、セル毎にデータや式を入力する。 縦は ABC、横は数字で座標が指定されている。

計算や加工作業を作業別、工程別に分け、工夫してデータや計算式を配置する。

これにより、ファイルの構造を把握しやすく、間違いを見つけやすくし、作業の効率を向上させることができる。

作業行程をどのように区切りシートやセルに割り振るかは、作業目的、データ量、作業画面の大きさなどを踏まえて判断することになる。

セル

Excel ファイルを構成するシートは表、つまり縦と横に区切られた「セル」（マス目）に分かれている。この「セル」には座標番号が付いており、縦は数字、横はアルファベットが振られている。

参考までに、一枚のシートの縦横に配置されるセル数は、以下のとおりである。

	座標	.xlsx	.xls（旧）	補足
縦	数字	1,048,576	65,536	$256=2^8$、$16,384=2^{14}$、$65,536=2^{16}$、$1,048,576=2^{20}$
横	ABC	16,384	256	横は26進法、A～Z、AA～AZ、BA、～…～、XFD まで

「.xlsx」は、Office2007 から採用された形式である。シートの範囲、つまり縦横が上記のように広くなり、また同じ内容でも古い「.xls」形式に比べてファイルの容量が小さくなることが多い。

「.xls」は、Office2003 以前の形式である。統計局にある統計データは、この形式で公表されていることが多いようである。

表示サイズの変更

画面は最大表示、見やすい大きさで

作業がしやすいよう、作業画面は大きく使うこと。

手順. Excel 作業画面右上の「最大化」ボタンを押す。

「Ctrl」キー＋マウスの「ホイール」で拡大縮小

「Ctrl」キーをおさえてマウス中央にある「ホイール」を回すと、シートの表示サイズの拡大・縮小ができる。そのためホイールを使って移動する際は、「Ctrl」キーを放してから行うこと。

サイズを選択、入力して変更

シートの表示は、拡大・縮小することができるので、作業に応じて変更することを勧める。

手順. 拡大の場合は ＋ 、縮小の場合は － の上で、マウスの左ボタンで押す。

補足. ＋と－の間にある ｜ を動かすと、拡大縮小ができる。しかし、調節が難しいため勧めない。

なお、この部分の上にカーソル（マウスの矢印）を重ねている時は、「Ctrl」キーをおさえなくても、マウス中央にある「ホイール」を回すだけで、拡大・縮小ができる。

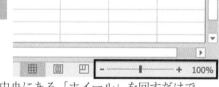

選択範囲に合わせて表示サイズを変更

選択した部分を、作業画面に広げて表示することができる。

手順1. 拡大表示したい箇所を範囲選択する。(5-6)

手順2. メニュー「表示」→「ズーム」欄にある「選択に合わせて拡大／縮小」を選択する。

5-3. Excel 操作の基本

Excel の各種操作

Excel 操作の種類

Excel では同じ命令を複数の操作方法で行えるようにし、使い分けられるようにするとよい。

この Excel の操作を分類すると、以下のように分けられる。

その1. 操作画面上部のメニューをマウスで操作する

Excel で可能な操作が全て揃っているが、同じ操作を繰り返して行うには効率が悪い。

その2. マウスの右ボタンを押すと現れる、メニューで操作する

マウスの右ボタンを押した位置に合わせたメニューが現れるようになっている。

ただし、必要な全てのメニューが出てくるわけではない。

その3. マウスとキーボードを組み合わせた操作する(ショートカット操作、上下左右キー)

頻繁に使う操作をキーボード上に割り振ったもの。

Word、PowerPoint をはじめとする他アプリケーションと共通であることが多い。

Excel の作業は、その1（メニュー）だけでも可能である。

しかし、その2（マウスの右ボタン）、その3（ショートカット操作）を覚え、組み合わせて使うと作業が早くなるので、状況に応じて使い分けられるようになることを勧める。

マウスの右ボタンで現れるメニュー画面

マウスの右ボタンを押すと、押した箇所でよく使う操作の一覧が現れる。

Excel のシート上の操作では、マウスの右ボタンのメニューの内容はほとんど変わらない。それでも、以下のように多少は変化する。

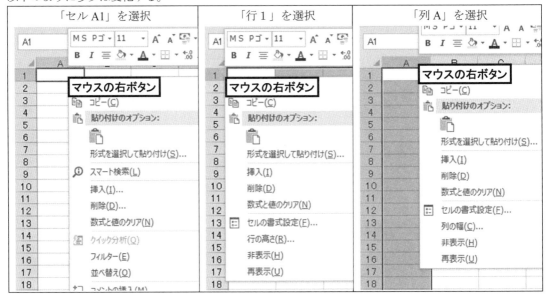

Excel 操作の基本　　5-3

キーボードの活用

操作は、右手にマウス（と上下左右キー）、左手でショートカット操作

　ショートカット操作は、基本は Excel でも同じである。そこで、マウスを右手に持ったら左手は
キーボードの左下に置いて、ショートカット操作ができるようにしておくこと。**(2-5)**

コピーと貼り付けは、ショートカット操作で

ショートカット	操作
「Ctrl +C」	コピー
「Ctrl +V」	貼り付け
「Ctrl+Alt +V」	「形式を選択して貼り付け」の設定画面を表示する。

ゴシック体が「押す」キー、

　それ以外は「おさえる」キーである。

　つまり、先に「おさえる」キーをおさえ、
「押す」キーを押し、終わったらおさえていた
キーを放す、という手順で行う。

キーボードを使った移動

　画面からはみ出すほど行数、列数が大きいデータの移動や範囲選択は、選択する大きさに合わせて
以下の方法から選択する。（灰色は使う頻度が少なく、覚えなくても良さそうなものである。）

キーボード	操作
「上下左右」キー	それぞれの方向のセルに移動する。
座標の入力	画面左上に座標を示す欄があるので、移動したい座標を打ち込む。
上：「PageUp」キー	ほぼ一画面分、上に移動する。選択中のセル座標も一緒に変わる。
下：「PageDown」キー	ほぼ一画面分、下に移動する。選択中のセル座標も一緒に変わる。
左：「Alt +PageUp」	ほぼ一画面分、左に移動する。選択中のセル座標も一緒に変わる。
右：「Alt +PageDown」	ほぼ一画面分、右に移動する。選択中のセル座標も一緒に変わる。
「Ctrl +上下左右」	表（文字が書かれたセルの集まり）の内側なら、表の端に移動する。表の外側なら、次の表まで、またはシートの果てまで移動する。

キーボードを使った範囲選択(5-6)

　キーボードだけでも範囲選択は可能である。

キーボード	操作
「Shift +上下左右」	最初に指定していたセルの範囲から、「上下左右」キーで選択する範囲を変更する。
「Ctrl+Shift +上下左右」	表（文字が書かれたセルの集まり）の内側なら表の端まで選択する。表の外側なら、次の表までまたはシートの果てまで選択する。

- 87 -

5. Excel 操作の基本

5-4. 取り消しと削除
元に戻す（操作の取り消し）

操作直後の取り消し

　Excel の操作では操作直後の取り消し、計算間違いの修正、表やグラフのレイアウトの変更など、様々な訂正や変更の操作を効率よく行えることが重要になる。

　そのうち、操作直後にキーボードを使って行う方法は、以下の三種類である。

ショートカット	訂正する事項
「Ctrl +Z」	「元に戻す」、操作や入力のミスを取り消す。
「Ctrl +Y」	「元に戻す」（Ctrl +Z）を取り消す。
「Esc」キー	今行っている作業を中止する。

操作の取り消し「元に戻す」（Ctrl +Z）

　行った操作を取り消して、直前操作を行う前の状態に戻してくれる。また、「Ctrl」キーをおさえたまま「Z」キーを連続して押すと、押した数だけある程度さかのぼって、行った作業を戻してくれる。

「Esc」キーを押して取り消す

　Excel には「元に戻す」（Ctrl +Z）では止めることのできない操作がある。例えば、式の入力時に起きるトラブルの中には、「元に戻す」（Ctrl +Z）では取り消すことができないものがある。

　このような場合は、「Esc」キーを押し、作業を取り消せばよい。また、「配列の一部を変更できません」というエラーメッセージが出たら、「OK」を押してエラーメッセージを消してから、「Esc」キーを押せばよい。

　なお、Excel2016 では「Esc」キーを押さなくても、対処してくれることが多くなったようである。

補足：作業に収拾が付かなくなった時

　何をしたらよいか分からなくなった場合は無理に直そうとせず、以下の操作で元に戻してしまうことを勧める。

・「元に戻す」（Ctrl +Z）または「Esc」キーを押してみる

・保存せずにファイルを閉じ、もう一度ファイルを開く

　今回行った作業内容を放棄するため、まずファイルを保存せずに閉じてしまい、再度ファイルを開き直す。これまでの作業内容が惜しいと思ったら「別名で保存」しておき、必要な箇所だけ移してもよい。ただし、Excel では同じ名前のファイルを同時に開くことはできないので、別名で保存して前のファイルと一緒に開けるようにする必要がある。

　なお、頻繁に「Ctrl +S」を押して「保存」する習慣をつけておくと、失う分が少なくなる。

・保管用「フォルダー」にある、元のファイルと置き換える

　逆に、保存により開き直したファイルに不要な上書きがされ、必要な箇所が消されてしまった場合は、「保管用」フォルダーから予備のファイルを複製して用いればよい。（3-3）

・表示や操作がうまくいかない場合は、パソコンの再起動を

　パソコン上の表示がおかしい、操作がうまくいかない、遅いなどの場合は、パソコンを再起動してしまうことを勧める。

削除

セル、行、列、シートの削除

手順1. 削除したい部分（セル、行、列）を範囲選択する。
手順2. メニュー「ホーム」→「セル」欄にある「削除」の下にある▼を選択すると、セル、行、列、シートの削除を選択することができる。

セル内のデータや式の削除

「Delete」キー　　範囲選択したセル内の値を**まとめて消す**。
「BackSpace」キー　範囲選択したセル内に一つだけある**白いセルの値だけを消す**。

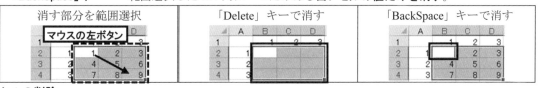

セルの削除

以下の例は、三列目（列C）に空白を入って、数値の配列がずれてしまっている。
そこで、セル「C1」～「C3」にある空白を削除し、値を左に移動する作業を行う。

手順1. 範囲選択したらマウスの右ボタンを押し、現れた一覧から「削除」を選択する。

手順2. 現れた「削除」メニューで「左方向にシフト」を選択する。

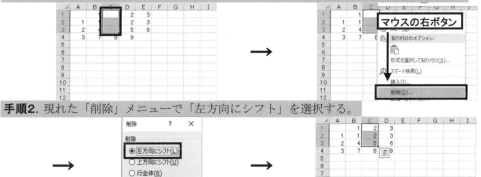

行、列の削除

「行全体」か「列全体」を選択した状態で「削除」を行うと、まとめて消すことができる。
なお、選択した範囲の行または列が全て削除されてしまうので、間違えないように選択すること。

シートの削除

手順1. シートのタグ（名札）の上で、マウスの右ボタンを押す。
手順2. 現れた操作一覧から「削除」を選択する。
　また**メニュー「ホーム」→「セル」欄**の削除を選択し、削除したいもの（セル、行、列、シート）を選択することもできる。
　　シートの削除は「元に戻す」が利かないので要注意。

5. Excel 操作の基本
5-5. シート内の移動
セルの移動
画面内の他のセルへの移動

シート内の操作したいセルへの移動は、セルにカーソル（マウスの矢印）を重ね、マウスの左ボタンを使って行う。「上下左右」キーでも可能なので、使い分けるとよい。

スクロールバーを使った画面外のセルへの移動

同じシートの画面外にあるセルを選択する場合は、まず Excel の操作画面の右側と下側にあるスクロールバーを使って移動し、必要なセルを表示させてからマウスの左ボタンを押す。

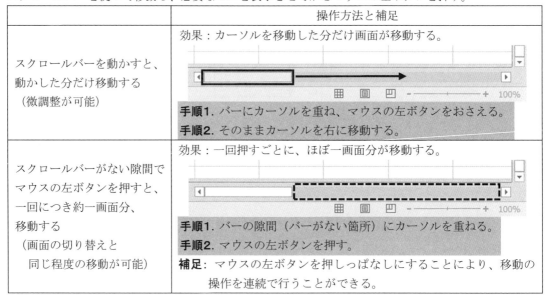

	操作方法と補足
スクロールバーを動かすと、動かした分だけ移動する（微調整が可能）	効果：カーソルを移動した分だけ画面が移動する。 手順1. バーにカーソルを重ね、マウスの左ボタンをおさえる。 手順2. そのままカーソルを右に移動する。
スクロールバーがない隙間でマウスの左ボタンを押すと、一回につき約一画面分、移動する（画面の切り替えと同じ程度の移動が可能）	効果：一回押すごとに、ほぼ一画面分が移動する。 手順1. バーの隙間（バーがない箇所）にカーソルを重ねる。 手順2. マウスの左ボタンを押す。 補足：マウスの左ボタンを押しっぱなしにすることにより、移動の操作を連続で行うことができる。

スクロールバーの長さは、利用している範囲に反比例する

スクロールバーは、データが入力されるなど一度使用された範囲を全体として捉えた場合の、画面に表示された部分の相対的な長さと位置を示すようになっている。

つまりスクロールバーを使った移動は、データが入力されたことのあるセルの範囲内に留まる。

マウスの「ホイール」を使った移動

マウスの「ホイール」（マウスの左右ボタン間にある輪）を使って移動し、選択したいセルを画面内に表示してから、マウスの左ボタンで選択する。

	操作方法と補足
「ホイール」で上下移動	「ホイール」を回した分、シート内の表示箇所が変化する。（マウスの機種によって左右の移動ができるものもある。）
「ホイール」を押し、カーソルを動かす	「ホイール」を押した位置を基準に、カーソルがある方向に移動する。「ホイール」を押した位置からの距離で移動速度を設定できる。

シート内の移動　5-5

補足：「ホイール」の暴走対策（「Ctrl」キー +「↑」キー、「←」キー）

　また、「ホイール」を使った操作は加減が難しい。行き過ぎたところまで移動してしまった場合は、要するに、左上に戻ればよいので、「Ctrl +↑」と「Ctrl +←」を押して戻ればよい。

セル座標の指定と移動

　例えば、画面外のセル「BZ123」まで移動する。

手順. 画面左上、選択されている範囲の左上を示す欄に、座標「BZ123」と入力し、「Enter」キーを押す。

　誤動作などで、思わぬ場所に移動してしまった時は、戻りたいセルの座標を入力すればよい。

シートのウィンドウ枠の固定

ウィンドウ枠の固定

　「ウィンドウ枠の固定」機能を使って、データの項目などが常に表示されるようにする。

　例として行1、列Aが常に表示されるようウィンドウ枠を固定する。

手順1. 固定するウィンドウ枠の右下に位置するセルを選択する。（例ではセルB2）

手順2. メニュー「表示」→「ウィンドウ」欄にある、「ウィンドウ枠の固定」を選択する。

手順3. 現れたメニューの上部にある、「ウィンドウ枠の固定」を選択する。

　すると、行AとBの間と列1と2の間に、灰色の線が引かれる。

　これにより灰色の線より左（列A）と上（行1）の部分は、常に表示されるようになる。

　例えば、「ウィンドウ枠の固定」の設定をしておくと、以下のように列A、行1は常に表示され、それよりも右側の列だけが動くようになる。

「ウィンドウ枠の固定」設定後
（列A、行1が常に表示されるようにした）

	A	B	C	D
1		民間最終消費支出	政府最終消費支出	総資本形成
2	1980	132,246.8	34,303.5	78,507.4
3	1981	140,698.1	36,876.4	81,574.4
4	1982	151,010.7	39,158.0	82,068.6

右下に移動
（列A、行1は常に表示される）

	A	E	F	G
1		財貨・サービスの純輸出	財貨・サービスの輸出	（控除）財貨・サービスの輸入
5	1983	4,867.2	39,125.4	34,258.2
6	1984	8,036.1	44,901.6	36,865.5
7	1985	11,039.4	46,176.6	35,137.2

設定の解除. 上記の固定と同じ操作をすると現れる「ウィンドウ枠固定の解除」を選択する。

固定した枠のすぐ下のセルに移動

　上記の例では、上1行目また左1列目の特定の範囲が常に表示されるため、その近くのセルに簡単に戻ることができる。

手順1. 常に表示されているセルを選択する。（例ではセルB1）

手順2. 「↓」キーを1回押す。

　これでセルB2より下が表示される。

- 91 -

5. Excel 操作の基本

5-6. セルの範囲選択

セルの範囲選択の操作

セルの範囲選択を使い分ける

複数ある範囲選択の方法を使い分けると、効率よく計算や編集作業ができる。

マウスで一つのセルを選択、「Shift」キーで選択範囲の変更

選択したいセルの上にカーソル（マウスの矢印）を重ね、マウスの左ボタンを押す。（例ではセル B2）

この状態で「Shift」キーをおさえながら「上下左右」キーを押すと、選択範囲を調整することができる。

マウスで一括範囲選択（選択する範囲が狭い場合）

多数のセルをまとめて選択する。（例ではセル B2～D4）

手順1. カーソルを選択したい範囲の角（例では左上のセル B2）に重ね、マウスの左ボタンをおさえる。

手順2. 左ボタンをおさえたまま、選択したい範囲の対角のセルまでカーソルを移動する。（例では右下のセル D4）

手順3. 対角のセル上でマウスの左ボタンを放す。（例では右下の セル D4）

「Shift」キーで一括範囲選択（画面からはみ出す規模の場合）

多数のセルをまとめて選択する。（例ではセル B2～D4）

手順1. カーソルを選択したい範囲の角に重ね、マウスの左ボタンを押す。（例ではセル B2）

手順2. 選択したい範囲の対角まで、カーソルを移動し、「Shift」キーをおさえたままマウスの左ボタンを押す。（例ではセル D4）

なお、画面外のセルに移動する際に「PageUp」、「PageDown」キーを使うと、範囲選択が解除されてしまうので使わないこと。

行（横）の選択、列（縦）の選択でも、同様の操作でまとめて選択ができる。**（右ページ）**

データが入力された範囲の一括範囲選択（Ctrl+Shift +上下左右）

データの入力された範囲を選択する。（セル B2～D4）

手順1. セル B2 にカーソルを重ね、左ボタンを押す。

手順2. 「Ctrl」キーと「Shift」キーをおさえる。

手順3. 「↓」キーを押す。

手順4. 「→」キーを押す。（手順2と3は順不同）

注： この方法は**データや式が置かれている箇所のみ可能**であり、空欄でこの操作を行うとシートの果てまで行ってしまう。

また、「Shift」キーをおさえながら「上下左右」キーを使うと、範囲指定の微調整ができるので、組み合わせて使うとよい。

セルの範囲選択　　5-6

行（横）、列（縦）の範囲選択

一行（横）の選択、列（縦）全体の範囲選択

　　選択したい行の番号欄の上に「カーソル」（マウスの矢印）を重ね、マウスの左ボタンを押す。（例では行2）

　　同様の操作を記号欄の上で行うと、列の選択ができる。

複数の列（縦）、行（横）全体の範囲選択

　　多数の列をまとめて選択する。（例では列B〜D）

手順1. カーソルを選択したい列の端の記号欄に重ね、マウスの左ボタンをおさえる。（例では列B）

手順2. マウスの左ボタンをおさえたまま、もう一方の端までカーソルを移動する。（例では列D）

手順3. もう一方の端でマウスの左ボタンを放す。（例では列D）

　　同様の操作を番号欄の上で行うと、複数の行（横）を選択することができる。

　　また「Shift」キーとマウスの左ボタンを使った範囲選択、「Shift」キーと「上下左右」キーを使った選択範囲の微調整も、セルと同じようにできる。

その他の選択方法（参考）

セルを一つずつ追加して選択（「Ctrl」キー）

　　離れたセルを選択する。（例ではセルB2とセルD4）

手順1. カーソルを選択したいセルに重ね、マウスの左ボタンを押す。（例ではセルB2）

手順2. 選択したいセルにカーソルを移動し、「Ctrl」キーをおさえてマウスの左ボタンを押す。（例ではセルD4）

注： 貼り付け先をまとめて指定する場合に有効であるが、コピー先の指定には向かない。

　　また行（横）の選択、列（縦）の選択でも同様にできる。

「Ctrl」キー、「Shift」キーを組み合わせた選択

　　例として、表のセルB2〜B11とセルD2〜D11を選択する。

セルB2〜B11の選択

手順1. セルB2の上で、マウスの左ボタンを押す。

手順2. セルB11にカーソルを移動し、「Shift」キーをおさえ、マウスの左ボタンを押す。

加えて、セルD2〜D11の選択

手順3. セルD2にカーソルを重ね、「Ctrl」キーをおさえ、マウスの左ボタンを押す。

手順4. セルD11にカーソルを移動し、「Shift」キーをおさえ、マウスの左ボタンを押す。

- 1. 説明
- 2. 道具(PC)
- 3. 情報管理
- 4. 図
- 5. Excel 操作
- 6. 計算の基本
- 7. データ処理
- 8. グラフ
- 9. Word 操作
- 10. 表加工
- 11. 文書設定
- 12. スライド
- 13. 印刷

- 1. Excel 性質
- 2. ファイル
- 3. 操作基本
- 4. 取消, 削除
- 5. 移動
- 6. 範囲選択
- 7. 式の入力
- 8. 相対絶対
- 9. 複製移動1
- 10. 複製移動2
- 11. 形式貼付
- 12. セル設定1
- 13. セル設定2
- 14. エラー表示
- 15. 関数1
- 16. 関数2
- 17. Sheet

5. Excel操作の基本
5-7. 式の書き方
式の入力
式の入力の基本
単純な計算（例： 1＋2 ）をExcelで行う方法は、以下の二つである。
- **式を一つのセルに入力する（実用性小）**
  セル「A1」に「 ＝1＋2 」と入力し、「Enter」キーを押す。
- **セルにそれぞれ数値を入力し、別のセルでそのセル座標を指定しながら計算する。**
  セル「B1」に「1」、「B2」に「2」、「B3」に「 ＝B1＋B2 」と入力し、「Enter」キーを押す。

上記のように、セル「B3」には計算結果のみ表示される。（式は表示されない。）
セル「B3」を選択すると、画面上部にある「数式バー」内にセル「B3」の式が表示される。

電卓に対する表計算ソフトの利点は、以下の二点である。
- **セルのデータを差し替えると、そのセルを引用した式の再計算がされる**
- **式を別のセルにコピーすると、計算式が移動に合わせて変化する（相対参照、5-8）**
  例えば、セル「B3」の式をセル「C3」に移すと、「 ＝C1＋C2 」（ ＝2＋4 ）の計算を行う。

式の入力
手順1. 式を入力するセル「B3」を選択する。
手順2. セル「B3」に式「 ＝B1＋B2 」と入力する。
　　　「 ＝ 」は「Shift」＋「 － 」で入力できる。
手順3. 「Enter」キーを押す。

注意：カッコの使い方
カッコを使用する際は、以下の決まりを守らないとエラーが生じ、計算ができなくなる。
（自動で式を修正してくれることもある。）
1．カッコは （ ） 丸カッコのみ使い、カッコの中にカッコを入れる場合も丸カッコを使う
2．一つの式の中の（「開きカッコ」と）「閉じカッコ」 の数を一致させる
3．数学の式と異なり、カッコの前後の掛け算記号「 ＊ 」を省略しない

例えば、セル「B1」とセル「B2」の値の計算を数式とExcelの式で表すと、以下のようになる。

数式	Excelの式
$\dfrac{B1\left[B1+\left(B1+B2^{3}\right)\right]}{\sqrt{B2}}$	＝B1*(B1+(B1+B2^3))/ B2^(1/2)

「B2^3」はセル「B2」の3乗を、「B2^(1/2)」はセル「B2」の平方根（2分の1乗）を意味する。
なお、カッコを多用する式は見づらいので、いくつかのセルに式を分けて計算することを勧める。

式の書き方　　5-7

マウスを使ったセルの選択

「＝」または四則演算記号を入力した後にマウスの左ボタンでセルを選択すると、そのセル座標を式に追加することができる。

例えば、左ページの計算例では「＝」を入力した後、マウスの左ボタンでセル「B1」を選択してから「＋」キーを押し、次にセル「B2」を選択する。すると、「＝B1＋B2」と入力できる。

キーボードを使ったセルの選択

キーボードでセル座標を直に打ち込めば、画面外のセルを簡単に指定することができる。

範囲指定も、キーボードを使った入力のほうが早いことがあるので、マウスの左ボタンを使って行う方法と併用するとよい。

式の入力とキーボード操作

式の入力前に、半角文字（英数字入力）に切り替える

全角文字で入力しても、ある程度は「半角文字」を自動変換してくれる。しかし、「／」キーなど全角文字では入力しにくいものもあるので、英字（半角文字）に切り替えることを勧める。

計算式で使う記号（半角文字が入力できる状態で）

テンキーあり	キーボード操作	意味	テンキーなし	キーボード操作	意味
＋	Shift＋；（セミコロン）	足す	＝	Shift＋－（マイナス）	式入力の初め
－	数字0の右一つ	引く	^	数字0の右二つ	乗数
＊	Shift＋：（コロン）	かける	（	Shift＋8	カッコ開き
／	mの右三つ	割る	）	Shift＋9	カッコ閉じ
．	mの右二つ	小数点	＄	Shift＋4（または F4）	絶対参照
，	mの右一つ	区切り（関数）	％	Shift＋5	パーセント
			：	コロン、Lの右二つ	区間（関数）

補足：以上は日本語の汎用キーボードである「106 キーボード」の配置である。使うキーボードによっては、配置が異なるため、操作方法も異なることがある。

式入力のためのキーボード操作

式の入力は「＝」で初め「Enter」キー（または「Tab」キー）で終わる。

式入力中に可能なキー操作は、以下のとおりである。

		キーボード操作	意味
式入力全般		「Esc」キー	式入力中止（セル内の作業を中止）
		「Tab」キー	式入力を終了して、右に移動
		「Enter」キー	式入力を終了して、下に移動
最初の入力		「↑」「↓」「←」「→」キー	計算式に入力するセルの指定
再編集時点		「←」「→」キー	式内の左右に移動
		「↑」「↓」キー	式の最初、最後に移動

---

1. 説明
2. 道具(PC)
3. 情報管理
4. 図
5. Excel 操作
6. 計算の基本
7. データ処理
8. グラフ
9. Word 操作
10. 表加工
11. 文書設定
12. スライド
13. 印刷

1. Excel 性質
2. ファイル
3. 操作基本
4. 取消、削除
5. 移動
6. 範囲選択
7. 式の入力
8. 相対絶対
9. 複製移動1
10. 複製移動2
11. 形式貼付
12. セル設定1
13. セル設定2
14. エラー表示
15. 関数1
16. 関数2
17. Sheet

- 95 -

5. Excel 操作の基本

5-8. 相対参照と絶対参照

相対参照と絶対参照

相対参照と絶対参照の基本

Excel の計算式内のセル指定は「相対参照」、移動に合わせて相対的な位置関係を維持するように式が変化している。

これに対し、その式を別のセルに複製しても式内で指定した座標が変わらない状態を、「絶対参照」と言う。この絶対参照にするためには、式で指定したセル座標に「$」を付ける。

例えばセル A2 の式をセル B3 に複製すると、相対参照と絶対参照の式は以下のように変化する。

複製の例	参照方式	B3 の式	特徴
A2「=A1」を B3 へ	相対参照	=B2 に変化	移動に合わせて式の座標が変化する
A2「=$A$1」を B3 へ	絶対参照	=$A$1 のまま	$ により固定されるため、式は変化しない

相対参照と絶対参照の組み合わせ

「$」は行（番号）、列（英字）別々に付けることができ、式を複製した結果は、以下のようになる。

	相対参照	行と列を固定	行（番号）が不変	列（英字）が不変
セル A2 の式	= A1	= $A$1	= A$1	= $A1
セル B3 に複製	= B2	= $A$1	= B$1	= $A2

「F4」キーで参照の設定変更

式の入力中に「F4」キーを押すと、「｜」（文字入力バー）と接しているセルの参照の設定が変化する。この場合の接しているとは、「｜A1」、「A｜1」、「A1｜」のいずれかの場合を指す。つまり、「F4」キーを押すと、「=A1」→「=$A$1」→「=A$1」→「=$A1」→「=A1」→…、と変化する。

「$」の位置と式の変化

参照を組み合わせた計算例

例えば、以下の表の比率を取ってみる。

比率は合計値を分母にして各値を計算する。しかし、どの合計値を分母にするかは、状況による。

▲	A	B	C	D	E	F	G	H	I
1		列1	列2	行和			列1	列2	行和
2	行1	1	2	3		行1			
3	行1	4	5	6		行1			
4	列和	7	8	9		列和			

例では各列和（縦）、各行和（横）、総合計のそれぞれを分母とする三種類の比率の計算を行う。

基本的な計算方法

計算式の入力は一つ、残りは複製で済むように計算式を作る。

そのための手順は、以下のようになる。

手順1. セル I4 に、「 = D4 / D4 」と入力し、**D4** の設定つまり「$」の付け方を変更する。

以下の手順 2〜3 は、三種類の計算で共通する操作になる。

手順2. セル I4 を「コピー」（Ctrl +**C**）を行う。

手順3. セル G2〜I4 を範囲選択し、「貼り付け」（Ctrl +**V**）を行う。

- 96 -

総和に対する比率

総和を分母にして比率を取るため、分母の縦横両方の動き、つまり英字と数字の両方を固定する。

手順1. セル I4 に「 ＝D4／$D$4 」と入力する。（手順2〜3は**左ページ**参照）

	F	G	H	I
1		列1	列2	行和
2	行1	=B2/$D$4	=C2/$D$4	=D2/$D$4
3	行1	=B3/$D$4	=C3/$D$4	=D3/$D$4
4	列和	=B4/$D$4	=C4/$D$4	=D4/$D$4

	F	G	H	I
1		列1	列2	行和
	行1	11%	22%	33%
	行1	44%	56%	67%
	列和	78%	89%	100%

検算. 総和（I4）のみ 100％になる。

行和（横の合計）に対する比率

横の合計値を分母にして比率を取るため、式の分母の英字（列座標）を固定する。

手順1. セル I4 に「 ＝D4／$D4 」と入力する。（手順2〜3は**左ページ**参照）

	F	G	H	I
1		列1	列2	行和
2	行1	=B2/$D2	=C2/$D2	=D2/$D2
3	行1	=B3/$D3	=C3/$D3	=D3/$D3
4	列和	=B4/$D4	=C4/$D4	=D4/$D4

	F	G	H	I
1		列1	列2	行和
	行1	33%	67%	100%
	行1	67%	83%	100%
	列和	78%	89%	100%

検算. 各項目の行和（I2〜I4）が全て 100％になる。

列和（縦の合計）に対する比率

縦の合計を分母にして比率を取るため、式の分母の縦の数字（行座標）を固定する。

手順1. セル I4 に「 ＝D4／D$4 」と入力する。（手順2〜3は**左ページ**参照）

	F	G	H	I
1		列1	列2	行和
2	行1	=B2/B$4	=C2/C$4	=D2/D$4
3	行1	=B3/B$4	=C3/C$4	=D3/D$4
4	列和	=B4/B$4	=C4/C$4	=D4/D$4

	F	G	H	I
1		列1	列2	行和
	行1	14%	25%	33%
	行1	57%	63%	67%
	列和	100%	100%	100%

検算. 各項目の列和（G4〜I4）が全て 100％になる。

相対参照と絶対参照を区別するコツ

相対参照、絶対参照の設定に慣れるまでの式の作成方法として、以下の二つを勧める。

「二点取り」、二箇所の式を書いて比較する（慣れるまで）

行も列も異なる二箇所、例えば計算部分の左上と右下のセル（例では、セル G2 と I4）でそれぞれ式を書き、二つの式を比較する。（計算例：**6-4** のかけ算九九の表）

比較すると、セル座標に変化しない箇所が見つかる。これらの手前に、絶対参照であることを示す「$」マークを付ければよい。

動いたら困る方向の座標を固定する（慣れたら）

式を書く際、式が書かれたセルを縦方向、横方向に複製したら、式がどのように変化するかを考える。慣れると、座標が相対参照して変化すると計算がおかしくなる向きが分かるようになるので、その方向の座標が変化しないように、座標の手前に「$」を記入すればよい。

つまり、横方向を固定するなら ABC の前に、縦方向を固定するなら数字の前に「$」を置く。

5. Excel 操作の基本

5-9. 複製と移動の操作　その1

複製と移動の使い方

「複製」の活用は、作業の効率化のカギ

　Excel では「複製」（ショートカット操作の「コピー」（Ctrl +V）との混同を避けるため、このように表記する）の操作をうまく活用すれば非常に効率よく、かつ間違える可能性を減らして作業を行うことができる。

　つまり、同じような式の入力は、「複製」で済ませるように計算を行えばよい。

「移動」の操作を配置整理に用いる

　「移動」の操作は、シート上のデータの配置整理で活用するとよい。

注：相対参照に注意し、活用すること

　「複製」と「移動」の操作をする際に注意しなければならないのが、相対参照（セルの移動に合わせて式が変化すること）である。逆に、この相対参照と絶対参照を上手に使い分けることができれば、いろいろな手間を省くことができるので、活用できるようになることを勧める。**（5-8）**

複製と移動の操作

複製と移動の方法一覧

　Excel では、「複製」と移動の操作を、複数の操作方法で行うことができる。

　これらの操作の効果は少しずつ使うため、その違いを理解した上で使い分けることができれば、効率よく作業ができるようになる。

	操作	特徴
複製	・「ショートカット操作」 　「コピー」→「貼り付け」	・同じ内容を複数回、多数の箇所に貼り付け可能 ・「Ctrl +C」→「Ctrl +V」 　（式は相対参照され、移動に合わせ変化する）
	・「形式を選択して貼り付け」 　「Ctrl+Alt +V」	・「数式」で求めた結果を「値」に変換、縦と横の入れ替えなどが可能
	・数式バー内の式を範囲選択し、文字として複製する	・必要な部分（式の一部）のみ複製可能 ・相対参照により変化させずに、式の複製が可能
	・「Ctrl」キー＋マウスの左ボタン **（右ページ）**	・式は相対参照され、移動に合わせ変化する
	・フィルハンドル**(5-10)**	・マウスを使って複製 ・縦横の同時複製はできない ・ナンバリングが可能（規則性も複製）
移動	・「ショートカット操作」 　「切り取り」→「貼り付け」	・貼り付けは一回、一箇所のみ ・「Ctrl +X」→「Ctrl +V」
	・マウスの左ボタン**（右ページ）**	・式の中身は変化しない 　（相対参照させずに、そのまま移動する）

　なお、「移動」の欄が、灰色に塗りつぶしてあるのは、「複製」でことが足りるためである。

- 98 -

ショートカット操作
操作の結果
本書で説明する一連の作業は、「複製」だけでも可能である。つまり「移動」は使わなくてもよい。

	複製（「Ctrl +C」→「Ctrl +V」）	移動（「Ctrl +X」→「Ctrl +V」）
貼り付け先	一つのセルから複数のセルに複製可能	一箇所（選択範囲の左上）のみ
式の変化	相対参照され、変化する（5-8）	元の式を維持する
データ（値）	変化しない	変化しない

複製方法と結果の違い
右の例を使い、操作方法別の複製の結果を比較する。
- セル B1 には「2」、つまり数値を入力
- セル C1 には式「 = A1 + B1 」を入力

これらセル B1～C1 を他の座標に複製または移動する。

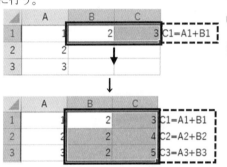

複製（「コピー」→「貼り付け」）
「複製」（「コピー」→「貼り付け」）の操作は、以下のように行う。

手順1． コピーするセル B1～C1 を範囲選択する。
手順2． 「コピー」（Ctrl +C）を行う。
手順3． 貼り付け先を選択する。
　この場合、セル B2 と B3 だけ選択すればよい。
手順4． 「貼り付け」（Ctrl +V）を行う。
　この場合、移動に合わせて式が変化する。
補足． コピー元より広い範囲で貼り付け先を範囲選択
　すると、その範囲内でコピーを繰り返す。

移動（「切り取り」→「貼り付け」）
「移動」（「切り取り」→「貼り付け」）の操作は、以下のように行う。

手順1． 移動するセル B1～C1 を範囲選択する。
　このように、複数のセルをまとめて選択してもよい。
手順2． 「切り取り」（Ctrl +X）を行う。
手順3． 貼り付け先を選択する。
　この場合、セル B2 だけ選択すればよい。
手順4． 「貼り付け」（Ctrl +V）を行う。

範囲選択した箇所（セル B1～C1）の周りの線を、マウスの左ボタンでおさえ、セル B2～C2 に移動したら放すという方法もある。

この場合、範囲外のセル A1 はそのままの位置に残り、範囲内のセル B2 は一緒に移動する。

セル C2 の式を見ると、移動していないセル A1 と移動していないセル B2 の違いを理解した上で、式が変化していることが分かる。

5. Excel 操作の基本
5-10. 複製と移動の操作　その2
式の複製と移動
式そのものを複製
　セルではなく、セル内の式を文字として複製する。

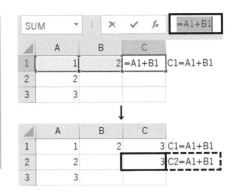

> **手順1.** セル C1 内の数式を範囲選択する。
> ・セルを選択し、数式バーに現れた式を選択する
> ・セルをダブルクリック（すばやく二回押す）し、現れた式を選択する
> **手順2.** コピー（Ctrl +C）を行う。
> **手順3.** 「Enter」キーを押し、式入力の状態を終了する。
> **手順4.** 貼り付け先のセル C2 を範囲選択する。
> **手順5.** 貼り付け（Ctrl +V）を行う。

　この場合は、セル C2～C3 を範囲選択し、貼り付けをしても、左上のセル C2 にしか式が貼り付けられない。

マウスを使った移動
　セル内のデータや式を、マウスを使って移動することができる。

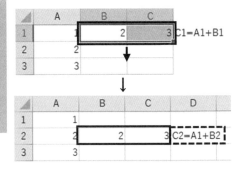

> **手順1.** コピーするセル B1～C1 を範囲選択する。複数のセルをまとめて選択してもよい。
> **手順2.** 選択箇所の周りの黒線に、カーソル（マウスの矢印）を重ねる。
> **手順3.** そのままマウスの左ボタンをおさえる。
> **手順4.** そのままカーソルを下に移動し、セル B2～C2 に点線が描かれたら、マウスの左ボタンを放す。

　ショートカット操作またはマウスの右ボタンを使った移動の操作でも、同じ結果が得られる。**(5-9)**

マウスと「Ctrl」キーを使ったデータの複製
　上記の「マウスを使った移動」の操作時に、「Ctrl」キーをおさえながら上記の手順4を行う。
　すると ᛫ のように、カーソルの右上に「＋」マークが付き、範囲選択した内容が複製（コピー）される。この操作により、ショートカット操作またはマウスの右ボタンを使った複製（コピー）の操作と、同じ結果が得られる。

セル、行、列の挿入
セル、行、列、の挿入
> **手順1.** 挿入したい位置（セル、行、列）を範囲選択する。
> **手順2.** メニュー「ホーム」→「セル」欄にある「挿入」の下にある▼を選択すると、セル、行、列、シートの挿入を選択することができる。

　これらの場合、範囲選択した数だけセル、行、列が挿入される。つまり2行を範囲選択してから「挿入」の操作をすると、2行分の空白が範囲選択した位置に追加される。

複製と移動の操作 その2　5-10

セルの挿入

手順1. セルを挿入したい位置を選択する。
手順2. マウスの右ボタンを押す。
手順3. 現れたメニューで「挿入」を選択する。
手順4. 現れた「セルの挿入」メニューで項目を
選択する。

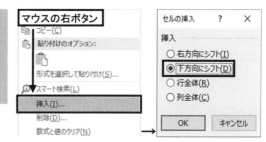

この操作の前に範囲選択をしておくと、
選択したセルの数だけセルが挿入される。
なお、行、列を一括で選択した場合は、手順4を省略することができる。(5-6)

フィルハンドルを使った操作

フィルハンドルの使い方

選択したセルの右下に現れる点を、「フィルハンドル」という。

手順1. コピーするセルC1を範囲選択する。
複数のセルをまとめて選択してもよい。
手順2. フィルハンドル（選択箇所の右下の点）に
カーソル（マウスの矢印）を重ねる。
手順3. カーソルが十字に変わったら、マウスの左ボタン
をおさえる。
手順4. そのままカーソルを下に移動し、セル B2〜C2
に点線が描かれたら、マウスの左ボタンを放す。

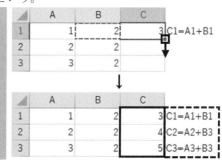

注：フィルハンドルで縦横両方向にコピーしたい時は、縦方向と横方向の二回に分けて行う。

フィルハンドルを使った自動ナンバリング

フィルハンドルを使うとナンバリング、また規則性ある連続した数字の入力が簡単にできる。

手順1. 列A〜Dの行2と行3に、規則性（自然数、偶数、奇数、10ずつ）がある数字を、
二つずつ並べる。
手順2. セルA2〜D3を範囲選択する。
手順3. 範囲選択した箇所の右下にある、フィルハンドルの上でマウスの左ボタンをおさえる。
手順4. そのままカーソルを下に移動し、セルA2〜D11を選択したらマウスの左ボタンを押す。

	A	B	C	D
1	自然数	奇数	偶数	10ずつ
2	1	1	2	10
3	2	3	4	20
4				
5				
6				
7				
8				
9				
10				
11				

→

	A	B	C	D
1	自然数	奇数	偶数	10ずつ
2	1	1	2	10
3	2	3	4	20
4	3	5	6	30
5	4	7	8	40
6	5	9	10	50
7	6	11	12	60
8	7	13	14	70
9	8	15	16	80
10	9	17	18	90
11	10	19	20	100

5. Excel操作の基本
5-11. 形式を選択して貼り付け
形式を選択して貼り付け

「形式を選択して貼り付け」を使った変換
　Excelで「コピー」（Ctrl +C）→「貼り付け」（Ctrl +V）を行うと、「相対参照」によって、複製先の座標に、合わせて式が変化する。
　そのため、計算結果が必要な場合は変化しないよう、「値」に変換する必要がある。

「形式を選択して貼り付け」の操作方法
　Excelでは、以下の「形式を選択して貼り付け」の操作を頻繁に使うことになる。

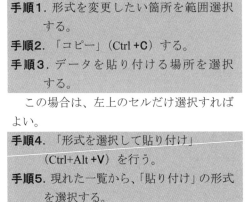
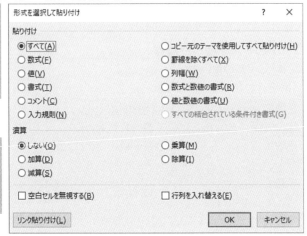

手順1. 形式を変更したい箇所を範囲選択する。
手順2. 「コピー」（Ctrl +C）する。
手順3. データを貼り付ける場所を選択する。
　　　 この場合は、左上のセルだけ選択すればよい。
手順4. 「形式を選択して貼り付け」（Ctrl+Alt +V）を行う。
手順5. 現れた一覧から、「貼り付け」の形式を選択する。

補足：貼り付け先では範囲選択しないこと
貼り付け先は、左上のセルだけ指定すればよい。
　むしろ選択範囲の間違いによる計算ミスを防ぐため、貼り付け先では範囲選択をしない方がよい。

「値」を貼り付ける
　「値」を貼り付けると、計算式が消えて結果（値）だけが貼り付けられる。この時、貼り付け先の書式設定はそのままである。つまりコピー元の表の罫線、色、桁数等のセルの書式設定は貼り付けがされない。

「計算式」を「値」に変換（「値」として貼り付け）
　計算した結果の表を別の場所に移す際は、数式を取り除き、値と書式を複製するとよい。
　そのため、以下の手順で貼り付けを行う。

手順1. 表をまとめて「コピー」（Ctrl +C）し、別の場所に「貼り付け」（Ctrl +V）を行う。
手順2. そのまま選択範囲を変えずに、「形式を選択して貼り付け」（Ctrl+Alt +V）を行う。
手順3. 「形式を選択して貼り付け」の設定画面で、「値」を選択して「OK」を押す。

　手順2～3は、「**Ctrl+Alt +V**」→「**V**」→「**Enter**」の順にキーを押すでもよい。
　つまり、貼り付けた表の上に、計算結果を値に変換して上書きすることで、表を複製する際に計算式を取り除くことができる。

計算結果を値に変換

表の縦と横を入れ替える

　統計データの多くは縦に時系列、横に項目が並べられている。しかし、**7章**で使う国内総生産のデータのように、縦に項目、横に時系列が並べられていることもある。
　このような表は転置、つまり横と縦を入れ替えると、計算や分析が効率的に行えるようになる。

手順1. セル A1～C3 を範囲選択し、
　　　「コピー」（Ctrl +C）する。
手順2. セル E1 を選択し、「形式を選択して
　　　貼り付け」（Ctrl+Alt +V）を行う。
手順3. 現れた一覧右下の「行列を入れ替える」
　　　を選択し、「OK」を押す。

手順3の代わりに、
「**E**」→「**Enter**」の順にキーを押すのでもよい。

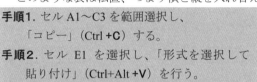
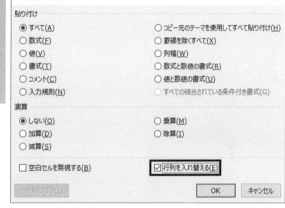

応用例：単位行列の作成

　単位行列は、以下の計算で簡単に作成することができるが、周りを常に空白にしておく必要がある。そこで作成したら値が変わらないよう、値に変換してしまうことを勧める。

手順1. セル A1 に「 1 」を入力する。
手順2. セル B2 に「 =A1 」と入力する。
手順3. セル B2 の式を「コピー」（Ctrl +C）する。
手順4. セル B2～D4 を範囲選択する。
手順5. 「貼り付け」（Ctrl +V）操作をする。
手順6. セル B2～D4 を範囲選択した状態のまま、
　　　「コピー」（Ctrl +C）する。
手順7. 範囲を変えずにそのまま、
　　　「形式を選択して貼り付け」（Ctrl+Alt +V）を行う。
手順8. 「形式を選択して貼り付け」の設定画面で、
　　　「値」を選択して「OK」を押す。

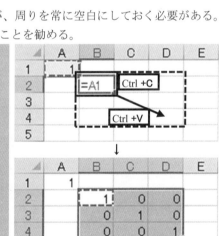

手順7～8は、「**Ctrl+Alt +V**」→「**V**」→「**Enter**」の順にキーを押すでもよい。

5. Excel操作の基本
5-12. セルの設定　その1
セルの書式設定
セルの書式設定のコツ
　セルの設定は、以下の**メニュー「ホーム」**の**「フォント」**欄、**「配置」**欄、**「数値」**欄で行う。

「数値」の設定一覧
　「数値」の設定は、**メニュー「ホーム」**の**「数値」**欄にある以下のアイコンを用いる。

アイコン	操作内容
％	％表示（小数点なし）に変える
,	桁区切り表示、整数表示にする（％表示の解除）
←.0 .00	小数点桁上げ、小数点以下の表示する位を増やす
.00 →.0	小数点桁下げ、小数点以下の表示する位を減らす
標準	変更可能な表記方法を選択する（**5-13**）

なお、四捨五入された値が表示される。

「文字揃え」は使わないこと
　データの種類を見分けるため、計算しているセルでは「文字揃え」を使わないこと。
　データは、大雑把には計算可能な「数値」と計算不可能な「文字列」に分けられる。（Excel2016では、「文字列」を計算式に入れても計算してくれるようである。）
　Excelのセルでは、**「数値」は右揃え**、**「文字列」は左揃え**に配置されるように初期設定がされている。この状態なら、数字として配置したはずのものを、Excelが「文字列」として扱ったとしても、すぐに見つけることができる。
　しかし「文字揃え」を使うと、「数値」と「文字列」の違いが分かりにくくなってしまう。

補足：「配置」欄は、なるべく使わないように
　Excel 2016では、「数値」と「文字列」の違いをほとんど意識しないで作業ができるようである。しかし2016以前のExcelでは、「文字列」に設定されているセルに値があると、計算されないということがおこることもある。
　この場合、「文字揃え」を使って配置を換えていると、「数値」（右揃え）と「文字列」（左揃え）の区別がつきにくくなる。そこで「文字揃え」は**10章**で説明するように、表をWordに貼り付けてから行えばよい。このようなことから、Excelでは極力余計な「文字揃え」など、設定をしないことを勧める。
　なお、一部のセルの左上に表示される緑の三角は、「数値」の中に「文字列」があるなど、近くのセルとは異なる設定がされている、あるいは異なる性質の値があるということを示している。
　ただし、緑の三角が常に表示されるわけではなく、参考になる程度である。つまり、緑の三角が表示されていないことは、異なる性質の値がないことを保証するものではない。

セルの設定 その1

罫線の設定

例として、罫線の設定 田（格子、選択した箇所全てに細い罫線を引く）の方法を説明する。

手順1. 罫線の設定をしたい箇所を範囲選択する。
手順2. メニュー「ホーム」→「フォント」欄の「罫線」右の▼の上でマウスの左ボタンで押す。
手順3. 罫線の一覧が現れるので 田（格子）を選択する。

他の罫線の設定もできるが、Excel 上では「格子」と「枠なし」の設定だけ用い、それ以降の表の設定は Word 上で行うことを勧める（10 章）。

なお、本書では計算中の表では罫線を使わないことを勧めている。

補足. Word では、罫線を設定する操作を二度行うと、罫線が透明になる（10 章）。しかし、Excel では同じ操作を二度行っても、罫線を透明にしてくれない。

文字とセル内の色の設定

文字とセル内の色の設定の操作は、選択するアイコン（ボタン）が違う以外、同じである。

手順1. 指定したい箇所を範囲選択する。
手順2. メニュー「ホーム」→「フォント」欄の色付けアイコン右の▼の上で、マウスの左ボタンで押す。
手順3. 一覧が現れるので、指定したい色の上でマウスの左ボタンを押す。

▼の左側のアイコンには、指定した色が現れる。この部分を押せば、その色を素早く指定することができる。

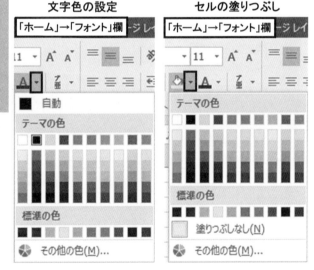

補足：マイナスの数値を赤字にする

マイナスの値が書かれたセルを範囲指定してから、**メニュー「ホーム」→「数値」欄**にある 　「桁区切りスタイル」を押すと、マイナスの値が赤字で表示されるようになる。（Mac 版では 　 ）

5. Excel 操作の基本

5-13. セルの設定　その2

セルの設定　その2

マウスを使ったセル幅、高さの調整

セル幅、高さの設定を変更すると、以下の二つの効果が得られる。

・Excel 上の表を見やすくし、作業をしやすくする

・Word の紙幅に収まるよう、あらかじめ列（横）の幅を調整しておくことができる

なお、本書の方法を用いれば、高さの調節はしないでも済むはずなので省略する。

手順1. 記号欄（列、横）の境界線の上にカーソル（マウスの矢印）を重ねる。（列Bと列Cの間）

手順2. カーソルが ✛ に変わったら、マウスの左ボタンをおさえる。

手順3. マウスの左ボタンをおさえたままカーソルを右に移動し、「幅」の値を参考にしながら、適当な位置でマウスの左ボタンを放す。

行（縦）の設定は、数字欄（行、縦）で同じ操作を行えばできる。

まとめてセル幅・高さを調整

セル幅・高さの調整は、複数の行（横）・列（縦）で行うことができる。

手順1. 範囲選択（5-6）の「複数の列（縦）、行（横）の選択」を参考に、複数の行や列を選択する。

手順2. 上記の「マウスを使ったセルの幅、高さの調整」を行う。

ダブルクリックで自動調整

マウスの左ボタンをダブルクリック（すばやく二回押す）することによって、セル内の文字に合うよう調整がされる。

手順1. 画面上部の列の境界線の上にカーソルを重ねる。

手順2. マウスの左ボタンをダブルクリックする。

補足：セル調整時は、「ピクセル」の値を目安に使う

セルの幅の調整の際に、画面に幅のサイズが表示される。しかし、「横の幅」と「縦の高さ」では単位が異なる。（例えば、80 ピクセルだと高さの値は60、幅の値は9.38になる。）

そこで高さや幅を測る時は、列や高さの値ではなく「ピクセル」を参考にするとよい。

セルの表示設定
セル内の表示形式の変更
　例えば数値が日付の表示になってしまうなど、「表示形式」がおかしくなった場合は、書式設定画面で「標準」を選択して、設定を取り消してしまうとよい。

手順1. 表示を変更したい部分を範囲選択する。
手順2. メニュー「ホーム」→「数値」欄の上部右にある▼を押す。
手順3. 一覧が現れるので、その中から設定したい項目を選択する。

補足:「　,　」（カンマ）の非表示
　「　,　」（カンマ）を取り除くには、以下の操作をする。

手順1. メニュー「ホーム」→「数値」欄の上部右にある▼を押す。
手順2. 一覧が現れるので、「標準」を選択する。

　項目の「標準」を選択すると「特定の形式なし」になるので、カンマも表示されなくなる。

セル内の文字の折り返し、セルの結合
　データの左や上に位置する項目名は長いことが多いため、はみ出して見にくいか、一部しか表示されないという問題が生じる。この場合、項目名を折り返せば見やすくなる。

手順1. セルから文字がはみ出している部分を範囲選択する。
手順2. メニュー「ホーム」→「配置」欄にある、
　　　「折り返して全体を表示する」を選択する。

　ただし Word に貼り付けるなど、この後に続く作業を円滑に行うため、「セルを結合して中央揃え」はなるべく使わないようにすることを勧める。

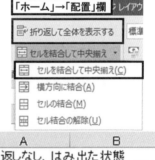

セル内の改行（ Alt +Enter ）
　セル内で改行したい場合は、改行したい位置で「 Alt +Enter 」を押す。
　改行時に自動的に「折り返して前提を表示する」の設定などがされるため、**10 章**で説明するように、主な加工は Word に移してからすることを勧める。

5. Excel 操作の基本

5-14. エラー表示

エラー表示

エラーの種類

「エラー表示」とは、計算や操作の結果がおかしい場合にセルに表示されるものを指す。

「エラー表示」は各種あるが、対処方法は表示の種類により、以下の三種類に分かれる。

主な特徴、原因	対処方法
・数値データや計算結果の桁が大きく、数値がセルの横幅内に収まらない	セルの設定を直す
・入力した式が間違っている ・その式で指定していたセルそのものを削除した	式の間違いを直す
・はじめから「#N/A」と表示されている ・データが欠けていることを、何らかの形式で示している。	データ欠落の対処方法を決める

「#N/A」の意味

統計データは、データが欠落していることがある。例えば、**7-9** のデータの処理作業によって発見された欠落は「#N/A」（Not Available）と表示される。これが表に残っていると、平均点などの計算に支障をきたすことがあるので、取り除く必要がある。

「#N/A」の入力方法

「#N/A」（データの欠落）を入力するには、以下の操作を行う。

方法1. セルに **=NA()** と入力する。（丸括弧の間には何も書かない）

方法2. セルに **#N/A** と入力する。

補足：データの欠落の表現を「#N/A」に変更

データの欠落を表す表記に「#N/A」以外が使われていたら、まず「#N/A」に書き換えておき、作業をする段階で「#N/A」を取り除く操作を行えばよい。（**7-9**）

入力ミスで現れるエラー表示

以下は、式の書き間違いによって発生するエラーであり、表示を見て式の間違いを直せばよい。

エラー表示	主な症状と原因
#DIV/0!	ゼロ（0）で割っている。 　例：分母で指定したセルに値が書かれていない。
#REF!	式で指定していたセル座標を、セル（または行、列）の削除によって消した。 他のエラーと異なり、式内の消されたセル座標の箇所に「#REF!」と表示される。 計算式で「#REF!」のセルを引用したセルにも「#REF!」と表示される。
#NAME!	式を書き間違えている。 　関数のスペルミス、範囲指定を示す「：」（コロン）がないなどが原因。
#NUM!	計算できない式を書いている。 　例：虚数（負の値の平方根）が求まる式「 =(-1)^(1/2) 」など
#VALUE!	式で指定したセルに数字以外の文字が書かれている。（引用だけなら生じない）

式に間違いがあった場合、入力直後に警告が表示されることが多いので、参考にすること。

エラーの説明を表示

エラー表示の横に現れる ◈ から「ヘルプ」画面を呼び出し、状況を把握することができる。

手順1. 下図左のように、「エラー表示」されたセルを選択すると、左側に ◈ が現れる。
手順2. ◈ にカーソルを重ね、現れた▼の上でマウスの左ボタンを押す。
手順3. 現れたメニューで、「このエラーに関するヘルプ」を選択する。

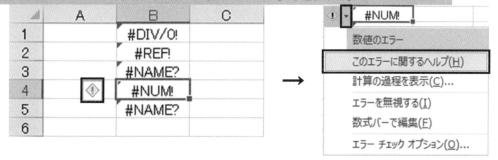

値や式に間違いがなくてもされる表示

入りきらない場合の表示

数値や計算結果が正しくても、枠からはみ出すほど長い場合、以下のように表示されることがある。

表示	意味
########	値が枠内に収まりきらないほど大きいことを示す。
1.23E+09	1.23×10^9（10の9乗）を意味する。細かい値は四捨五入され、省略した形で表示される。
1.23E-07	1.23×10^{-7}（10のマイナス7乗）を意味する。

	A	B
1	#######	1234567890
2	1.23E+09	1234567890
3	1.23E+09	1230000000
4	1.23E-07	0.000000123

列Aと列Bのデータは同じ

同じ値でも、表示方法が異なる（セル A1 と A2）ことがあるが、これはセルの設定の違いによる。セルの設定は無意識に変えている、あるいは意図せず変わっていることもある。なお、計算上の実害はなく、セルの横幅を広げれば上記の列Bのように表示される。

解決方法

・「桁区切りスタイル」を押す（幅がうまく変わらないこともある、5-13）
・マウスの左ボタンを使って行の幅を変更する

下図左のように、記号欄の境界線にカーソル（マウスの矢印）を重ねて ✣ になったら、マウスの左ボタンをダブルクリック（すばやく二回押す）する。

	A	B	C
1	#######	1234567890	
2	1.23E+09	1234567890	
3	1.23E+09	1230000000	
4	1.23E-07	0.000000123	

→

	A	B
1	¥ 1,234,567,890	1234567890
2	1234567890	1234567890
3	1230000000	1230000000
4	0.000000123	0.000000123

またカーソルが ✣ の時に、マウスの左ボタンをおさえてマウスを動かすと、自由に幅を変えることができる。

5. Excel 操作の基本

5-15. 関数の基本　その1
関数の使い方
「関数」の特徴

Excel には、複雑な計算を自動的に行ってくれる「関数」機能がある。

関数の基本形は、以下のようになる。

＝関数名（関数に合わせたデータの範囲設定等）

例：＝SUM（A3：A7）

SUM は選択範囲の総和（合計）を求める関数である。右の式では、値（1〜5）を合計するため、セル A3〜A7 を範囲選択する。

なお、入力は半角文字で行うこと。大文字、小文字のどちらで入力しても構わない。

関数によっては全角文字でも計算してくれることもあるが、問題が生じる可能性があるため勧めない。

注：関数の計算内容を把握する

関数を使えば、どんな計算が行われているか分からなくても、結果を出すことができる。

しかし分析は、その結果を目的と手段と結び付けて理解していないとできない。

そのため式だけでなく、計算方法が持つ意味を把握していることが必要になる。

関数の入力方法

関数の入力方法は、以下の四種類である。

・キーボードで関数名を入力する（本書は、この方法で説明する）
・メニュー「ホーム」→「編集」欄にある Σ▾「オートSUM」のアイコンを使う（一部の関数のみ）
・fx「関数の挿入」メニューを使う
・メニュー「数式」→「関数ライブラリ」欄にある関数の一覧を使う

関数入力のコツ

以下の特徴から、慣れてくるとキーボードで関数名を入力することが多くなるはずである。

・**関数の名前は計算方法の英語名、または英語名の省略形である**

例：平均の関数は AVERAGE、合計（sum）の関数は SUM である。

・**関数の名前を途中まで書くと候補が現れる**

例：「＝AVE」まで入力すると、候補が5つに絞られる。

・**関数と左の丸カッコを入力した時点で、補助メッセージが表示される**

例：「＝AVERAGE（」まで入力すると、式の下に入力を補助する説明が表示される。

・**実際に使う必要のある関数の数はそれほど多くなく、繰り返すうちに覚えるはずである**

注：範囲選択の指定、「：」（コロン）の活用

「：」は〜（から）の意味をもち、上の例「A3:A7」は「A3 から A7 まで」の範囲を意味する。

また、セルの範囲指定は「範囲選択（5-6）」を使いこなすと、効率よく指定できるようになる。

- 110 -

関数の基本　その1　　5-15

キーボードを使った関数の入力

関数入力の基本

関数では、データを範囲選択を使って、計算するデータを指定することが多い。

ここでは例として、セル A1 でセル A3〜A7 の値の合計を求める。

手順1. 出力先（セル A1）を選択する。
手順2. 数式「 = SUM(A3:A7) 」を入力する。
手順3. 「Enter」キーを押し、式の入力を終了する。

範囲選択の簡略化 （ Ctrl+Shift +上下左右 ）

大量のデータ、特に画面からはみ出すものの範囲選択は、「Ctrl+Shift +上下左右」を使って行う。

ここでは例として、セル A1 でセル A3〜C7 の値の合計を求める。

手順1. 出力先（セル A1）を選択する。
手順2. 数式「 = SUM(」まで入力する。
手順3. マウスでセル A3 を選択する。
手順4. 「Ctrl」キーと「Shift」キーをおさえる。
手順5. そのまま「↓」キー、「→」キーを一回ずつ押す。
手順6. 「 ） 」を入力して関数を閉じる。
手順7. 「Enter」キーを押して、式の入力を終了する。

複数の数値の指定

離れた場所にあるデータを分けて範囲指定することもできる。

ここでは例として、セル A1 でセル A3〜A7 とセル C3〜C7 の値の合計をまとめて求める。

手順1. 出力先（セル A1）を選択する。
手順2. 数式「 = SUM(A3:A7, C3: C7) 」を入力する。
手順3. 「Enter」キーを押し、式の入力を終了する。

「 : 」（コロン）と「 , 」（カンマ）を間違えないように注意すること。

複数の関数の利用

一つの式で、複数の関数を使うこともできる。

ここでは例として、セル A1 でセル A3〜A7 とセル C3〜C7 の値の合計を、別々に求める。

手順1. 出力先（セル A1）を選択する。
手順2. 数式「 = SUM(A3:A7) + SUM(C3: C7) 」を入力する。
手順3. 「Enter」キーを押し、式の入力を終了する。

1. 説明
2. 道具(PC)
3. 情報管理
4. 図
5. Excel 操作
6. 計算の基本
7. データ処理
8. グラフ
9. Word 操作
10. 表加工
11. 文書設定
12. スライド
13. 印刷

1. Excel 性質
2. ファイル
3. 操作基本
4. 取消,削除
5. 移動
6. 範囲選択
7. 式の入力
8. 相対絶対
9. 複製移動1
10. 複製移動 2
11. 形式貼付
12. セル設定1
13. セル設定2
14. エラー表示
15. 関数1
16. 関数2
17. Sheet

- 111 -

5. Excel 操作の基本
5-16. 関数の基本 その2
範囲選択を自動でしてくれる関数
「オートSUM」で設定できる関数

以下の5つの関数は全て、指定した範囲内の値を処理する関数である。これらは ∑・「オートSUM」の右側にある▼を押すと現れるメニューを使うことで、簡単に設定することができる。

メニュー	関数名	補足
合計	SUM	∑ を押すだけでもよい。
平均	AVERAGE	空白は、データ数を数える際に含めない。
データの個数	COUNT	数値以外の文字は、範囲にあっても数えずに無視する。（文字も数える関数に「 =COUNTA( ) 」がある。）
最大値	MAX	引用した表の場合、空白だった箇所にゼロと書かれる。
最小値	MIN	これが最大値や最小値にならないよう、確認すること。

以上の関数は、範囲指定した中にある、数値以外の文字が入力されているセルを無視してくれる。

「オートSUM」を使った式の入力

例では、**5-15 右**の計算と同じ、セル A1 でセル A3～A7 の値の合計を求める。

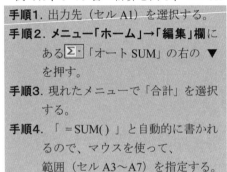

手順1. 出力先（セル A1）を選択する。
手順2. メニュー「ホーム」→「編集」欄にある ∑・「オートSUM」の右の▼を押す。
手順3. 現れたメニューで「合計」を選択する。
手順4. 「 =SUM( ) 」と自動的に書かれるので、マウスを使って、範囲（セル A3～A7）を指定する。

注意：「オート」計算の範囲選択はあてにならない

これらは、データの右側か下側に出力先を配置する（上記の例の場合、セル A8）と、範囲指定が自動でされる。しかし、本書では上記の例のように、重要な計算結果をシートの左上に配置することを勧めている。また、年のような数字が項目に入力されている場合、それも含めて範囲選択がされることがある。つまりオートを使う場合は、範囲選択が適切か確認するようにする必要がある。

データ処理で使う関数
基本：条件付け（IF 関数）

ある条件を設け、その条件に合うかで行う作業を変えることができる。この「IF、もし～ならば」の考え方が、関数 COUNTIF などの関数の基本となる。例えば、性別が男性である点数以上を取った人、などの条件に合ったデータを抽出することができる。

・データの抽出　= if (条件 , 左の「条件」に合う場合の値 , それ以外の場合の値)　(7-9)

例えば、三種の選択科目の採点結果が一種類のデータとして提出された場合に、科目別に分けるのに用いる。

アンケート集計(7-8)
　アンケート結果を集計し、分析に必要な表を抽出することができる。
- 単純な集計　　= countif (検索範囲, 検索条件)
- 複合条件　　　= countifs (検索範囲1, 検索条件1, 検索範囲2, 検索条件2)

　なお、ピボットテーブルは操作が複雑であること、行った作業が検証できないことなどの理由から、本書では説明しない。

補足：アンケートの結果を、捉えやすくする方法
　教員がアンケート集計を行う場合、生徒ごとにデータを細かく見て、特徴をつかむことも必要である。その場合は、以下の方法を用いる。(7-8)
- 並び替え　　（メニュー「データ」→「並べ替えとフィルター」欄にある「並べ替え」）
- フィルター　（メニュー「データ」→「並べ替えとフィルター」欄にある「フィルター」）

　「並べ替え」は、名前の通り単純に並べ替える方法である。これに対し「フィルター」は、並べ替えるだけでなく条件を満たしたデータのみ表示することが可能であるが、操作に慣れる必要がある。

データの配置(7-9)
　煩雑なデータを、名簿などの条件に合わせて配置する方法がある。
- 検索と再配置　　= vlookup (探す項目, 調べる範囲, 条件を満たした場合に引用する列番号, false)

　例えば、選択科目別に異なる受講者のリストがあり、これらに基づいてそれぞれのテストの採点結果がまとめられたものを、まとめて学生番号順に合わせて配置し直すことができる。
　なお、該当する値が無い場合、「#N/A」（「 Not Available 」の略）と表示される。このセルが計算式で指定されると、計算結果も「#N/A」になってしまうため、取り除く必要がある。

- #N/A を取り除く　= iferror (数値があるセル, "")

　vlookup 関数で抽出した値を使って計算を行う際、「#N/A」を取り除くことが必要なことがある。そこで「#N/A」つまり「ERROR」と扱われたものを IF 文で探して、空白に置き換えてしまう。

度数分布表の作成(8-2)
　度数分布表は、「ある項目」または「ある区間」に該当する数を表にまとめたものであり、区間を取るか取らないかで、用いる関数が異なる。
- 区間を設けない値の集計(例：選択問題の回答の分布)　= countif (検索範囲, 検索条件)
- 区間を設けた値の集計 （例：テストの分布、身長の分布）= frequency (検索範囲, 区間)

　なお、frequency 関数は扱いにくく、右のエラーメッセージが表示されることがある。ここでは、この表示がされたら「OK」を押し、次に「Esc」キーを押して作業を中止してしまうというという対策のみ説明する。
　残りの説明は、8-2 で使用例を使って行う。

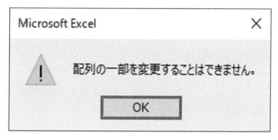

5. Excel 操作の基本
5-17. シートの操作
シートの基本操作
シートの切り替え
使いたいシートを表示するには、使いたいシートの「タグ」（付け札、下図枠内）の上で、マウスの左ボタンを押す。

シート名の変更
手順. シートのタグの上にカーソル（マウスの矢印）を置き、**マウスの左ボタンをダブルクリック**（すばやく二回押す）する。

するとシート名が灰色に塗りつぶされるので、付けたい名前を入力する。
シートのタグの上でマウスの右ボタンを押し、メニューの「名前の変更」を選択する方法もある。

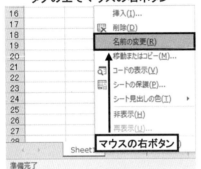

シートの追加
手順. シートのタグの一覧の右端にある ⊕ を押す。

シートのタグの上でマウスの右ボタンを押し、現れたメニューの「挿入」を選択し、現れた「挿入」の設定画面で「ワークシート」を選び、「OK」を押す方法もある。

シートの削除
手順. シートのタグの上で、マウスの右ボタンを押し、現れたメニューの「削除」を選択する。
または、マウスの右ボタンを押し、メニューが現れたら「**d**」キーを押す。

注意. シートはいったん削除してしまうと元に戻すことができないので、保存してから行うこと。

別のシートのセルを指定
別のシートにあるデータを引用して計算に使うと、一つのシートを使うよりも計算が効率よくでき、後から見やすいファイルを作ることができる。

式の中で別のシートのセルを指定する場合、シート名とセル座標を「！」で区切って示す。

シート名！セル座標　　（例： Sheet1!A2 ）

式で別のシートにあるセルは、マウスで選択して指定すれば、自動的にシート名と座標を描いてくれるので、間違いも手間も少なくなる。

補足. シート名が長いと、それを指定した計算式も長くなるので、短くつけるようにすること。

シートの並び替えと複製
同じブック(Excelファイル)内の並び替えと複製
　移動したいシートの上でマウスの左ボタンをおさえ、置きたい位置にカーソル（マウスの矢印）を移動する。タグの間に現れる▼が、移動や複製がされる位置を表す。

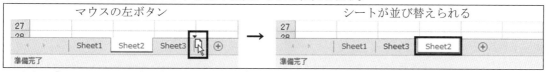

　また、「Ctrl」キーをおさえながら上記の作業を行うと、選択したシートを複製できる。

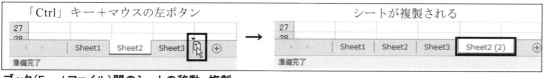

ブック(Excelファイル)間のシートの移動、複製
　シートのタグの上でマウスの右ボタンを押し、現れたメニューの「移動またはコピー」を選択する。

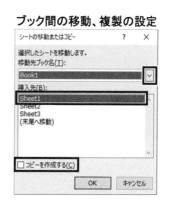

「挿入先」で選択したシートの左側に、選択したシートが移動する。
　なお、シートを複製する場合は、「コピーを作成する」にチェックを入れるのを忘れないよう。

シートの同時選択と同時操作
　「Ctrl」キー、「Shift」キーを使うと、複数のシートを同時に選択することができる。

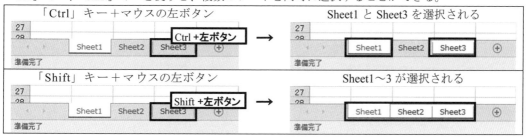

　いくつかのシートを選択している状態を解除するには、他のシートを選択すればよい。
　また、ファイル内の全シートを選択している場合は、選択されているシートとは別のシートを選択すると解除される。この場合、行った操作は、選択されている全てのシートで反映される。例えば、記入したことは選択している全シートに記入されてしまうので、注意が必要である。

6. 表計算の基本
6-1. 表計算の性質を理解する
表計算の性質を理解するための計算

練習問題

表計算ソフト、Excel の性質を理解しているかを確認するため、以下の問題を解くことを勧める。

問題：以下の問題を、Excel に解かせることを試みること

ただし試みる際は、以下の手順で行うこと。

手順1. 各問を「Excel を操作する時間は1分以内」で回答する方法を考える

手順2. その計算方法を Excel で実行する

つまり、計算方法を考える時間に制限は設けない。ただし、手順1は Excel を触らずに行うこと。

問題1．1以上の整数、偶数、奇数を、少ないほうから 10 個ずつ示せ。

問題2．1から 100 までの数字を、**数式二種類**を入力するだけで、以下のように配置せよ。

ただし「複製」（「コピー」→「貼り付け」）した式は同種とし、数えないものとする。

1	2	3	4	5	6	7	8	9	10
11	12	13	14	15	16	17	18	19	20
21	22	23	24	25	26	27	28	29	30
31	32	33	34	35	36	37	38	39	40
41	42	43	44	45	46	47	48	49	50
51	52	53	54	55	56	57	58	59	60
61	62	63	64	65	66	67	68	69	70
71	72	73	74	75	76	77	78	79	80
81	82	83	84	85	86	87	88	89	90
91	92	93	94	95	96	97	98	99	100

問題3．1からnまでの総和を求めよ。nは1から 100 までとする。

（補足：1、1と2、1から3まで、（略）、1から 100 までの、計 100 個の結果を求めよ）

問題4．以下の掛け算九九の表を、**数式三種類**を入力するだけで作成せよ。

ただし「複製」した式は同種とし、数えないものとする。

	1	2	3	4	5	6	7	8	9
1	1	2	3	4	5	6	7	8	9
2	2	4	6	8	10	12	14	16	18
3	3	6	9	12	15	18	21	24	27
4	4	8	12	16	20	24	28	32	36
5	5	10	15	20	25	30	35	40	45
6	6	12	18	24	30	36	42	48	54
7	7	14	21	28	35	42	49	56	63
8	8	16	24	32	40	48	56	64	72
9	9	18	27	36	45	54	63	72	81

問題5．問題1の計算で求める各数字を 10 個から1万個に増やし、それぞれの合計を求めよ。

なお、**使ってよい数式は一種類（その「複製」は可能）**のみとする。

- 116 -

右上: 表計算の性質を理解する　6-1

サイドバー:
1. 説明
2. 道具(PC)
3. 情報管理
4. 図
5. Excel操作
6. 計算の基本
7. データ処理
8. グラフ
9. Word操作
10. 表加工
11. 文書設定
12. スライド
13. 印刷

1. 練習問題
2. 解説1
3. 解説2、3
4. 解説4、5
5. 解説5

計算の目的

計算後の確認作業

左ページの計算が終わったら、以下のことができているかを確認すること。

・計算する作業内容を、体系的に捉えることができているか

・表計算ソフトの性質を理解した上で使いこなせているか

これらの計算は、小学生の算数を理解していれば可能なものであり、問題なのはこれらの作業をいかに Excel に頼むかである。そのため、一つの作業を細かく分け、分けた個々の作業を行った上でそれらをつなげることができるよう、作業を体系的に把握することが必要になる。

本ページでは、まずその前提となる計算方法を整理する。

計算結果の意味

数学の授業やテストでは、計算したらそれで終わりであった。また「解けるかどうか」が評価対象であった。

これに対し、本書のように「説明する」ことを目的とした場合、計算の評価基準は「分かるように、説明に使えるように、加工できているか」になる。この場合、「解けていること」自体は前提や論外、できていて当たり前ということになる。

これらの作業を行うには、まず自分が「分かる」必要がある。つまり、計算結果を見て、そのような計算を行ったそもそもの目的に基づいて、何らかの性質を理解できることが重要である。

次に、説明を受けた人が「分かる」ように加工することが必要になる。つまり自分が「分かった」ことから重要な性質を取り出し、人に伝わるように説明しやすくすることが必要になる。

「分かる」値とは、何かと比較して求めた値

そのため、たくさんのデータから一つの値を出す、桁数の多い数字を少ない桁に置き換えるなどの作業によって、分かりやすい、伝えやすい値に加工する必要がある。また表のように整理する、グラフのように図化することによって、単純で分かりやすいものに変えていく必要がある。

その基本は「比を値で示す」ように加工することによって、「比較できる」ようにすることである。

本書で説明するのは、全て何らかの値と比較して値を求める計算方法である。

積極的な活用方法を身につける

パソコンが普及する以前は、表やグラフを作成するの大変なことであった。そのため多くの場合、表やグラフは人に説明することになってから作成するものであったのだろう。

しかし Excel によって、汎用のグラフは簡単に作成できるようになった。そこで Excel を積極的に活用し、まずは自身が統計データで示せる性質を把握するためにいろいろな計算を行い、いくつもの表やグラフを作成することを勧める。

- 117 -

6. 表計算の基本
6-2. 問題1の解説
作業行程の確認
注意事項：「行えているか」を確認すること

6-1 で出題した問題の解き方を説明することを通じて、「組み合わせる」という方法論を示していく。まず問題1は「既に知っている」、「当たり前」なことをつなげて利用することができるかを、確認することを目的としている。

そのため計算ができた人も読み飛ばさず、説明した方法ができたかを確認することを勧める。

作業工程：目的の把握から Excel に計算してもらうまで

問題1は、以下のような問題である。

問題1. 1以上の整数、偶数、奇数を、少ないほうから 10 個ずつ示せ。

計算作業を行うまでの工程は、以下のようになる。

- ・目的の把握：　自然数、正の偶数、正の奇数を 10 個ずつ入力する
- ・性質の分解：　自然数、正の偶数、正の奇数の「初期値」と「変化」を把握する
- ・式への変換：　性質を Excel で計算できるよう翻訳し、各セルに「値」と「式」を入力する
- ・結果の検証：　計算が適切にされているかを確認する

まず数値入力の作業を把握する作業として、計算を以下の作業段階に分けて行うこと。

　作業1. サンプル計算（紙の上に手書きで、データ数5程度を計算）
　作業2. 試算（Excel で計算、データ数 10 程度）
　作業3. 実行（Excel で計算、データ数〜万？、問題5で行う）

このように作業内容と工程を把握してから行うことで、遠回りに思えても、結果的に早く計算でき、行う作業を深く理解できるようになる。そのため面倒でも、これらの作業をしっかり行うことを勧める。なお、頭で考えずに**紙の上にメモをしながら、考えていることを整理し、作業を行うことを強く勧める。**

作業工程の構築
作業1：数値の性質の確認

「自然数、正の偶数、正の奇数」の性質を、Excel に上手に伝える方法を探すため、まず三種類の数値を5つずつ並べて観察し、性質を抽出する。すると、以下のように整理できる。

名称	数値例（5個）	抽出できる性質	初期値	変化
自然数	1，2，3，4，5，…	1で始まり、1ずつ増えていく	1	＋1
正の偶数	2，4，6，8，10，…	2で始まり、2ずつ増えていく	2	＋2
正の奇数	1，3，5，7，9，…	1で始まり、2ずつ増えていく	1	＋2

この表の「抽出できる性質」の内容を説明できれば、これらの名詞を知らないが足し算はできる人、例えば日本語に慣れていない留学生でも、計算できるはずである。

作業2：試算、性質の抽出と式化

次に、Excel に 10 個ずつ入力する。この程度なら手作業で入力も可能であるが、問題5で1万個ずつ入力することを想定している。そこで上の表の「抽出した性質」の内容を、Excel が理解できるように「翻訳」する必要がある。

連鎖反応が起こるように式を作る

そこで**左ページ**で説明した作業を、Excelにどのように行わせるかを考える。

まず**左ページ**の作業1に従い、初めの5つの計算を表にまとめてみる。この場合は、内容が確認しやすいよう、縦方向の方に配置したほうがよい。これを踏まえ、縦方向に配置すると、以下のようになる。

自然数	正の偶数	正の奇数
1	2	1
2	4	3
3	6	5
4	8	7
5	10	9

この入力作業を Excel に行わせるには、以下のように命令すればよい。

自然数	正の偶数	正の奇数	備考
1	2	1	「初期値」を入力
2 = 上の値 +1	4 = 上の値 +2	3 = 上の値 +2	「変化」を、「式」として入力
3 = 上の値 +1	6 = 上の値 +2	5 = 上の値 +2	上の「式」のコピー
⋮	⋮	⋮	（終わりまで同じ）

つまり「初期値」を三種類入力し、その下に「上の値＋変化（数値）」の式を三種類入力し、それらの式を下に複製（コピー、貼り付け）すればよい。

作業3：Excel 上の作業

左ページの作業2で説明した作業をExcelに行わせるには、以下のように式を入力する。

以下、問題文に合わせ、「自然数、正の偶数、正の奇数」の表記を「整数、偶数、奇数」とする。

手順1．初期値の入力（左から整数、偶数、奇数の順）
　　セル「B11」に「1」、「C11」に「2」、「D11」に「1」と入力する。

手順2．差分の入力（同じく、左から整数、偶数、奇数の順）
　　セル「B12」に「 =B11+1 」、「C12」に「 =C11+2 」、
　　「D12」に「 =D11+2 」を入力する。

手順3．セル「B11」から「D11」まで範囲選択し、コピー（Ctrl +C）

手順4．セル「B12」から「D20」まで範囲選択し、貼り付け（Ctrl +V）
　　範囲選択を誤ったら、「Shift +**上下左右**」で調整する。(5-6)

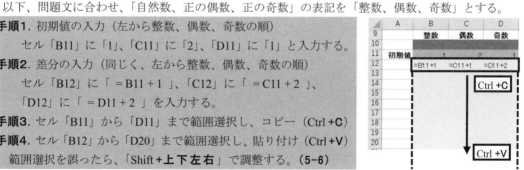

計算部分の左上をセル「B11」にしたのは、合計の計算をするなどの計算を行うために、余白が必要であることによる。この余白を10の倍数だけ確保すると、作業の際に位置が把握しやすくなる。

この場合、1つ目の数字が縦11行から始まるので、10個目は縦20行に置かれることになる。

補足：問題5は問題1の応用問題

6-4、6-5では問題1の応用問題である問題5の計算方法を説明する。

その際に、複製する式を三種類から一種類に減らし、入力するデータ数が1万個に増えても困らない方法を説明する。

6. 表計算の基本
6-3. 問題2、問題3の解説
問題2の解説（作業前の確認）
前提：セルの空白は、計算ではゼロと扱われる
　　Excel の式で指定したセルに値が入っていない場合は、ゼロとして扱われる。この性質を利用すると、計算が効率的に行うことができ、また間違いを減らすことができる。

作業内容の確認
　　問題2は、以下のような問題である。
問題2. 1から100までの数字を、数式二種類を入力するだけで、6-1の表のように配置せよ。
　　つまり計算式だけで表を作成しなければならない。そこで表を観察することから始めてみると、以下の二つの性質が確認できる。
- 横方向：左の値に＋1
- 縦方向：上の値に＋10

　　次に、この表を Excel で作成するため、以下のことを確認する。
- 計算の際は左側、上側に空白を用意しておく（6-2）
- 空白はゼロと扱われる

　　すると、6-1 の表は Excel 上では右のようになる。（抜粋）
　　この灰色の空白部分が計算上はゼロと扱われることを踏まえると、上記の二つの性質が両方成立している箇所と、一つしか成立していない箇所があることが分かる。
- 横方向：左の値に＋1
　　11、21、～、91、つまり左端の1を除く値では成立しない。
- 縦方向：上の値に＋10
　　1、2、…、9、つまり上端の10を除く値では成立しない。

Excel 上の作業
　　これらを踏まえ、効率良く範囲選択と貼り付けをするなら、以下のように作業を行うことになる。

作業1：左の値＋1（一番上の一行のみ）
- 手順1. セル「B11」に「 ＝A11＋1 」と入力する。
- 手順2. セル「B11」で「コピー」（Ctrl＋C）を行う。
- 手順3. セル「B11」から「K11」まで範囲選択し、「貼り付け」（Ctrl＋V）を行う。

作業2：上の値＋10（一番上の一行以外、残りの表）
- 手順1. セル「B12」に「 ＝B11＋10 」と入力する。
- 手順2. セル「B12」で「コピー」（Ctrl＋C）を行う。
- 手順3. セル「B12」から「K20」まで範囲選択し、「貼り付け」（Ctrl＋V）を行う。

　　範囲選択を誤ったら、「Shift＋上下左右」で調整する。

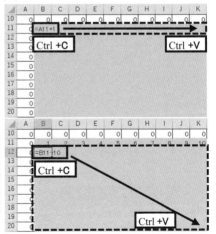

問題2、問題3の解説　　6-3

問題3の解説

公式は応用性、汎用性がないから使えない

　　問題3は、以下のような問題である。

問題3. 1からnまでの総和を求めよ。nは1から100までとする。

　　この問題3を見た時に、以下の公式を使えばよいと思った人もいるはずである。

$$\frac{n(n+1)}{2}$$

　　確かに問題3だけならば、この公式でも解くことができる。しかし実際の作業では、自然数の累計を求めることはまずないであろう。実際は、競技の周回時間（周ごとにかかった時間）を合計していくなど、途中経過を積み上げる「累積値」の計算で用いるはずである。そのため、ここでは自然数以外の数値の計算にも使える方法を説明する。

作業内容の確認

　　まず **6-2 左** にある作業1のように数値を5つ並べてみる。また問題2で説明した「空白のセルは0」であるという性質を利用する。これを踏まえて計算方法をまとめると、以下のようになる。

数値	総和	行う総和計算 (a+b)	前半（a） **前の総和**	後半（b） **数値**
+1 (0)	(0)	(0)		(+0)
+1　1	1	(0+) 1	(0)	+1
+1　2	3	(0+) 1 +2	(0+) 1	+2
+1　3	6	(0+) 1+2 +3	(0+) 1+2	+3
+1　4	10	(0+) 1+2+3 +4	(0+) 1+2+3	+4
5	15	(0+) 1+2+3+4 +5	(0+) 1+2+3+4	+5

　　これより、「前半」の最後の値を除いた式は「行う総和計算」の一つ上の式と同じであり、「後半」は「数値」と同じであることが分かる。つまり「行う総和計算」は、一つ前の「総和」（上の値）に、「数値」（左の値）を足すことでできることになる。これより行う計算は、以下の二つになる。

　　　　・「数値」の計算では、上（一つ前）の「数値」に1を足す

　　　　・「総和」の計算では、上（1つ前）の「総和」に同じ行の「数値」を足す

Excel 上の作業

　　これらの確認したことを Excel 上で行う方法は、以下の通りである。

前提：セル「B10」、「C10」は空白にしておく。

　　これにより初期値の入力が不要になる。

手順1. 追加する数値を式で入力する

　　セル「B11」に「 = B10 + 1 」と入力する。

手順2. 前の計算結果と追加する数値を足す式を入力する。

　　セル「C11」に「 = C10 + B11 」と入力する。

手順3. セル「B11」から「C11」まで範囲選択し、コピー（Ctrl +C）

手順4. セル「B11」から「C110」まで範囲選択し、貼り付け（Ctrl +V）

　　範囲選択を誤ったら、「Shift +**上下左右**」で調整する。

- 121 -

6. 表計算の基本
6-4. 問題4、問題5前半の解説

問題4の解説

絶対参照と相対参照の違いは分からなくても、式は作れる

5-8 で説明した絶対参照と相対参照を利用する。相対参照と絶対参照の違いは、慣れない人には分かりにくい。そこで、ここでは違いがよく分からなくても、計算ができる方法を説明する。

作業内容の確認（二点取り）

6-1 に載せた九九の表（右に抜粋）は、以下の三種類の値で構成されている。

- **掛け算する片方の値を示す縦の項目**（左端の灰色の部分、1〜9）
- **もう片方の値を示す横の項目**（上端の灰色の部分、1〜9）
- **二つの項目の値を掛け算した結果**（左端と上端を除いた箇所）

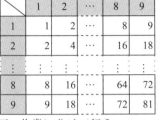

計算に用いてよいのは数式三種類だけなので、この三種類の値をそれぞれ数式で入力する。

「項目」は、これまでのように前の値に1を足せばよい。

難しいのは掛け算の部分である。ここでは難しさを回避するため、以下の作業に分けて行う。

- **例（サンプル）を二つとる**（式を二ヶ所で入力してみる。この作業を「**二点取り**」と呼ぶことする）
- **二つの計算式を比較する**（慣れるまでは二つの式を紙に写し、それらを比較することを勧める）
- **変わらない箇所を探す**（変わらない箇所を絶対参照として指定するため、手前に「$」を付ける）

Excel 上の作業

これまで確認してきた作業を「Excelに頼む方法」は、以下の通りである。

前提：セル「B10」は空白にしておく。（ゼロにしておく）

作業1：縦（横）の数値の入力

- 手順1. セル「C10」（「B11」）に「 =B10+1 」と入力。
- 手順2. セル「C10」（「B11」）をコピー（Ctrl +C）。
- 手順3. セル「C10」から「K10」（「B11」から「B19」）まで範囲選択し、貼り付け（Ctrl +V）。

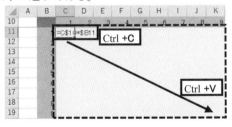

作業2：掛け算九九の計算式の入力

- 手順4. セル「C10」で1×1を計算、「 =B11*C10 」（左の項目×上の項目）と入力する。
- 手順5. セル「K19」で9×9を計算、「 =J11*C19 」（左の項目×上の項目）と入力する。
- 手順6. 「1×1の式」と「9×9の式」を比較する。（慣れるまでは紙に書き出すとよい。）

```
1×1    C11 = B 11 * C 10
9×9    K19 = J 11 * C 19
```

これにより、掛け算の左の座標の「11」と右の座標の「C」が同じであることが分かる。

つまり、これら「11」と「C」の二つの文字の前に「$」を書き、絶対参照にして固定すればよい。

- 手順7. セル「C11」の式を「=B$11*$C10」に変更する。（「F4」キーを活用、5-8）
- 手順8. セル「C11」を選択し、コピー（Ctrl +C）を行う。
- 手順9. セル「C11」から「K19」まで範囲選択し、貼り付け（Ctrl +V）を行う。

このように、二つの計算式の例を比較し、同じ文字の前に「$」を追加するという方法をとれば、絶対参照の意味が分からなくても計算することができる。

問題4、問題5前半の解説　　6-4

問題5の解説（前半：式一つで 10 個×3 種の値を作る）

問題1からの変更点

　　問題5は、問題1の応用問題である。問題1と異なる点は、以下の二つである。

・入力する式を、3つから1つに減らす

・データ数を、10 個から1万個に増やす

　　これらの変更に合わせるための作業を、以下の二つに分けて説明する。

10 個ずつ、計 30 個の計算を式一つで

　　まず式を、三つから一つに減らす方法を説明する。

・効率的な式の考え方

　　問題1では合計三種類の式を用意していた。この式を一つに減らすため、式を見直してみる。

セル「B12」に「=B11+1」、「C12」に「=C11+2」、「D12」に「=D11+2」と入力する

　　この式を比較すると、足し算の左側は一つ上（前）の値、右側は「変化」であることが分かる。つまり「変化」を記載する欄を別に設け、それを常に参照するようにすればよい。

　　この計算は九九の計算と異なり「連鎖反応」、つまり前の計算式を引き継いで計算をしているため、そのままでは左ページの「二点取り」ができない。そこで以下のような工夫が必要になる。

・計算式が適切に働くよう、一つ前の値を打ち込んでおく

　　前の値を使って計算する式が働くよう「一つ前の値」を入力しておき、それに従って計算式を考えるようにする。要するに頭だけで考えることを極力減らし、作業中に混乱しないようにする。

まずは問題1と同じく、10×3 個の計算を式一つで

　　これまで確認してきた作業を「Excel に頼む方法」は、以下の通りである。

作業1：「数値」、つまり「初期値」と「変化」を入力する

手順1. 「初期値」の入力（左から整数、偶数、奇数の順）。
　　セル「B11」に「1」、「C11」に「2」、「D11」に「1」を入力する。

手順2. 「変化」の入力（同じく、左から整数、偶数、奇数の順）
　　セル「B9」に「1」、「C9」に「2」、「D9」に「2」を入力する。

作業2：計算式を入力する

手順3. セル「B12」に「=B11+B9」（上の値＋変化）と入力する。

手順4. 手入力でセル「D12〜D14」に奇数「3, 5, 7」を入力する。
　　セル「D14」に「7」を入力するだけでもよい。

手順5. セル「D15」に「上の値＋変化」を入力する。この場合は「 =D14+D9 」になる。
　　セル「D15」が、セル「E14」の値「7」（手入力）に「2」を足し、「9」になることを確認する。

手順6. セル「B12」とセル「E15」を比較する。（慣れるまでは、紙に書き出してみる）

　　　　整数の 2　　　B12　=B11 + B[9]
　　　　奇数の 9　　　D15　=D14 + D[9]

　　これにより、足し算の右の座標の「9」が同じことが分かるので、「9」の手前に「$」を付ける。

手順7. セル「B12」の式に「$」を追加、「 =B11 + B$9 」に変更する。（「F4」キーを活用、5-8）

手順8. セル「B12」を選択し、「コピー」（Ctrl +C）を行う。

手順9. セル「B12」から「D20」まで範囲選択し、「貼り付け」（Ctrl +V）を行う。

- 123 -

6. 表計算の基本

6-5. 問題5後半の解説

問題5の解説（後半：式一つで1万個×3種の値を作る）

値が5個でも1万個でも、行う作業はほぼ同じ

　　問題1〜4のように作成するデータ数が少ない場合なら、マウスだけで範囲選択しても問題はない。しかし、問題5のようにデータ数が縦1万個に増えた場合は、マウスだけでは困難になる。

　　このように大量のデータを扱う時は、以下のことに注意して作業方法を考える。

・**データ数が10であろうが、1万であろうがExcelに頼む方法の「基本は同じ」である**

・**違いは画面からはみ出しているか、つまり移動や選択する範囲の違いである**

　　問題5で1万個ものデータを扱うのは、画面からはみ出す大量のデータを扱う方法に慣れるためである。画面外にある計算式全てを確認することが不可能な場合は、画面内と同じ計算式を複製することで、数値を全て確認しないでも済む状況を整える必要がある。

範囲選択の方法のおさらい（5-6）

　　問題1では式を貼り付ける範囲が「縦10、横3」であったのに対し、問題5では「縦1万、横3」に広がる。そこで、これまでに説明した範囲選択の方法を振り返ると、以下のようになる。

・**マウスを使った範囲選択**

　　1万になるまでひたすら範囲選択を続けるという方法。とても時間がかかる。

・**「PageUp」、「PageDown」キーを使った移動（範囲選択にならない）**

　　「PageDown」キーを押すと一画面分下に移動するので、「PageDown」キー押しっぱなしにしてしばらく待つ。しかし、マウスで移動するより早いとしても時間が相当かかるし、そもそも移動の方法であり、範囲選択の方法としては使えない。

・**「Ctrl＋Shift ＋上下左右」キーを使った範囲選択**

　　このショートカットは、値や文字が記入されているセルで作成される表が途切れる箇所か、次に文字が入力されているセルまでまとめて選択する方法である。しかし、これから1万個のデータを入力する前の白紙、つまり未記入の状態では、シートの果てまで移動してしまうため、用いることができない。

広い空白で範囲選択をする方法

　　これらのことを踏まえ、今回は5-5のセルの移動と5-6の「Ctrl＋Shift ＋上下左右」を組み合わせて使う方法を説明する。まず、空白のシートで画面に収まる領域よりもはるかに広い範囲を選択する方法を説明する。作業は、**6-4右ページ**の問題5の手順8まではそのまま用いる。

　　そこで6-4の問題5の手順7、手順8を確認すると、以下のように説明されていた。

手順7. セル「B12」の式に「$」を追加し、「 ＝ C11 ＋ C$9 」に変更する。（「F4」キーを活用、5-8）
手順8. セル「B12」を選択し、「コピー」（Ctrl ＋C）を行う。

　　データ数を1万×3に増やすには、このセル「B12」の式を貼り付ける範囲を、セル「B12〜D10010」（縦9999×横3）に広げればよい。

　　これを行うため、今回は「Ctrl+Shift ＋上下左右」キーの性質を利用する。つまり、範囲選択が座標「10010」までされるようにしておく。そのためには、縦「10010」まで移動し、セル「B10010」、「C10010」、「D10010」に何か文字を記入しておく必要がある。ここでは分かりやすく「＋」と入力する。

　　そのため、まず縦「10010」まで移動し、「＋」を記入する。

　　なお、範囲選択の頭である縦11行まで戻るには**5-5**で説明した「セルの移動」を使えばよい。

　　（右ページ）

- 124 -

1万個×3の計算を式一つで

範囲選択を可能にするため、まず以下の作業を行う。

手順1. 左上の欄に「B10010」と入力し、「Enter」キーを押す。
これでセル「B10010」に移動できる。

手順2. セル「B10010」、「C10010」、「D10010」に「+」と入力。

手順3. 左上の欄に「B12」と入力し、「Enter」キーを押す。
これで、縦10010まで行って戻ってきたことになる。

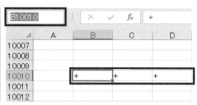

これで必要な範囲を選択する準備はできたので、**6-4 右**の問題5の解説前半部の手順8を終えたところから続ける。つまり、**手順9から、以下の内容に換わる。**

手順9. セル「B12」で「Shift +→、→」と押す。(右を2回)
これで、セル「B12」から「D12」まで範囲選択される。

手順10. そのまま、「Ctrl+Shift +↓」を押す。(下を1回)
これで、セル「B12」から「D10010」まで範囲選択される。

手順11. 「貼り付け」(Ctrl +V)を行う。

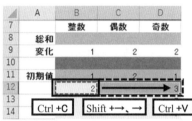

問題5(問題1)の解説(合計を計算する)

合計を計算するための範囲選択

この作業で入力した1万×3個のデータを用い、各列の値の合計を求める。

この合計の計算は関数「SUM」を用いて、以下のように行う。

・「オートSUM」機能を用いる(5-16)

「オート SUM」は「合計」、SUM関数を使った計算の範囲選択を自動で行ってくれる機能である。この機能を用いると「オート SUM」を押した時に選択されているセルの左側、または上側の数値の集まりを自動で範囲選択してくれる。

しかしこの方法では、**5-1** で示した「結果は左上に配置する」方法には適さない。

そこで、以下のように方法の一部を変える必要がある。

・式をキーで入力すること(オートSUMを使わない)
・式入力中のセルの指定や範囲選択は、マウスを使って行ってもよい

合計を計算する

ここでは自然数、偶数、奇数の合計を、それぞれセル「B8」、「C8」、「D8」で計算する。

手順1. セル「B8」を選択し、「オートSUM」を押す。
「( )」の中には何も書かれないか、異なる範囲が選択される。

手順2. セル「B8」の「 =SUM( )」の括弧内に範囲(B11 : B10010)と入力し、「Enter」キーを押す。

または、マウスで式の括弧内に入力するセルや範囲を指定する。以下、手順2を差し替える。

手順2改. セル「B11」を選択すると、括弧内に「B11」と書かれるので、「Ctrl+Shift +↓」を選択し、「Enter」キーを押す。
セル「B8」の式が「 =SUM(B11 : B10010) 」になる。

手順3. セル「B8」を選択し、「コピー」(Ctrl +C)を行う。

手順4. セル「B8」から「D8」まで範囲選択し、「貼り付け」(Ctrl +V)を行う。

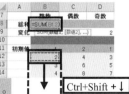

7. データの加工、計算
7-1. データ加工の目的
目的の確認

目的と手段を倒錯しないこと

統計データの加工は、自分が何かを「理解する」、またそれを人に「説明する」ために必要な資料を、作成するために行う作業である。統計データから値を計算し、表やグラフを作成するのは「説明する」「手段」として効果的だからである。またパソコンが普及したことにより、統計データを加工することは専門家の特殊技能ではなく、社会で生きていくためできることが望ましい「教養」になった。

このような統計データの加工処理は目的を意識し、最低限の手間で行えるようにするとよい。なぜなら、「目的」は「説明する」ことであり、データの加工は「説明する」内容の一部を作る工程の一つに過ぎないからである。そのため「説明する」目的に合わないのであれば、また目的が変更されれば、せっかく時間と手間をかけて作成した表やグラフは使うべきものではなくなる。これに対し、作業に慣れていないとそれにかけた時間と労力をもったいないと感じ、表やグラフありきで説明をしようと無理をしてしまうことがある。

正解は用意されていない、だから作成しなければならない

数学やそれを応用した科目の授業、特にそれらのテストで求められていたのは、「教えたことができる」ことを示すことであった。そのため、唯一の「解答」が求まるように用意された「問題」を解き、「できる」ということを示してきた。しかし大学以降は、そのような証明作業は単位や資格を取るための試験などの場に限られる。

実際の作業には、あらかじめ用意された解はない。逆に存在しないからこそ、統計データから作成する。そのため計算が適切かどうかは、正解を見る以外の方法で検証する必要がある。

雑多なデータでは性質はつかめないし、示せない

自身がデータを使って何かを理解するためには、データを観察する必要がある。しかし、例えばクラスの生徒全員のテストの結果がある場合、その並んでいる点数をただ眺めても、なかなか性質や傾向はつかめない。また仮につかめたとしても、それを人に説明する際に根拠が示せない。

そこで平均点のような明確な値に加工して、これを根拠に説明することになる。逆に言えば、平均点のように値の意味を説明相手が理解しているか、あるいは説明により理解してもらえるようなものしか、用いることができないということが分かる。

データ加工作業は繰り返すことが多い

このようなことから、説明に用いられる値には、特殊で高度な理屈が用いられていないことが分かるはずである。

例えば、本書が説明に何度も用いている偏差値の計算方法は、難しい計算をしているように見える。しかし、よく見れば既に身についている方法を、これまでしたことがない組み合わせで用いているだけであること、また使っている計算も中学校の数学で習う程度であることが分かる。**(7-10)**

つまり難しい計算を理解するには、作業内容をまず分けて、それぞれを理解してから組み合わせ、全体を構造的に理解するという、時間をかけた作業が必要になる。それを紙もペンも使わず、頭だけで一度に理解しようとしてもできるはずがない。

また、大変なのは作業量が多いからであることが多い。それを代わりに Excel にやってもらうため、いかに効率よく頼むのかが重要になる。

データ加工の目的　7-1

作業内容の確認

関数をなるべく使わずに、計算内容を理解すること

　Excel ならば計算方法を理解していなくても、関数を使うことで計算結果を得ることは可能である。しかし、それでは「説明する」ための技能を身につけていることにはならない。

　「説明する」には、少ないデータ数なら時間さえかければ手作業でも計算できるまで理解していることが望ましい。そこで本書では、初めに計算の概念を示し、それを計算式に「訳し」、最後に Excel の式に変換するという順で説明をしていく。

実用的な方法で計算すること

・効率よい計算方法

　本章では使う計算式を少なくし、広い範囲に複製することで、効率よく計算を行う方法を説明する。また、説明用の画像でデータを全て示せていないことがあるが、計算式では画像以上のデータがあるものと想定して説明する。またこの式を使えば、式で指定している範囲よりもデータ数が少ない場合も、計算できるようにしてある。つまり、「大は小を兼ねる」方法を説明している。

・入力ミスをしにくく、ミスをしても対処しやすいように

　本章で示す方法には無駄があるように見えるものがある。これはあえてそのようにしてある。例えば、データの入力を間違えてしまう、欠席者を 0 点と扱ってしまい平均点を出すといった、実際の作業で生じる失敗を想定し、それを回避することも考えているからである。

　このように、**近視眼的で安直な効率化によって、かえって作業を妨げることがあるということにも、注意が必要**である。

後日の検証、更新、再利用を想定する

　また数学の授業や試験で行う計算と異なり、できたらおしまいというものではない。データ加工の作業は後から確認、検証また更新することがあり、それらの作業に備える必要がある。

・確認、検証に対応できるように

　後から計算結果を確認する、例えば指摘を受けた値の変化を観察していて疑問が生じたといった時に、すぐに検証や確認ができるようにしておく。

・更新に対応できるように

　時が経ってからデータが更新、追加されたのに合わせて作業をやり直しやすくしておき、また内容を忘れていても、作業内容が把握できるようにしておく。

・別の作業でも使えるよう、汎用性の高いものに

　同じ計算を異なるデータで、また同じデータでも異なる項目を取り出すことに対応できるようにしておく。

ファイルの整理、管理

　そのため、**3章**で説明したように、以下のことができるようにファイルを整理しておくこと。

・ファイルがすぐ見つかるように整理しておく

・何をしたか忘れたとしても、ファイルを見れば分かるようにしておく

　このようにしておくと、仕事を他の人に引き継いでもらう時にも役に立つ。

---

1. 説明
2. 道具(PC)
3. 情報管理
4. 図
5. Excel操作
6. 計算の基本
7. データ処理
8. グラフ
9. Word操作
10. 表加工
11. 文書設定
12. スライド
13. 印刷

---

1. 加工の目的
2. 作業の確認
3. データの抽出
4. データの加工
5. 比較計算1
6. 比較計算2
7. 幾何・平均
8. アンケート
9. 結果の集計
10. 偏差値1
11. 偏差値2

7. データの加工、計算

7-2. 作業内容の確認

データ収集

データの種類

統計データの分類方法をまとめると、以下のようになる。

一次統計：加工されていないもの

入手しにくく、注意して扱う必要がある「個人情報」にあたるものであることが多い。統計処理を専門にでもしない限り、せいぜい自作のデータや職場内で作られたアンケート結果などを使うことに限られる。

二次統計：加工されたもの

例えば、政府官公庁の統計局などが作成し、公表しているものである。定期的に更新されるだけでなく、統計によっては遡及改訂（新しいデータを追加した際に、過去のデータも修正すること）がされることもある。この場合、統計データを更新されたものに差し替えて、最初から計算をやり直すことになる。そのため、効率よく計算する方法を身につけることが必要になる。

データの入手元

政府官公庁が Web ページなどで公表している統計データファイルの多くは、Excel 形式である。

また官公庁が作成する統計データは、印刷物にして公表することを前提にしている。そのため、データファイルの形で入手した場合でも、表の下部に書いてある『〜統計』などの統計集の名前を文献名として記すことになる。

なお、統計の名前をよく知らない場合は、まず『日本統計年鑑』を見ることを勧める。『日本統計年鑑』は、政府官公庁の各種統計集から主要な統計データを集めたものである。そのため、入手しても一部の期間の値しか載っていないなど、情報量が限られている。しかし各表の下部には、そのデータを引用した統計集の名前が示してあるので、その統計を、作成元の省庁等の Web ページで探せばよい。

あるいは、まず総務省統計局（ http://www.stat.go.jp/ ）を探してみるとよい。

統計データを合わせる時は注意すること

例えば、GDP（国民経済計算）、国際収支統計、貿易統計の三つの統計の貿易額は全て異なっている。これは貿易の「定義」、つまり何を「貿易」と扱うのかが異なることによる。また、同じ統計でも長期間作成していれば、対象の性質の変化に合わせて、定義や集計方法を変えることがある。そのため例えば、本書で用いる国内総生産（GDP）では、現在の作成方法では 1993 年以前の値が、内閣府から公表されていないといったことがある。このようなことから、統計データのファイルを合わせて使う際は慎重に行い、また注などで行った作業を示すことが望ましい。

補足：年次と年度の違い

データを利用する際は、年度と年次のものを混在させないように注意する必要がある。

・年次（Calendar Year、暦年、1〜12 月）
・年度（Fiscal Year、会計年度、日本では4月から翌年の3月）

なお月次、四半期のデータを足せば、年単位のデータになりそうである。しかし、そのように計算しても「公表された値」と一致しないこともある。

作業内容の確認　7-2

特定の性質を抽出する

作業手順の例

　データ加工の作業には、その成果であるグラフや表を使って「説明する」という目的がある。

　これを踏まえ、本書では以下の手順で説明する。

1. データ収集

　　3章で説明したように、集めておいたファイルを使う場合と、今回必要だから入手する場合がある。そのため、保管する際はすぐ見つけられるように分類しておく必要がある。

2. 加工1　必要な箇所を抽出(7-3)

　　入手した統計データのファイルに載っているデータは、今回の作業で必要なもの以外が含まれていることが多い。そこで、本書では入手したファイルはそのまま残し、そこから必要な部分を抽出する作業を行うことを勧めている。この場合の抽出とは、不要な部分を削除するか、削除できない値を「その他」のようにまとめることを指す。

3. 計算　性質の抽出(7-4〜7-6)

　　性質が分かりやすくなるように、数値を加工する。計算方法の基本は以下の二つ、あるいはこれらを組み合わせたものである。

　　　・比をとる(比較する値で割る、例：富士山の 1.5 倍の高さ)

　　　・差をとる(比較する値で引く、例：A さんの点は B さんの点より 10 点高い)

4. 加工2　表、グラフの作成(8章)

　　値が多数ある場合は、より分かりやすくするため表やグラフに加工する。

　　本書では、グラフの加工は全て Excel 上で行い、表の加工は Excel と Word を組み合わせて行う方法を説明する。

5. 文書や発表資料に貼り付ける(11-9)

　　これらの作業を済ませ次第、本来の作業である説明内容の作成に戻ることになる。

グラフ作成用の表の構成

　Excel で表を作成する際は、表の左上を必ず空けておくようにすることを勧める。

　　左上：空白 (**計算用の表では、必ず空ける**こと)
　　右上：項目 (主に項目、標準設定ではグラフの項目)
　　左下：項目 (主に時系列、標準設定ではグラフの横軸)
　　右下：データ (桁数、単位など形式は揃える)

空白	項目 (列、横)
項目 (行、縦)	データ (数値)

　このように表の形式を整えておくと、グラフが簡単に作成できる。逆に、表の左上に何かを記入してしまうとグラフが作成しにくくなり、追加の操作が必要になるので、左上は空白にするよう注意すること。

---

1. 説明
2. 道具(PC)
3. 情報管理
4. 図
5. Excel 操作
6. 計算の基本
7. データ処理
8. グラフ
9. Word 操作
10. 表加工
11. 文書設定
12. スライド
13. 印刷

1. 加工の目的
2. 作業の確認
3. データの抽出
4. データの加工
5. 比較計算1
6. 比較計算2
7. 幾何・平均
8. アンケート
9. 結果の集計
10. 偏差値1
11. 偏差値2

7. データの加工、計算

7-3. 必要なデータを抽出する

データの入手

例：GDP のデータを入手する

本章では、一国の経済力を示すのに使われる「国内総生産」（Gross Domestic Products、以下 GDP）の内、1980年から2009年までの30年分のデータを例に用いる。（以下の方式では、1980年から2009年までのデータが公表されている。）

2009（平成21）年度　国民経済計算確報（2000年基準・93SNA）（1980年～2009年）
「4. 主要系列表　（1）国内総生産（支出側）　連鎖方式、名目、暦年」
（　http://www.esri.cao.go.jp/jp/sna/data/data_list/kakuhou/files/h21/h21_kaku_top.html　）

データの抽出

作業内容の確認

この GDP のデータの表をそのまま作業に用いるのは効率が悪いので、以下のように加工する。

作業1. 更新データを再入手しやすくなるよう、メモを追加する

作業2. シートを「複製」し、そのシートを使って必要な表の抽出作業を行う

作業3. 表の再構成を行う

なお「複製」とは、「コピー」して「貼り付け」する作業のことを指す。この作業を「複製」と表記しているのは、操作の「コピー」との混同を防ぐためである。

作業1. 更新データを再入手できるようメモを追加する

7-1、7-2 で説明したように今回限りの作業ではないため、データの再利用ができるよう、また更新に合わせて再度入手できるようにしておく必要がある。そのため、以下の作業を行っておく。

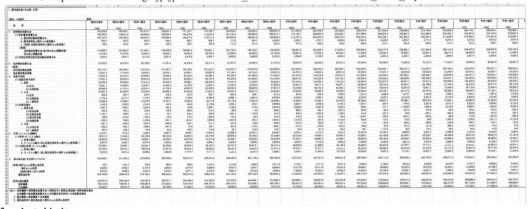

手順1. 座標「1」の上でマウスの左ボタンを押す。
手順2. 座標「10」の上で「Shift」キーをおさえながら、マウスの左ボタンを押す。（5-6）
手順3. そのままマウスの右ボタンを押す。
手順4. 現れたメニューから「挿入」を選択する。
手順5. 10行分、データが下にずれるので、空いた場所に情報を書き込む。

この例では、データファイルの入手元（URL）を記入している。また、配布元（内閣府）のWebページの変更などに対応できるよう、内閣府や国民経済計算のページの URL も記載してある。

必要なデータを抽出する　　7-3

作業2.「複製」したシートで、抽出作業を行う

　　作業1で作成したシートはそのまま残すため、シートを複製し、その上で作業を行う。**（5-17）**

　　次に、作業1で追加したデータ情報を削除し、空いた部分に必要なデータを抽出する作業を行う。

　　ここでは必要な行をコピーして、空いた部分に貼り付ける方法で抽出を行うが、「 = セルの座標 」で値を「引用」する方法もある。**（7-4）**

ここで抽出するのは、西暦年と項目番号1，2，3，4，4-1，4-2，5の計8行である。

手順1. 初めの16〜17行だけは、「Ctrl」キーはおさえずマウスの左ボタンだけで選択する。

手順2. 「Ctrl」キーをおさえて残りの行、この場合は27、31、49〜50、53、57の各行を選択する。

手順3. そのままコピー（Ctrl +C）を行う。

　　説明の通りに選択していれば、点線が選択した部分の周囲に回るはずである。

　　また「この操作は複数の選択範囲に対しては機能しません。」という警告が表示されたら、手順1からやり直すこと。行だけを選択しなければならないのに、最初から「Ctrl」キーをおさえていた、あるいは作業の途中で行でなく、セルをおさえてしまったことが理由として考えられる。

手順4. 貼り付け先の表の左上のセル A2 のみ選択し、貼り付け（Ctrl +V）を行う。

　　結果、以下のようにデータが抽出できるはずである。

サイドバー:
1. 説明
2. 道具(PC)
3. 情報管理
4. 図
5. Excel操作
6. 計算の基本
7. データ処理
8. グラフ
9. Word操作
10. 表加工
11. 文書設定
12. スライド
13. 印刷

1. 加工の目的
2. 作業の確認
3. データの抽出
4. データの加工
5. 比較計算1
6. 比較計算2
7. 幾何・平均
8. アンケート
9. 結果の集計
10. 偏差値1
11. 偏差値2

7. データの加工、計算

7-4. データを必要な形に加工する
データの再構成

作業3. 表の再構成を行う

7-3 の作業1、作業2の結果、以下のように GDP のデータファイルから必要な項目だけ抽出することができた。次に、このデータを計算しやすいように再構成する作業を行う。

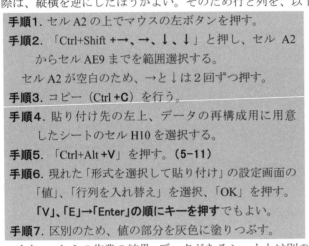

反転して貼り付け

作業2で作成した表は、年次が横方向に配置されているため横長である。しかし実際に作業を行う際は、縦横を逆にしたほうがよい。そのため行と列を、以下のように入れ替える。

手順1. セル A2 の上でマウスの左ボタンを押す。
手順2. 「Ctrl+Shift +→、→、↓、↓」と押し、セル A2 からセル AE9 までを範囲選択する。
  セル A2 が空白のため、→と↓は2回ずつ押す。
手順3. コピー（Ctrl +C）を行う。
手順4. 貼り付け先の左上、データの再構成用に用意したシートのセル H10 を選択する。
手順5. 「Ctrl+Alt +V」を押す。（5-11）
手順6. 現れた「形式を選択して貼り付け」の設定画面の「値」、「行列を入れ替え」を選択、「OK」を押す。
  「V」、「E」→「Enter」の順にキーを押すでもよい。
手順7. 区別のため、値の部分を灰色に塗りつぶす。

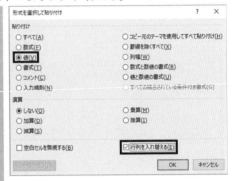

また、これらの作業の結果、データがあるシートとは別のシートにデータを貼り付けることができる。これにコピーや塗りつぶしなどを使い、以下のようにシートを整える。

左の表は、セル H10~L40 をコピーしてセル B10~F40 に貼り付け、値があるセル C11~F40 を範囲選択して値を消し、セル内の色を変え、セル F10 の項目名を変えれば作成できる。（5-4、5-12）

- 132 -

「引用」を使った表の再構成

作業2では複製（コピー→貼り付け）で抽出したのに対し、ここでは「引用」で表の再構成を行う。今回の例では、セル C10〜E10 の項目も「引用」する。これにより、引用した箇所の項目名を確認できる。また、いったん引用したものをF列で合計する作業を行う。

手順1. セル C10 に「 = I10 」、セル D10 に「 = J10 」、セル E10 に「 = K10 」と入力する。

この例の場合、セル C10 でコピー（Ctrl +C）を行い、セル D10、E10 に貼り付け（Ctrl +V）を行うのでもよい。

手順2. セル C10〜E10 でコピー（Ctrl +C）を行い、セル C10〜E40 で貼り付け（Ctrl +V）を行う。

手順3. セル F11 に「 =SUM(C11 : E11) 」と入力する。

手順4. セル F11 でコピー（Ctrl +C）を行い、セル F11〜F40 で貼り付け（Ctrl +V）を行う。

手順5. セル C10〜E40、セル F11〜F40 をそれぞれ別の薄い色（灰色以外）に塗りつぶす。

引用または計算したこと、また異なる作業をしたこと示すため、灰色以外の薄い色を使って塗りつぶす。

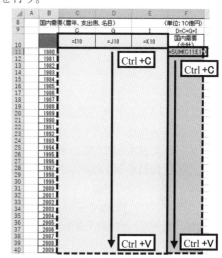

計算用シートの準備

作業4：計算用のシートに貼り付け

ここでは、計算用のシートを以下のように作成する。

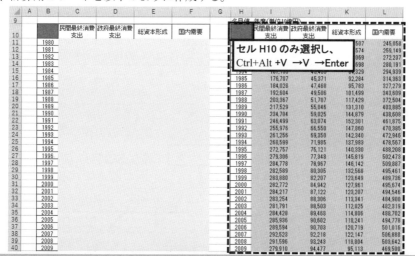

手順1. 作成した表全体（セル B10〜E40）を範囲選択し、コピー（Ctrl +C）を行う。

手順2. 貼り付け先である計算用の別シートの、表の左上（セル H10）を選択し、「Ctrl+Alt +V」を押す。

手順3. 「形式を選択して貼り付け」の設定画面で「値」を選択し、「OK」を押す。

この場合は、「Ctrl+Alt +V」→「V」→「Enter」の順にキーを押す。

手順4. 値の部分を灰色に塗りつぶす。

この左側の表を、「計算用」のシートに移して計算を行う。(7-5、7-6)

7. データの加工、計算

7-5. 比較のための計算 その1

計算方法、作業の把握

計算処理の流れ

ここで説明する計算方法は、政府官公庁の白書や統計集などの説明で使われている、分かりやすい値を求めるためのものである。これらの計算処理は全て、以下の手順で行う。

手順1. 表のデータ（右下部分）の一か所、例えば左上のセルに、計算式を入力する。
手順2. 表の残りの計算部分に、その式を「複製」（「コピー」→「貼り付け」）する。

つまり、一つの式とその複製だけで、一つの表の計算を済ませるようにする。

加工の基本

統計データを加工する計算方法の基本は、以下の二つの比較によって求めた値、あるいはこれらの方法を組み合わせたものである。

・比をとる（比較する値で割る、例：富士山の1.5倍の高さ）
・差をとる（比較する値で引く、例：Aさんの点はBさんの点より10点高い）

また、これら比の計算の後に表現方法を調整するが、その際は以下の二点に注意すること。

・1＝100％　　（単位である％を書き忘れないよう、ただし指数のように省略することもある）
・増減＝倍－1　（つまり「変化＝比マイナス1」であり、二つの値を混同しないように）

計算方法

ここで説明する計算方法は、以下の3つである。

	分類	計算方法	計算の概要
構成比（比率）	％表記 絶対比較	ある要素の構成比 $= \dfrac{\text{ある要素の値}}{\text{「全体」の値}}$	ある値を基準（1＝100％）に、その値を構成する要素の値を相対化する。
指数	％なし 絶対比較	各時点の指数 $= \dfrac{\text{各時点の値}}{\text{基準時点の値}} \times 100$	基準時点の値を100と置いて、他の値を相対化する。（100倍しても％は付けない。）
変化率	％表記 相対比較	各時点の変化率 $= \dfrac{\text{各時点の値}}{\text{前時点の値}} - 1$	前時点の値を基準（1＝100％）に、どれだけ変化（増加または減少）したかを、％単位で示す。

式や上記の説明を見ると面倒に思えるものでも、性質の共通点と相違点を捉えれば、以下の図のように整理することができる。

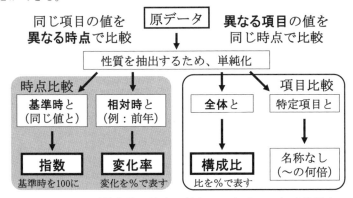

図のように整理すると、これらの計算方法は特定の値との比を取ることが共通点で、1を引くか％で示すか、といった方法が相違点であるということが分かる。

- 134 -

構成比の計算

構成比の特徴

まず「全体」を定義し、その全体の値に対し、その中に属する特定の項目が占める割合を計算する。

長所：全体の値を100％に揃えることで、比較がしやすくする。

短所：相対化したことで、絶対の変化を見落とすことがありうる。例えば、全体量が大きく減少すれば、ある項目の量が減少しても構成比は増加することがある。また、「100％」に全体を揃えることで、規模の違いがもたらす性質の違いを無視することになる。

計算方法

7-4 で GDP から抽出した、「国内需要」のデータを使って構成比を求めると、以下のようになる。

手順1. セル「C11」に
「 =I11 / $L11 」と入力する。

つまり横方向の「項目」の移動を縛るものなので、絶対参照を示す $ は横の座標を示すABC の前につける。

次に、セル「C11」の計算式を、セル「C11～F40」に貼り付ける。

手順2. セル「C11」でコピー（Ctrl +C）を行う。

手順3. そのまま「Shift」キーをおさえる。

手順4. セル「F40」を選択する。

すると点線枠内の範囲、セル「C11～F40」を選択したことになる。

手順5. そのまま貼り付け（Ctrl +V）を行う。

手順6. 結果を「％」表示にする。

手順7. 値の桁を揃える

ここでは、小数点第一位まで表示する。

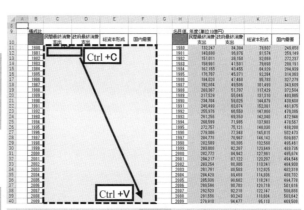

検算の方法

各時点の構成比の合計値、横 F 列の値は全て 100（％）になる。

7. データの加工、計算

7-6. 比較のための計算 その2
指数の計算
指数の特徴

指数の計算方法は、ある基準時点の値を 100 とおいて、他の時点の値を相対化したものである。**右ページ**の「変化率」との違いは、比較する値が定められている、つまり変わらないこと、また比を取った値を100倍しても、単位である「％」を付けないことである。

　長所：基準時点からの変化を、項目間で比較するのが容易になる。
　　　　折れ線グラフにすると、基準点以外の2時点の比較もしやすくなる。
　短所：どの時点を基準年にするかで、印象が大きく異なる。

計算方法

7-4 で GDP から抽出した「国内需要」のデータを使って指数を求めると、以下のようになる。

手順1. セル「C11」に
「 = I11 / I$31 * 100 」と入力する。

つまり縦方向の「時点」の移動を縛るものなので、絶対参照を示す $ は縦の座標を示す数字の前につける。

次にセル「C11」の計算式を、セル「C11～F40」に貼り付ける。

手順2. セル「C11」でコピー（Ctrl +C）を行う。
手順3.「Shift」キーをおさえる。
手順4. セル「F40」を選択する。

すると、点線枠内の範囲のセル「C11～F40」を選択したことになる。

手順5. そのまま貼り付け（Ctrl +V）を行う。

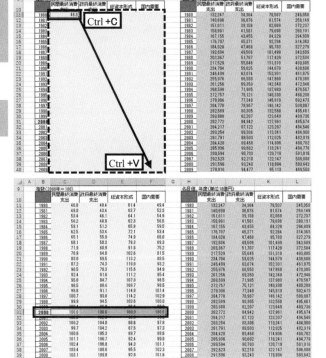

検算の方法

基準時点の値は 100 になる。つまり縦 31 行、2000 年の値が全て 100 になる。

変化率の計算

変化率の特徴

変化率は、一定の時点前の値と割って比を求め、1を引いて%単位で示したものである。

一定の時点前の値とは、「前年」のように一つ前の値だけでなく、「前年同月比」つまり12時点前と比較することもある。

左ページの指数と異なるのは、「増減」を表すため「比」から1を引いていること、比較対象が相対的に変化することである。

　　長所：前時点からの変化を明確にできる。
　　短所：規模の違いを無視することになる。そのため異なる時点の値や、規模や発達度合いの異なる国や地域の値を単純に比較して誤解すること、また誤解させることがある。

計算方法

7-4 で GDP から抽出した「国内需要」のデータを使って変化率を求めると、以下のようになる。

手順1. セル「C12」に「= I12 / I11 − 1」と入力する。

この場合、絶対参照がないので「$」は使わない。また、1980年の変化率は前の時点が存在しないため、計算することができない。そこで、1980年の項目は濃い灰色に塗りつぶし、作業をしないようにしてある。

次に、セル「C12」の計算式をセル「C12〜F40」に貼り付ける。

手順2. セル「C12」でコピー（Ctrl +C）を行う。

手順3. そのまま「Shift」キーをおさえる。

手順4. セル「F40」を選択する。

すると点線枠内の範囲、セル「C12〜F40」を選択したことになる。

手順5. そのまま貼り付け（Ctrl +V）を行う。

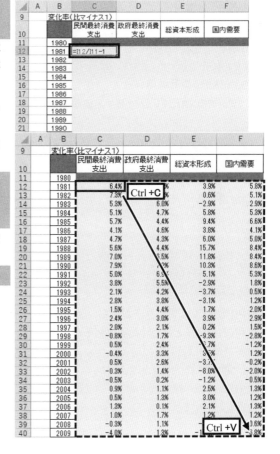

検算の方法

縦横の座標が異なる二つの式を確認し、どちらも分母の値の座標が分子の値の一つ前にあること、分数から1を引いていることを確認する。

7. データの加工、計算
7-7. 変化率の統合、平均の計算
変化率を合わせる
考え方
例えば、1年分の変化率を10年分合わせた値は、10年間の変化率と一致するはずである。

これらの値を一致させる計算ができない、あるいは難しいと感じている場合、それは **7-5** で説明した「比」と「増減」を混同している可能性がある。

例えば、変化率10%は比で表すと1.1倍のことである。この1.1倍は2年で、1.1×1.1=1.21倍になる。しかし、増減（変化）で示された0.1=10%から直接、0.21=21%を計算することはできないはずである。

計算方法
そこで変化率を合わせる際は、まず1を足して「比」に戻してから、かけ算で合わせていく。

そのため、ある時点 i の変化率を r_i で表すと、r_i を n 年間分を合わせる式は、以下のようになる。
$$(1+r_1)\times(1+r_2)\times\cdots\times(1+r_n)$$

Excel を使った計算
Excel で計算する場合は、上記の計算を以下の2つの手順に分けて行うとよい。

手順1. n 個の変化率 r_i に1を足す。
手順2. 手順1で求めた値をかけ算する。

なお、product 関数を用いると、選択した範囲内のかけ算ができる。

= PRODUCT (かけ算する値があるセルの範囲を選択)

補足：複利の計算方法
全ての時点で変化率が一定 r ならば、それを n 年間分かけ合わせる式は、以下のようになる。
$$(1+r)^n$$
これが雪だるま式に借金がふくれあがる利子、「複利」の計算方法になる。

計算例
この例は、一月5％の利子で10万円を借りると、5年間でどれだけ借金が増えるかを示している。

右のグラフは単利と複利の違いを示したものである。

- 単利（借りている額に利子が付く）
- 複利（前の利子と合わせた額に利子が付く）

つまり単利は足し算で増えるため、借りた額の5％、5000円ずつ借金が増えていく。

これに対し、複利はかけ算、つまり 1.05 倍ずつ増え続けていく。

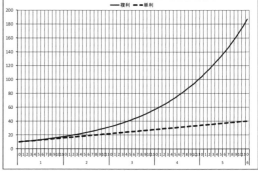

その結果、1年目ではほとんど変わらないのが、5年後（6年目）には単利では4倍になるのに対し、複利では約 19 倍にまでふくれあがる。つまり、短期間で比べてみたらそれほど違いはないから大丈夫だと思ってはいけないし、あるいはそのような説明がされても真に受けてはならないことが分かる。

幾何平均

考え方

「幾何平均」（「相乗平均」）は、例えば 10 年間の変化率（成長率、利子率など）の年平均、つまり 1 年分を求める場合に使う。

この計算でも、**7-5** で説明した「比」と「増減」を間違えて計算しないように注意すること。また、値を分割する際に乗根を使うのが大変なため、算術平均つまり単純な割り算で済ませたくなる。しかし**左ページ**で示したように、平均の基準になる期間が短い、つまり分ける数が多ければ、それだけ乖離も広がることになる。

乗と乗根

n 年間の変化率の年平均を求めるのに必要な n 乗根の計算は難しい。しかし、乗と乗根の関係を踏まえた上で、代わりに Excel に計算してもらうと簡単にできる。

n 乗根は $1/n$ 乗（n 分の 1 乗）であることを踏まえれば、Excel の計算式は以下のようになる。

＝（ n 年分の変化率が示されたセル ＋１）＾（１／n）－１

計算方法

つまり最初の時点の値 x_0 と最後の時点の値 x_n を割り、その n 乗根を求めればよい。

$$\bar{r} = \sqrt[n]{\frac{x_n}{x_0}} - 1 = \left(\frac{x_n}{x_0}\right)^{\frac{1}{n}} - 1$$

注：n 期間なので、データ数は $n+1$ 個になる。（例：1961～1971 年間は 11 時点、10 年間である）

計算例

池田勇人内閣による「国民所得倍増計画」（立案、下村治）は、国民総生産（GNP）を 1961 年から 10 年間、1971 年までに 2 倍に成長させるというものであった。

この場合、幾何平均は 2 の 10 乗根なので、平均成長率は約 7.2％になる。（1.072 倍）

これを名目 GNP、実質 GNP（物価の変化分を取り除いた GNP）の成長の値と比べたものが、右のグラフである。

このグラフを見ると、物価上昇を取り除いた実質 GNP でも 8 年目に達成しており、また 10 年間では名目 GNP で 4.17 倍、実質 GNP で 2.45 倍の経済成長を遂げたことが分かる。

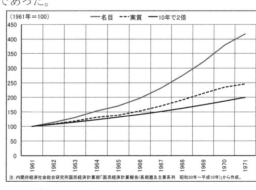

参考：データがない場合

変化率を求めるのに用いられた元のデータが公表されていない場合がある。

その場合は**左ページ**のように合わせてから、その幾何平均を求めて 1 を引けばよい。

$$\bar{r} = \sqrt[n]{(1+r_1) \times (1+r_2) \times \cdots \times (1+r_n)} - 1$$

7. データの加工、計算
7-8. アンケート結果の分析
アンケート分析の方法
アンケート分析の作業内容

アンケートを取り、集計する作業は手間と時間がかかるものである。そのうち入力作業はマークシートと読み取り機を使うことで効率化でき、それ以降の作業の一部はパソコンを使って軽減できる。

- 軽減できる作業： 項目別人数の集計など表の集計作業(パソコンに、代わりにしてもらう作業)
- 軽減できない作業： 数値を分析し、説明内容を作成する(頭で考える作業)

つまりパソコンを使って行う作業で、極力軽減するように努めればよい。またパソコンを使うことで考える作業の負担を減らすこともできる。例えば学校の担任ならば、以下のようにクラス全体の傾向を見ることもあれば、少人数の生徒に絞って見ることもある。その際、データを集計する、並べ替えるなどして見やすくすれば、負担を軽減できるはずである。

実際の作業では、データに記載ミスがあることを想定して行う。そのため、上の例はあえて左上に示した集計結果が100人にならないように作成してある。

なお、データの左側に「通し番号」が振ってあるのは、元の並びに戻せるようにしておくためである。

フィルターを使って、必要なデータだけ表示する

例えば、アンケートの設問で同じ回答をした人が固まるように並べかえ、必要な部分だけを表示することができる。例えば上のデータの「質問1」で、5番と回答した人を除いて昇順に並べ替える。

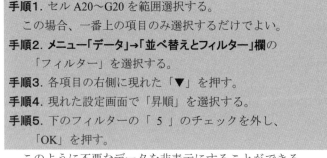

手順1. セルA20～G20を範囲選択する。
この場合、一番上の項目のみ選択するだけでよい。
手順2. メニュー「データ」→「並べ替えとフィルター」欄の「フィルター」を選択する。
手順3. 各項目の右側に現れた「▼」を押す。
手順4. 現れた設定画面で「昇順」を選択する。
手順5. 下のフィルターの「5」のチェックを外し、「OK」を押す。

このように不要なデータを非表示にすることができる。

フィルターで抽出した表のコピー

フィルターを使って非表示にした部分を取り除いたデータは、そのまま範囲選択してコピーし、別のシートに貼り付けると、表示された部分を取り出すことができる。

データを並び替える

ここでは「質問1」を昇順（123、ABC、あいうえおの順）に並びかえる方法を説明する。これにより、アンケートのある設問で同じ回答をした人の別に、並べ替えることができる。

手順1. セルA20～G120を範囲選択する。
　　　この場合は、表全体を選択する。
手順2. メニュー「データ」→「並べ替えとフィルター」
　　　欄の「並べ替え」を選択する。
手順3. 現れた「並べ替え」の設定画面の「最優先
　　　されるキー」で「質問1」を選択し、「順序」
　　　を「昇順」にして「OK」を押す。

複合条件で並び替える

二つ以上の項目で並べ替える、例えば「質問1」で並べ替えたままで、さらに「質問2」で並べ替える場合は、以下のように行う。

手順1～2. 上記と同じため省略。
手順3. 現れた「並べ替え」の設定画面で、
　　　「質問1」を選択する。
手順4. 左上の「レベルの追加」を押す。
手順5. 条件が増えるので、
　　　「次に優先されるキー」で「質問2」を選択し、「OK」を押す。

集計結果を作成する

アンケート結果を集計し、表を作成する方法を説明する。

・単純な集計　= countif (検索範囲, 検索条件)

手順1. セルC9に「 = COUNTIF(C$21:C$120, $B9) 」と入力。
　　　「$」の位置は、「2点取り」で確認するとよい。（6-3）
手順2. セルC9で「コピー」（Ctrl +C）を行う。
手順3. セルC9～G14で「貼り付け」（Ctrl +V）を行う。

・複合条件　= countifs(検索範囲1, 検索条件1, 検索範囲2, 検索条件2)
複合条件とは、好きな科目と所属している部活のように、二つの設問の関係を見る時に用いる。

手順1. セルC9に
　　　「 = COUNTIFS($C$21 : $C$120, $B9,
　　　　$D$21 : $D$120, C$8) 」と入力。
　　　「$」の位置が分からない場合は、「2点取り」
　　　で確認するとよい。（6-3）
手順2. セルC9で「コピー」（Ctrl +C）を行う。
手順3. セルC9～H14で「貼り付け」（Ctrl +V）を行う。

複合条件では、設問の縦横と式の「$」の位置が逆にならないよう注意すること。また列和と行和、つまり縦横それぞれの合計を求め、countif関数で求めた結果と比較して確認すること。

7. データの加工、計算

7-9. テスト結果の集計
作業内容の整理

採点表の加工

一次統計の処理方法の一例として、教員が行うテストの採点結果の集計方法を説明する。

ここでは高校、つまり科目ごとに出題採点する担当者が異なり、かつ選択科目や文理のコースの別がある状況で、テスト結果を集計することを想定して説明する。また実際に起こっている状況から、以下のような状況でデータを集計することになったものと想定して、説明を行う。

・クラスによってコースが異なる

理系と文系のように、クラスによって受講する科目が違っている。

・選択科目混在のデータを渡された

選択科目のデータをまとまった、つまり科目別に分かれていない状態で渡された。

・順番がでたらめのデータを渡された

学籍番号と点数を打ち込んだだけの、番号順になっていないデータを渡された。

データ例

以上を踏まえ、データは1クラス50人、文系1クラス、理系1クラスの計2クラス、合計100人という状況を想定し、以下6科目のデータは、以下の形式で渡されたものとする。

英語：学年全員のデータが、番号の順関係なく入力されている

社会：文系クラスのみ受講

理科：理系クラスのみ受講

選択：音楽、美術、書道の結果が混在している

なお、データは学籍番号、テストの点数から成り、また選択科目の結果には補足情報として受講した授業の番号が追加されているものとする。（今回の説明に不要なため、氏名などは省略している。）

採点表の作成

受講者リストに基づいて、記されたテストの結果を科目別に集計するには、以下の関数を使う。

・科目別に分類する

科目番号に従って、結果を科目別に配置することができる。

= if(条件, 条件に合う場合, それ以外の場合)

・学籍番号順に並べなおす

学籍番号の一覧に合わせて、受講者リスト順のテストの結果を並べ直すことができる。

= vlookup(検索値, 範囲, 列番号, FALSE)

検索値：学籍番号

範囲 ：生徒の学籍番号、名前、テストの点数の一覧（全科目）

列番号：検索条件に合った場合に、選択した範囲の何列目を示すか

FALSE：本書の使い方に限れば、そのように入力する、とだけ覚えておけばよい

・「#N/A」を取り除く方法

vlookup 関数では該当する値が無い場合、「#N/A」と表示される。これは「 Not Available 」の略である。これがあると平均点の計算などができないため、以下の方法で取り除く必要がある。

= iferror(数値があるセル, "")

「""」と入力しないと、「#N/A」が「 0 」に変換されるため、計算結果がおかしくなる。

- 142 -

Excel で行う方法
一括のデータを科目別に分類する
　この場合は、学生の学籍番号やテストの点数と一緒に受講している科目番号（音楽1、美術2、書道3）が記されていること、上部の項目の下に科目番号が記されていることを前提にする。

手順1. セル C11 に「 = IF($G11=C$9, $F11, "") 」と入力。
手順2. セル C11 でコピー（Ctrl +C）を行う。
手順3. セル C11〜E110 で貼り付け（Ctrl +V）を行う。
　これで3科目の結果を、科目別に分けることができる。

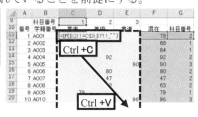

Excel 上のデータの配置
　データを以下のように配置する。（画像は、一部を抜粋したものである。）
　ここでは計算の簡略化、つまり一つの式の入力とその複製で計算を済ませるため、学籍番号とテストの結果が隣にある状態から、学籍番号とテストの結果に分けて並べ直してある。
　列 L より右が再配置前のもので、英語、理科、社会の順に学籍番号と点数に分けて並べてある。

　5-5 の「ウィンドウ枠の固定」を使い、科目名（縦10行）や学籍番号（横B列）が常に表示されるようにしておくとよい。

学籍番号で並びなおす
　学籍番号とテストの点数の別に分けたことで、一つの計算式を複製すれば済む。

手順1. セル H11 に「 = VLOOKUP($G11, L$11 : O$110, 4, FALSE) 」と入力する。
手順2. セル H11 でコピー（Ctrl +C）を行う。
手順3. セル H11〜J110 で貼り付け（Ctrl +V）を行う。

「#N/A」を取り除く
手順1. セル C11 に「 = IFERROR(H11, "") 」と入力する。
手順2. セル C11 でコピー（Ctrl +C）を行う。
手順3. セル C11〜E110 で貼り付け（Ctrl +V）を行う。

　なお、データ上部に設けた余白に合計（SUM）、データ数（COUNT）を計算することで、データの入力ミスや計算ミスを探しやすくできる。

7. データの加工、計算

7-10. 偏差値の計算方法　考え方

1. テストが返却された時にしたことを思い出す

説明する相手と目的の確認

　　偏差値の計算方法を説明する。**1-7〜1-10** の例と重複しているが、あちらは文書の例を示すことを優先した説明であったのに対し、ここでは Excel で計算する方法を説明する。なお、計算を苦手とする人が計算できるようになることを優先するため、統計学的な厳密さが損なわれていると指摘することが可能な説明になっている。そのような説明が必要な人は、各自で補足してほしい。

偏差値の計算式の確認

　　n 人のクラスにいるある生徒（i 番目とする）のテストの点数を x_i、そのテストの平均点を $\bar{x}$ で表すことにする。すると、ある生徒のテストの結果を偏差値に変換する計算式は、以下のように表せる。

$$50 + 10 \times (x_i - \bar{x}) \div \sqrt{\frac{1}{n}\sum_{i=1}^{n}(x_i - \bar{x})^2}$$

　　これを見ただけで、嫌になる人もいるであろう。そこで昔のことを思い出しながら、以下の説明を読み、作業内容を確認してほしい。

　　なお、以下の「作業」の右に付いている番号は、**7-11** で説明する、Excel を使って行う作業の番号である。

2.「真ん中」を計算してみる

作業1：平均点の計算

　　小学校高学年あたりからであろうか、テストを生徒に返却した後、教員が平均点 $\bar{x}$ を発表するようになったはずである。

　　この「平均点」とは、クラス全員のテストの結果の**「真ん中」**であり、この値は「全体の傾向」、つまりクラスの「でき具合」を「代表する値」として使われる。このような値のことを**「標準」**(Standard) という。

　　この平均点の計算式を、統計学の教科書でよくされる表記（式の左辺）と、生徒 A, B, C の三人の例（式の右辺）で示すと、以下のようになる。

$$\bar{x} = \frac{1}{n}\sum_{i=1}^{n}x_i = \frac{x_A + x_B + x_C}{3}$$

　　この式を「和訳」すると、**「点数を全員分足して、人数で割る」**（全部足して、頭数で割る）になる。

作業2：平均点を聞いてからとった行動は？

　　この平均点 $\bar{x}$ を聞いたら、自己評価や弁護のため、自然と以下の計算をしていたはずである。

$$x_i - \bar{x}$$

　　この値を**「偏差」**という。自分の点数が平均点より上なら偏差はプラス、下ならマイナスになる。

確認1：テストの平均点は毎回異なるが、他に異なるのは？

　　テストの平均点が毎回発表されるのは、行われるテストによって毎回平均点が異なるからである。同じように、「偏差」つまり平均点からの散らばり方も異なり、平均点近くに集まっていることもあれば、0〜100 点の間に広く散らばっていることもあり、また散らばり方も同じではないはずである。

- 144 -

偏差値の計算方法 考え方 **7-10**

確認2：「偏差」の真ん中（標準）は？

そこで、「偏差」の真ん中（標準）を計算してみる。平均点の計算と同じ、「全部足して、頭数で割る」という方法で「偏差」の真ん中（標準）を求めると、以下のようになる。

$$\frac{1}{n}\sum_{i=1}^{n}(x_i-\bar{x})$$

この計算を3人の例で行ってみると、以下のようになる。

$$\frac{(x_A-\bar{x})+(x_B-\bar{x})+(x_C-\bar{x})}{3}=\frac{x_A+x_B+x_C}{3}-\frac{3}{3}\bar{x}=\frac{x_A+x_B+x_C}{3}-\bar{x}$$

すると、一番右の式の左側の部分と**左ページ**の平均点$\bar{x}$の計算が、同じであることが分かる。

$$\frac{x_A+x_B+x_C}{3}-\bar{x}=\frac{x_A+x_B+x_C}{3}-\frac{x_A+x_B+x_C}{3}=0$$

このことから、**この計算結果は常にゼロになる**ので、「標準」として使えないことが分かる。

3. 計算方法を改良する

作業3〜6：中学の数学を使った工夫

確認3の結果がゼロになる問題は、「偏差」が平均点との大小を正負で表しており、それらが相殺されることによって生じている。そこで、値の負を正に変換して、正負の違いをなくしてしまう。ここでは自乗（2乗、同じものをかける）することで、負の値を正に変換してしまう方法を採る。

この「偏差の自乗」で「全部足して、頭数で割る」を行う。（補足：この値を「分散」という。）

$$\frac{1}{n}\sum_{i=1}^{n}(x_i-\bar{x})^2=\frac{(x_A-\bar{x})^2+(x_B-\bar{x})^2+(x_C-\bar{x})^2}{3}$$

この値から自乗の効果を取り除くため、平方根を求めれば「偏差」の真ん中、「標準偏差」になる。

$$\sqrt{\frac{1}{n}\sum_{i=1}^{n}(x_i-\bar{x})^2}=\sqrt{\frac{(x_A-\bar{x})^2+(x_B-\bar{x})^2+(x_C-\bar{x})^2}{3}}$$

作業7：要するに「比」を求める（標準化の作業）

以上の結果を踏まえ、初めに記した偏差値の計算を説明すると、以下のようになる。

$$(x_i-\bar{x})\div\sqrt{\frac{1}{n}\sum_{i=1}^{n}(x_i-\bar{x})^2}=\frac{ある生徒の偏差}{標準偏差}$$

つまり、ある生徒の偏差（平均点との差）を標準偏差（全体の平均的、標準的な偏差）で割った「比」を求めたことになる。（補足：この値は「標準化変量」、「Zスコア」などと呼ばれている。）

作業8：直感的に変換すると「偏差値」になる

この「比」の値は統計学を使う人には当たり前のものでも、生徒には分かりにくい。そこで100点満点のテストの結果に近い表現をするため、10かけて50足し、偏差値にするのである。

$$50+10\times(x_i-\bar{x})\div\sqrt{\frac{1}{n}\sum_{i=1}^{n}(x_i-\bar{x})^2}=50+10\times\frac{ある生徒の偏差}{標準偏差}$$

1. 説明
2. 道具(PC)
3. 情報管理
4. 図
5. Excel操作
6. 計算の基本
7. データ処理
8. グラフ
9. Word操作
10. 表加工
11. 文書設定
12. スライド
13. 印刷

1. 加工の目的
2. 作業の確認
3. データの抽出
4. データの加工
5. 比較計算1
6. 比較計算2
7. 幾何・平均
8. アンケート
9. 結果の集計
10. 偏差値1
11. 偏差値2

7. データの加工、計算

7-11. 偏差値の計算方法　計算手順

Excel で計算する方法

作業内容の確認

　偏差値の計算の説明は、以下のシートのように配置した例を使って行う。ここでは、画像の隠れた部分を含め、計 100 人分のデータが存在するものとして説明する。

　なお、ここで示す計算方法は、このままでも 100 人以下の計算が可能である。また欠席者や非受講者のセルを空白にするだけで、頭数から外してくれるようになっている。

　テストの点数が 1 科目、100 人分、セル C11 から C110 まで入っていることを想定して説明する。

	A	B	C	D	E	F	G	H	I	J	K	L	M	N	O	P	Q
1		作業1:平均				作業2:偏差			作業3:偏差の二乗			作業4:偏差の二乗の総和を引用					
2												総和 =I8					
3												作業5:作業4の結果を人数で割る					
4												分散 =L2/C7					
5		平均	=C8/C7									作業6:標準偏差(作業5の結果の平方根)					
6												標準偏差 =L4^(1/2)					
7		人数	=COUNT(C11:C110)														
8		合計	=SUM(C11:C110)		合計	=SUM(F11:F110)		合計	=SUM(I11:I110)		作業7:			作業8:偏差値換算			
9												偏差÷標準偏差		標準偏差×10+50			
10	番号	学籍番号	英語			点数			点数			点数		点数			
11	1	A001	64			=C11-C$5			=F11^2			=F11/L$6		=L11*10+50			
12	2	A002	95														
13	3	A003	78														
14	4	A004	90														
15	5	A005	85														

Ctrl +C　Ctrl +V

作業1. 前提:平均点の計算

手順	入力する式
手順1. 合計の計算:「SUM」で計算する。	セル C8 = SUM(C11 : C110)
手順2. 人数の計算:「COUNT」で計算する。	セル C7 = COUNT(C11 : C110)
手順3. 合計を人数で割る。	セル C5 = C8 / C7

　手順 2 には、手順 1 の「数式バー」にある式そのものを範囲選択してコピーし、文字としてセル「C7」に貼り付け、「SUM」を「COUNT」に書き換えるという方法もある。**(5-10)**

作業2.「偏差」の計算(人数分、科目分)

手順	入力する式
手順1. 一番上の生徒の「偏差」を計算する。	セル F11 = C11 - C$5
手順2. 手順1の計算を、全員分行う。	セル F11 をコピー(Ctrl +C)
	セル F11~F110 を範囲選択し、貼り付け(Ctrl +V)

　絶対参照「 $ 」は、縦は平均を常に引用するので必要、横は科目別なので不要である。

　セル C8 をセル F8 に複製すると偏差の合計が計算でき、作業を正しく行えていればゼロになる。

作業3.「偏差」の自乗の計算(人数分、科目分)

手順	入力する式
手順1. 一番上の生徒の「偏差」を自乗する。	セル I11 = F11 ^ 2
手順2. 手順1の計算を全員分行う。	セル I11 をコピー(Ctrl +C)
手順3. 合計を人数で割る。	セル I11~I110 を範囲選択し、貼り付け(Ctrl +V)

- 146 -

偏差値の計算方法　計算手順　　7-11

作業4.「偏差」の自乗の合計の計算

手順	入力する式
手順1. 合計の計算式を複製する。	セル C8 をコピー（Ctrl +C）、セル I8 に貼り付け（Ctrl +V）
手順2. セル L2 でセル I8 を引用する。	セル L2 = I8

　合計の計算は縦8行目に揃え、一つの式の入力とその複製で済むようにしてある。

作業5. 手順4の結果を人数で割る

手順. セル L4 = L2 / C7

作業6. 標準偏差（「偏差」の自乗の合計の平方根）の計算

手順. セル L6 = L4 ^（1/2）

　乗根の割り算、「 1/2 」を丸括弧 （ ） で囲むことを忘れないよう。

作業7. 各科目、各自の「偏差」と「標準偏差」の割り算（標準化）

手順	入力する式
手順1. 一番上の生徒の偏差を「標準偏差」で割る。	セル L11 = F11 / L$6
手順2. 手順1の計算を全員分行う。	セル L11 をコピー（Ctrl +C）
	セル L11〜L110 を範囲選択し、貼り付け（Ctrl +V）

作業8. 偏差値への変換（人数分、科目分）

手順	入力する式
手順1. 作業7の値に10をかけ、50を足す。	セル O11 = L11 * 10 + 50
手順2. 手順1の計算を全点数に移す。	セル O11 をコピー（Ctrl +C）
	セル O11〜O110 を範囲選択し、貼り付け（Ctrl +V）

　セル C5 をセル O5 に複製すると偏差値の平均が計算でき、作業が正しく行えていれば50になる。

　なお、作業2、3、7、8の手順2は全て後回しにし、最後にまとめて行うこともできる。

手順2（合）. セル F11〜O11 をコピー（Ctrl +C）、セル F11〜O110 を範囲選択し、貼り付け（Ctrl +V）

　画像では、セル P11 まで選択しているが、これはセル O11 に入力した式を見やすくするためである。

補足：関数を使った偏差値の計算

　計算するだけなら、3つの関数（AVERAGE、STDEVP、STANDARDIZE）が使えればよい。

　しかし、この方法では計算の意味が分からなくても、偏差値の計算ができてしまう。このことから、本書の方針に合わないため、紹介に留めることにする。

手順	入力する式
手順1. 平均点を計算する。	= AVERAGE（ 全員のテストの結果 ）
手順2. 標準偏差を計算する。	= STDEVP（ 全員のテストの結果 ）
手順3. 各生徒の標準化変量（Zスコア）を計算する。	= STANDARDIZE（ 1番目の各生徒のテスト
1番目の生徒の式を入力して全員に貼り付ける。	の点数 , 平均点 , 標準偏差 ）
手順4. 手順3の結果を偏差値に変換する。	上記、作業8を参照。

- 147 -

8. グラフの作成
8-1. グラフの特徴
グラフを作成する目的
グラフを作成する理由

　グラフを用いるのは、図化することにより「分かりやすくなる」からである。グラフの作成は、パソコンが普及するまでは手間と時間のかかるものであった。そのため試しに作成してみるということは困難であった。

　しかし今日では、パソコンを使えば簡単にグラフを作成することができる。そのため、とにかく作成してみて使用するものを選別するといった使い方ができるようになった。この状況を利用し、図や表と同じく二種類のグラフを作成することを勧める。**(4章、10章)**

・**理解用のグラフ**

　理解用のグラフは名前の通り、ある事象の様々な性質を、まず自分が理解するために作成する。このようなグラフを作成する際は元のデータを単にグラフ化するだけでなく、**7章**の作業で求めた指数、変化率、構成比などの値でも作成し、比較することを勧める。そのためにはグラフを簡単に作成できるように、データを加工しておく必要がある。またこの場合のグラフは自分が理解できればよい。そのため最低の手間で作成すればよく、必要でなければ設定をいじる必要もない。

・**説明用のグラフ**

　説明用のグラフは、人に何らかの性質を説明するために作成する。説明に必要なグラフは理解用のグラフの中から選ぶ場合と、最初から使うつもりで作成する場合があろう。いずれにせよ、文書や資料に埋め込むことを想定し、見た際に分かりやすいようにグラフの形式を整える必要がある。

　もちろん、図と同じく「説明する」ための補足資料でしかない。そのため、せっかく作成しても説明に合わないのならば、説明の妨げにならないよう削除する必要がある。そのため、グラフの作成にかかる負担を極力少なくして、作業ができるようになっておく必要がある。

グラフの欠点、危険性

　グラフの欠点は、分かりやすくするという利点の裏返しである。グラフにすることにより、示せる情報は限られてしまう。また表現方法によって相手に与える印象が変化する。つまり印象操作が可能である。例えば、以下は同じ経済成長つまり変化を、指数（左）と変化率（右）の二つで示したものである。この二つのグラフからは、全く異なる印象を受けるはずである。

指数（2000年＝100）

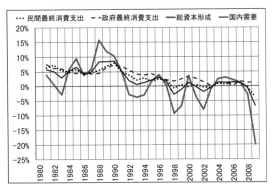
成長率（前年比の変化率）

グラフの特徴　　8-1

グラフ作成の作業の流れ

グラフ作成の作業手順

グラフは、以下の手順で作成する。

1. 事前準備

グラフを作成するために必要なデータに加工する。本章ではグラフの作成方法を説明する例として、**7章**の作業で作成した表を用いる。

また度数分布表（ヒストグラム）に変換するといった、加工作業が必要な場合もある。**(8-2)**

2. 表の加工

グラフを作成しやすくするため、表の形式を整える。

- **・表の左上を空けておく**
- **・グラフの縦軸の目盛りの桁数を減らすため、割り算や小数点以下の調整を行う**

3. グラフの作成

作成するグラフの種類を選択する。

本書では折れ線グラフ、棒グラフの二種を使うことを勧めている。なお、円グラフは二次元的な角度で示す特殊な表現なので、高さで表現する単純な棒グラフで代用することを勧める。

4. グラフの加工

本書で勧めるグラフの加工方法は、以下の通りである。

- **・三次元など、分かりにくくするだけの過剰な表現は控える**
- **・白黒印刷でも読めるように点線や模様の表現を用いる**
- **・Word に貼り付けた後は、加工しないで済むように作成する**

そのため独立したシートに作成するなど、いくつか設定変更を行う必要がある。**(8-4)**

グラフ作成用のシート、表の準備

グラフを作成する場合は、別にグラフを作成するための表を作成することを勧める。

理由は、以下の通りである。

- **・グラフの加工作業を容易にする**
- **・計算した表を、そのまま残しておく**

この場合に必要な再編集とは、グラフの作成に必要なデータを抜き出すことである。例えば計算時点よりもグラフ化する期間を短くするため、不要な部分を削除することが必要なことがある。また項目数を減らすため項目を丸ごと削除するか、「その他」にまとめるといった作業が必要なこともある。

一応、計算結果（理解用の表）をそのまま使ってグラフを作成し、加工することも可能ではある。しかし、本書で説明してきた確認、修正、再利用などの手間を考えれば、この方法は勧められない。

1. 説明
2. 道具(PC)
3. 情報管理
4. 図
5. Excel 操作
6. 計算の基本
7. データ処理
8. グラフ
9. Word 操作
10. 表加工
11. 文書設定
12. スライド
13. 印刷

1. Word 印刷
2. PPT 印刷
3. Excel 印刷
4. PDF 変換

8. グラフの作成

8-2. グラフの作成手順
グラフ作成用のデータ

桁、表記の調整

7章で作成した表を用いる際は引用して別表を作成し、その表を用いて以下の調整を行う。

・桁の調整

単位を（千、万、百万）などで表記するよう割り算をして桁を減らし、グラフの縦軸のゼロの数が少なくなるようにする。

・表記の調整

表の小数点の表記を最小限、可能なら整数にし、グラフの縦軸の表記に反映されても問題ないようにしておく。

度数分布表の作成

度数分布表とは、ある項目に該当する、あるいはある区間内に収まっているデータの数を、表にまとめたものである。例えば、アンケートの項目別の回答人数や、テストを 10 点区切りで分類した人数などを表にしたものである。この場合の作成方法は、以下のように二つに分かれる。

・区間を設けない値の集計（例：選択肢に対する回答の分布）（7-8）

= countif（ 検索範囲， 検索条件 ）

アンケート調査の集計に用いる。回答項目が数値でないものにも用いることができる。

・区間を設けた値の集計（例：点数の分布）

= frequency（ 検索範囲， 区間 ）

例えば、テストの点数を 10 点区切りにする、身長を 10cm 区切りで表に加工することができる。

frequency 関数の操作

frequency 関数を用いる場合、式の入力には、以下のようなコツがいる。

・範囲指定を初めにし、最後までその範囲を変えないこと

度数分布表を作成する際、表の値つまり該当者数を全て範囲選択する。

通常ならばセルごとに計算するが、この場合は範囲内を一括で設定する必要がある。

ここでは 100 人分のテストの結果の左側に、10 点刻みの度数分布表を設ける方法を説明する。

（7-9 英語のテストの結果を、セル「G11~G110」に貼り付けて使用する。）

手順1. セル「C11～C20」を範囲選択する。

範囲選択の際、最初に指定したセル C11 が白くなる。

手順2. そのまま範囲選択を変えずに、

「 ＝FREQUENCY（ G11：G110, A11：A20 ）」と入力する。

範囲選択された内、白いセル C11 に式が書かれる。

手順3. 入力が終わったら「Ctrl+Shift +Enter」を押す。

うまくできない時は、結果的に早く、楽にできるので、手順 1 の範囲選択からやり直すことを勧める。

また消す場合は、全て（セル C11～C20）範囲選択してから「Delete」キーを押し、一括で消すこと。範囲指定した箇所の一部だけを変更することはできず、一部のセルだけ消そうとすると「設定の一部を変更することはできません」という説明が画面に現れる。この場合は「Ctrl +Z」では修正できないので、「OK」を押して説明を消してから、**「Esc」キーを押して、変更の命令を中止する。**

- 150 -

グラフ作成のデータ例

グラフ作成用の表の構成

グラフを作成するための表の構造は、以下のようになる。

左上：空白（**計算用の表では、必ず空けること**）
右上：項目（主に項目、標準設定ではグラフの項目）
左下：項目（主に時系列、標準設定ではグラフの横軸）
右下：データ（桁数、単位など形式は揃える）

空白	項目 （列、横）
項目 （行、縦）	データ （数値）

必要があれば、「行列の入れ替え」で配置の縦横を入れ替えること。**(7-4)**

データ例

右の表は、グラフ用のデータ例である。この表は、**7-3** の「国内総生産」のデータから国外との貿易の値を取り除き、国内の三項目を取り出して再加工したものである。また国内の三項目の合計を列Eに配置し、項目名を「国内需要」とした。

なお、**表左上のセルを空白にしておくこと**。このようにしておくと、グラフの作成が簡単になる。（セルA2）

また今回、グラフを作成するデータは全体の値である「国内需要」を除いた三項目である。（セルA2～D32）

グラフの種類

7章の表を用いて棒グラフ、折れ線グラフの二種類を作成する。
またExcelでは、これら二種のグラフを以下の形式で作成することもできる。

- 単純に値をグラフにしたもの（例：左下、折れ線グラフ）
- 「積み上げ」、累積値をグラフにしたもの（例：中央下、棒グラフ）
- 「100%積み上げ」、構成比をグラフにしたもの（例：右下、棒グラフ）

「100%積み上げ」では、自動的に構成比を求めてグラフに変換してくれる。またこの場合、高さは自動的に100%に設定される。

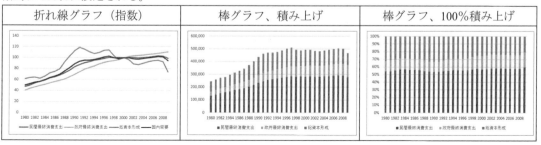

8. グラフの作成
8-3. グラフの作成
グラフの作成
作成手順

8-2 の GDP の表を使って折れ線グラフを作成することを例に、グラフの設定方法を説明する。

手順1. セル「A2～D32」を範囲選択する。(8-2)
　　　列 E のデータは合計値であるため、含めない。
手順2. メニュー「挿入」→「グラフ」欄のグラフ（縦棒、
　　　折れ線、横棒）を選択する。
手順3. 現れた一覧から折れ線グラフを選択する。

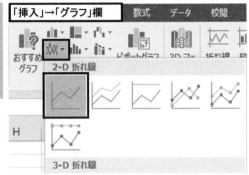

　ここでは左上の「通常」のグラフを選択する。
　他に折れ線グラフの値に点を打つ、三次元にするなどの設定も存在するが、分かりにくくするだけなので、本書では扱わない。

作成されたグラフのコピー

　作成されたグラフは、以下のように使い分けるとよい。(8-1)

・グラフを作成するデータの横に、「理解用」グラフを配置する
　「理解用」は自分しか見ないものなので、設定を変更して見やすくしなくてもよい。

・グラフを複製し、「説明用」として加工する
　「説明用」は、以下のように作成する。

手順1. 「理解用」として作成したグラフを選択する。
　　　図形を選択した場合と同じように、周囲に丸点が表示される。
手順2. 右図の状態でコピー（Ctrl +C）する。
手順3. 移動先（適当な位置のセルを指定）を選択してから
　　　貼り付け（Ctrl +V）を行う。

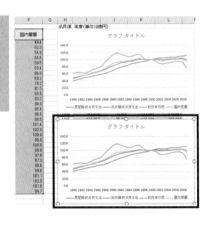

　これにより同じグラフが作成される。これを「説明用」のグラフ、Word や PowerPoint に貼り付けて説明に用いるものとして加工する。

グラフをシート化

　オブジェクト（図形）として作成されるグラフを「新しいシート」に移動する。

手順1. グラフの白地の部分、または境界線を選択する。
手順2. マウスの右ボタンを押し、現れたメニューから
　　　「グラフの移動」を選択する。
手順3. 現れた「グラフの移動」で「新しいシート」を選択し、
　　　「OK」を押す。

　なお、「新しいシート」右側の欄を使えば、グラフのシートに名前を付けることができる。
　また計算用のシートの名前と同じように、名前を変更することもできる。(5-17)
　グラフの形が横3：縦2程度で固定されるため、サイズ調整の手間を減らすことができる。

説明用グラフの加工
不要なものを削除
グラフの必要ないと思ったもの、ここではグラフタイトル（上側の項目一覧）削除する。

手順1. 不要な文字や図形を選択する。
　　　（4-3の「図形」のように選択できる。）
手順2. 「Backspace」キーまたは「Delete」キーを押す。

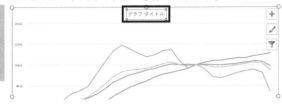

文字の大きさの変更
「新しいシート」に移動した状態では、グラフをWordに貼り付けるには文字が小さい。そこでグラフ内の文字をまとめて大きくしてしまう。

手順1. グラフ内の余白で、マウスの左ボタンを押す。グラフの全体の設定ができるようにする。
手順2. メニュー「ホーム」→「フォント」欄の「フォントサイズ」を14か24ポイント、色は黒に変更する。

　24ポイントは、11-9のようにグラフを小さくし、二つ並べて配置する場合に用いるとよい。また一行に一つのグラフだけなら14ポイント程度でよい。

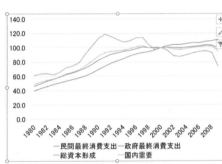

凡例をグラフ上部に移動
　グラフの凡例（項目名）は、初期設定ではグラフの下に表示される。しかし、グラフの下には統計データの出所や加工方法などを説明した注を配置するため、凡例はグラフの上側に移動しておく。

手順1. メニュー「グラフツール」→「デザイン」→「グラフのレイアウト」欄の「グラフ要素の追加」を選択する。
手順2. 現れた一覧から「凡例」から「上」を選択する。

グラフの形状を変更する
　グラフ下に補足説明が入れられるよう、グラフを上方向に縮小してシートの下部に空白を作る。

手順1. 「理解用」として作成したグラフを選択する。
手順2. グラフの周囲に現れた丸点を使って、グラフの形状を変更する。

　この場合は、下中央の丸点を使い、下に余白を設ける。
　この余白に、テキストボックスを追加して必要な説明を追加する。なお、11-10で示すように、貼り付けたグラフの下に、注を書く方法もある。

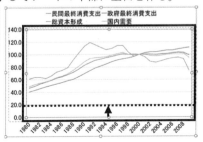

8. グラフの作成

8-4. グラフの設定変更
説明用のグラフの加工 その2

X 軸、Y 軸の追加

初期設定では、グラフに X 軸、Y 軸が表示されていないので、以下のようにして追加する。
例では縦軸のみ説明するが、横軸でも行うこと。

手順1. グラフの縦の目盛りの数値を選択する。
「縦の目盛」の値の周りに線が表示される。
手順2. メニュー「グラフツール」→「書式」→「図形のスタイル」欄の「図形の枠線」で黒を選択する。
手順3. 同じ欄で、「図形の枠線」の「太さ」で 1.5 ポイントを選択する。

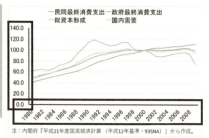

目盛り縦線の追加

初期設定では、横に目盛線が引かれているだけなので、以下のように縦にも目盛り線を追加する。

手順1. メニュー「グラフツール」→「デザイン」→「グラフのレイアウト」欄の「グラフ要素の追加」を選択する。
手順2. 現れた一覧の「目盛線」にある「第1主縦軸」を選択する。

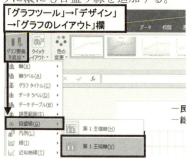

目盛線を黒線に

初期設定では目盛線は、灰色のため黒に変更する。例では横線を変更するが、縦線でも行うこと。

手順1. グラフの「目盛線」（横線）を選択する。
目盛線を選択すると、線の両側に丸が付く。
手順2. メニュー「グラフツール」→「書式」→「図形のスタイル」欄の「図形の枠線」右の▼を選択する。
手順3. 色の一覧から黒を選択する。

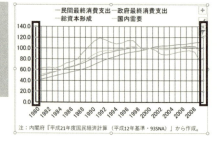

グラフの線の変更

白黒に対応させるため、まず折れ線や棒グラフの周りの線を白黒や点線に変更する。

手順1. グラフの「折れ線」の一つを選択する。
手順2. メニュー「グラフツール」→「書式」→「図形のスタイル」欄の「図形の枠線」右の▼を選択する。
手順3. 「色」、「太さ」、「実線/点線」を設定する。

線の設定を変更する方法は、図形の設定方法と同じなので省略する。（4-4）

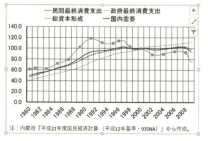

補足1：棒グラフの塗りつぶしの変更

手順1. 棒グラフの項目を選択する。
手順2. メニュー「グラフツール」→「書式」
　　　→「図形のスタイル」欄の「図形の
　　　塗りつぶし」右の▼を選択する。
手順3. 白黒印刷の場合、色の代わりに
　　　模様をつける。（4-5）
　その際、「**前景**」と「**背景**」を黒と白に
変更するのを忘れないよう。

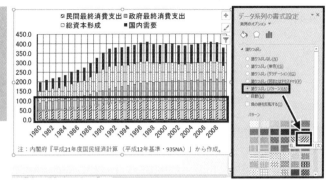

補足2：選択する回数の違い

　例えば、棒グラフの一か所をマウスの左ボタンを押すと、それが属する項目全てを選択したことになる。その一か所だけ選択したければ、もう一度マウスの左ボタンを押す必要がある。
　つまり、特定の箇所のみ設定したい場合は、その箇所で二度、マウスの左ボタンを押す必要がある。

書式設定を使ったグラフの設定

X軸の文字列の方向を変更

　X軸の目盛りや項目名は狭い場所に横書きして並べられると見づらく、時に省略されることもある。そこで表記を縦書きに変更し、見やすくまた省略されにくい表示に設定する。

手順1. X軸の項目を選択し、マウスの右ボタンを
　　　押す。
手順2. 現れた「軸の書式選択」を選択する。
手順3. 画面右に現れた「軸の書式選択」メニュー
　　　の上側右の「文字のオプション」を選択する。
手順4. 現れた「テキストボックス」欄の
　　　「文字列の方向」で「縦書き」を選択する。

Y軸の最大値、最小値、目盛の間隔の変更

　Y軸の最大値、最小値、目盛の間隔を変更し、必要な範囲のみ表示させるように調整する。

手順1. Y軸の目盛り横の数値を選択し、マウスの
　　　右ボタンを押す。
手順2. 現れた「軸の書式選択」を選択する。
手順3. 画面右に現れた「軸のオプション」の
　　　「境界値」にある、「最大値」と「最小値」に
　　　値を入力する。
　　　右の「自動」を押すと初期状態に戻る。
手順4. 「単位」の「目盛」に数値を入力する。

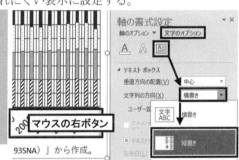

　目盛の間隔は最小値と最大値の間をきれいに割りきれるよう、かつ目盛に0が入るように設定するとよい。

9. Word 操作の基本

9-1. Word の概要

文書、資料の作成作業

「直す方法」を覚え、活用する

　文書や口頭報告用の配布資料は考え、書くだけでは作成できない。調べる、図表を加工する、編集するなどの様々な過程（工程や行程）を通して作成していくものである。そのため、時間をかけて書いたものに、頻繁に変更や修正を加えることになる。その内容は、誤字脱字の修正から構成の変更まで幅広く、いろいろな修正作業を効率よくできるようになっておく必要がある。

直せることを前提に操作し、作業の効率を上げる

　ミスを減らす必要はあるが、ミスをゼロにしようとするのはかえって効率が悪い。パソコンを使えば変更するのが簡単なため、まず書いてしまい、それを繰り返し直して、最後にミスがなくなるようにしていくことも可能である。

　このようなことから、紙で行うのとは発想を変え、以下のように作業をすることを勧める。

・文章を入力した状態を始まりとし、時間をかけて直し、「調整」していく

・そのため推敲、つまり修正作業に今まで以上に時間をかける

　つまり、ある程度は間違えること、それを後から修正することを前提に文章入力を行う。その代わり紙に書いていた時よりも、推敲に多くの時間をかけることになる。

　また推敲の作業では、誤字脱字の修正だけでなく、意味が通っているか、文体は統一されているかなどより俯瞰的、多面的にチェックを行う必要がある。

復旧できるよう用意する(3-3)

　操作ミス、間違いによるデータの消失、具体的には誤操作の後に上書き保存してしまう、ファイルを誤って廃棄してしまうことが起こりうる。そこで前のファイルを保管しておいて、消失しても復旧ができるように備えておく。

　またパソコンのハードディスクや OS が壊れ、パソコン内にしかデータを保管していなければ、失われてしまうこともある。そこで別の記憶媒体 (外付ハードディスク、USB フラッシュメモリーなど) に予備のファイルを複製し、保管しておくことが必要になる。

効率よく編集する(9-12)

　編集作業で、段落やページレベルの大幅な移動や削除はしてもおかしくないことである。

　そのため、以下の操作を効率よくできるようになっておく必要がある。

・一文字から全文まで、各種の範囲選択

・移動(切り取り、貼り付け)と複製(コピー、貼り付け)

・削除

原稿用紙と Word の違い

作業内容の変化、作業量の増加

　大学入学以降は、Microsoft Word（以下、Word）などワープロソフトを使う機会が増える。むしろ、書かなければならない文章量の増加、形式の遵守、清書の必要性などから、いやでも使わなければならなくなる。しかし、従来の手書きの発想で Word を使っても非効率的なので、まずは「書く発想」そのものを変えることを勧める。

文章を「直す」作業が増える

　大学受験以前は、決められた時間内に紙に手書きするというきつい制約から、誤字脱字の修正と多少の表現を直す程度の訂正しかできなかった。一方、論文などの文書は時間をかけて作成するものであり、書いている最中に大幅な修正や変更を行うものである。つまり、文書を作成する場合はいったん書き終えたところからが大事で、加工や編集に多くの時間を割くことになる。つまり、文書を書く場合は、「提出時点まで改良を続ける」ことが重要な作業になる。

　このような文書を作成するのに、Word などのワープロソフトを用いるのは直す、編集するのに向いているからであり、以下の操作方法を活用することを勧める。

・「Ctrl +S」（保存）

　　作業の結果が残るよう、小まめに「Ctrl +S」（保存）を押す習慣をつけるようにする。

　　漢字変換を終わらすために「Enter」キーを押した後、反射的に「Ctrl +S」も押すくらいでよい。

・「Ctrl +Z」（元に戻す）

　　操作ミスで生じた問題は、操作で直そうとすると収拾がつかなくなりやすい。

　　そこで直そうとせずに、「元に戻す」（Ctrl +Z）で戻すことを勧める。

　　また表現を変えてみるなど、いろいろ試すために「元に戻す」を活用することも勧める。

・ページ送り（9-3）

　　加工、編集のため、作業をするページに素早く移動できるようにする。

・範囲選択（9-12）

　　単語、文、段落など色々な範囲を適切に選択できるようにする。

・移動、複製（9-12）

　　段落ごと移動する、別のファイルに複製するなど、書いた文は有効利用できるようにしておく。

・削除（「Backspace」キー、「Delete」キー）

　　削除を行うための二つのキーには、以下のような違いがある。

　　　　「Backspace」キー　　文字入力位置を示す線の、手前の文字を消す

　　　　「Delete」キー　　　　文字入力位置を示す線の、直後の文字を消す

　　文字単位で消すだけではなく、文や段落を範囲選択してからまとめて削除（「Backspace」キー、「Delete」キー）すると、効率よく作業ができる。

9. Word 操作の基本

9-2. Word の設定
Word で作業する前の確認事項

Word の設定の確認

Word を使う際は、長時間の作業をしても目や体が疲れにくいように、環境を整えることが重要である。そこで、まず以下の設定をしておくことを勧める。(2-2)

・全画面モードの活用(9-3)

画面右上の「最大化」のボタンを押し、全画面で作業を行えるように設定する。

・「ルーラ」の表示(9-10)

一行の文字数の把握や Tab を使った編集で役に立つので、「ルーラ」を最初から表示させておく。

「ルーラ」は Word の初期設定では表示されていないので、表示するように設定をする必要がある。なお、一度設定すれば以降も表示されるはずである。

・「編集記号」の表示(9-10)

空白(「□」全角スペースと「・」半角スペース)、「→」Tab、改ページなど、文字を配置するための「編集記号」がある。これらが画面に表示されるように設定する。

表示サイズの変更を活用する

Word ではその時点で行う作業に合わせ、表示サイズを変えることを勧める。原稿用紙と異なり誤字脱字、表現など文字レベルの修正だけでなく、編集レベルの修正(段落レベル以上の削除、追加、入れ替え)も画面上で行うことがあるからである。

そこで以下のように、表示サイズを臨機応変に使い分けるようにするとよい。

・文字を書くサイズ 「ページ幅を基準に表示」

今読んでいる一行、一文に集中しやすくするため、表示を大きくする。

・読むサイズ、構成を把握するサイズ(「Ctrl +マウスのホイール」、ズーム機能で調整)

誤字脱字探しのためか、斜め読みで概要を把握するためか、目的によって適切なサイズは異なるので、行う作業に合わせて調整できるようにしておく。

・レイアウトと文書全体の把握(「複数ページ」と「Ctrl +マウスのホイール」を組み合わせる)

この作業は、印刷して紙の上で行うことを勧めたい。ただ、毎回印刷する訳にもいかないので、レイアウトを大まかに把握する場合は、文字が読めなくてもよいので見開きで表示するなど工夫し、使い分けるようにするとよい。

・「複数ページ」で画面幅いっぱいまで拡大する

ワイド画面の場合は、左右が長くなるので幅いっぱいに表示すると、縦方向は 1 ページ表示することはできなくなる。しかし以下の「ナビゲーションウィンドウ」も表示すると、縦も 1 ページに収まるようになるはずである。

・文章の区切りを把握するため、「ナビゲーションウィンドウ」を表示させる

「ナビゲーションウィンドウ」と「スタイル」を組み合わせることで見出し、小見出しの一覧を Word の作業画面左に表示することができる。(11-4)

なお、「ナビゲーションウィンドウ」は、標準設定では表示されるようになっている。表示されていない場合は「Ctrl +F」を押し、Word 作業画面左に現れた「ナビゲーション」左上の「見出し」を押して表示させる。

Wordの「余計なお世話」対策
「オートコレクト」されたことを「元に戻す」方法
　Wordの機能の内、作業に支障をきたす機能を取り消す、または停止する方法を説明する。
　例えば、箇条書きの点を付ける、番号を振る、カッコの開きと閉じの形を合わせるなどを、自動的に行う機能が付いている。しかし、この機能が勝手なこと、余計なことをしてしまうために怒りを感じることも多い。この場合は操作で直そうとせず、「元に戻す」（Ctrl +Z）を使うとよい。

手順．設定がされた直後に、「Ctrl +Z」（元に戻す）を一度だけ押す。
　すると、「オートコレクト」が勝手に変更した箇所だけが訂正される。
　また「オートコレクト」が働いた直後は、その箇所の左側に ▼ が表示される。これを選択すると、「オートコレクト」機能の設定画面を表示させ、設定を変更することができる。

補足：「オートコレクト」の機能の変更
　「オートコレクト」機能を止めてしまうには、以下のように設定を変更すればよい。

手順1．Wordの画面左上にある**メニュー「ファイル」→「オプション」→「文章校正」→「オートコレクトのオプション」**を選択する。
　「オートコレクト」の設定画面が現れる。
手順2．上部の「**入力オートフォーマット**」を選択し、「入力中に自動で書式設定する項目」の二つの「箇条書き」からチェックを外す。

「Insert」キーの押し間違い、「上書きモード」の取り消し
　「Insert」キーは削除（「Backspace」キー、「Delete」キー）の近くにあり、知らずに押してしまうことがある。この「Insert」キーを押してしまうと文章入力が「上書きモード」になり、既に書かれた文字に重ね書きをして、消してしまう設定になる。
　この設定を元に戻すには、もう一度「Insert」キーを押し、「上書きモード」を解除する。

標準フォント（字体）の変更
　Office2016から「游明朝」、「游ゴシック」が標準フォント（字体）になった。（これらの標準フォントを変更する方法は、**9-7**を参照。）
　これに対し、本書では以下のフォントの利用を勧めている。
- **日本語用**　　MS 明朝
- **英数字用**　　Times New Roman

また「見出し」等で用いるゴシック体は、「**MS P ゴシック**」を用いるとよい。
　これは Times New Roman が文書で用いるのに適していること、それに日本語を合わせると昔のOfficeの標準であった MS 明朝、**MS P ゴシック**を使うのが向いていることによる。
　これを設定する方法は「スタイル」で行う。(**9-7、11-4**)
　また設定したファイルをテンプレート（ひな形）にすると、以降は設定する必要がなくなる。(**9-8**)

9. Word 操作の基本
9-3. ファイルの表示とページ送り
原稿の表示サイズ
表示サイズと作業効率
原稿を画面に表示できるサイズは、使用するパソコンの画面サイズや解像度などに依存する。そこで、ここでは共通事項を説明する。

・**長時間の作業でも疲れにくく、姿勢を悪くしないようにする**
　　文字が小さいと目が疲れるし、前のめりになりやすい。そこで、姿勢を正すなど、長期間作業に耐えられる環境を整えることが、作業をする上で重要になる。(2-2)

・**「最大化」を用い、画面いっぱいに広げるように表示する**
　　Word の作業画面の右上にある「最大化」を使い、作業領域を広くとる。

表示サイズの変更方法
表示サイズの変更は、以下の操作で行う。

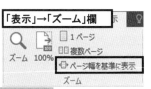

> **手順.** メニュー「表示」→「ズーム」欄にある「ページ幅を基準に表示」を押す。

また臨機応変にサイズを調整したい場合は、以下の操作を行う。

> **手順.**「Ctrl +マウスのホイール」を押す。（以下の説明とは、逆に働くこともある。）
> ・「Ctrl」をおさえて上から下に回す　→　サイズ縮小
> ・「Ctrl」をおさえて下から上に回す　→　サイズ拡大

なお、Word の作業画面右下の拡大・縮小メニューの上にカーソル（マウスの矢印）を重ねている時は、マウス中央にある「ホイール」を回すだけで拡大・縮小ができる。(5-2 右)

「ページ幅を基準に表示」　　　　　　　　「複数ページ」(見開き表示)

 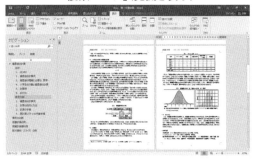

表示サイズの使い分け
当然、文字が読みやすい画面サイズは大きく、紙全体を表示する画面サイズは小さく表示される。そこで、2つの表示方法を使い分けることを勧める。

1. 執筆段階（文字入力、誤字脱字の推敲）は、「ページ幅を基準に表示」で表示する
　　文章の入力、書き出し段階の誤字脱字や文章の修正の時は、文字をなるべく大きく表示する。

2. 推敲、編集段階では、「複数ページ」で表示する
　　画面の大きさ（解像度）によって異なるが、「複数ページ」で表示しても文字が読める場合は、推敲にも活用すること。ただし、推敲作業は基本的に印刷した紙の上で行うことを勧める。

ページ送り(スクロール)

ページ送りに慣れる

文書はただ書くものではなく、書いた後に時間をかけて推敲、編集するものである。そのため、数十ページの長文から、変更したい部分をすばやく表示できるようにする必要がある。

そのためには、以下にあげるページ送りの方法を使い分けられるようになることを勧める。

また、この「ページ送り」と「範囲選択」(**9-12**)を組み合わせると、効率よく範囲選択ができる。

マウスのホイールを使う(短く移動する場合)

近くのページを表示する場合は、マウスの中央にあるホイールを使う。

> 手順．マウスの中央にある、ホイールを回す。(設定によって、逆もある。)
> ・上から下に回す → ページを送る
> ・下から上に回す → ページを戻す

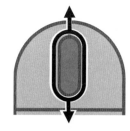

ホイールを使うと、基本設定では3行程度ずつページ送り、戻しができる。

スクロールバーを使う(長く移動する場合)

スクロールバーの長さと位置は、全ページの内、画面に表示された分の相対的な長さと位置を示している。右下の例は、三画面分(3ページ分)の原稿の中央部分が表示されている。

このようにバーの長さと位置を見れば、だいたいの表示位置と文章の全体量が推測できる。

スクロールバーを使ったページ送りの方法は、以下の二種類である。

1．スクロールバーを動かす

スクロールバーを動かすと、その分だけ表示箇所を移動する。

> 手順1．スクロールバーにカーソル(マウスの矢印)を重ね、マウスの左ボタンをおさえる。
> 手順2．そのまま、カーソルを上か下に移動する。

移動距離の微調整が可能であり、操作中には移動先のページ番号が表示される。

2．スクロールバーの隙間でマウスの左ボタンを押す

スクロールバーの上下にある隙間でマウスの左ボタンを押すと、押すたびに画面に表示されているだけ移動する。

> 手順1．バーの隙間(バーがない箇所)にカーソルを重ねる。
> 手順2．マウスの左ボタンを押す。
> 補足．マウスの左ボタンを押しっぱなしにすることにより、移動の操作を連続で行うことができる。ただしカーソルと移動したバーが重なった時点で止まってしまう。

「Page Up」キー、「Page Down」キーを使う

キーボードの右側にある「Page Up」キー、または「Page Down」キーを押すと、表示されている一画面分相当のページ送りをしてくれる。(**この方法だと範囲選択がしにくい、9-12**)

補足．**左**ページの「複数ページ」を表示する方法と組み合わせると、ページをめくるように表示を切り替えることができるようになる。

9. Word 操作の基本
9-4. 用紙の構造
用紙と文字数、行数

原稿用紙の発想と現状対処（文字数、行数）

　日本語で編集する場合は、元になる文章を原稿用紙に書くことを前提にしてきた。そのため今日でも、文書を作成する際は文字数と行数が条件として、規定などで提示されることが多い。携帯メールや Web ページに慣れていると実感がわきにくいが、このような条件に合わせられるよう文字数、行数だけでなく、紙のサイズ、文字を書く方向、余白の大きさなども設定できるようになっておく必要がある。(9-5、11-2)

Word 原稿の基本

　Word の作業画面と用紙の初期設定は、以下のようになっている。

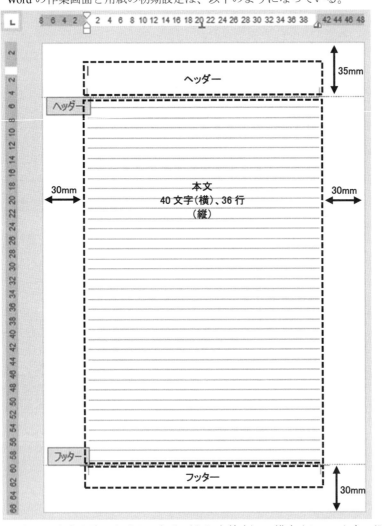

用紙サイズA4
横書き

文字数 40（横）
行数 36（縦）

余白 30mm
上のみ 35mm
（ページ設定、9-5）

　つまり、余白を除いた残りの部分（上記点線内）の横方向に 40 文字、縦方向に 36 行、配置するように調整がされている。ただし文字数、行数は厳密に保持されるわけではない。
　なお、上図は説明を分かりやすくするため、「グリッド線」を表示してある。(9-5)

ヘッダーとフッター

ヘッダーとフッターの追加

　用紙の上部余白にヘッダー（頭、header）、下部余白にフッター（脚、footer）という領域が設けられている。このヘッダー（ページ上部）とフッター（ページ下部）の欄に書いた文字は基本、全ページに表示される。つまり文章の上と下の隙間に、全ページ共通の補足事項を記入することができる。
　この設定はページ番号を振る他、以下の事項を記入するのに適している。（11-3）
・レジュメの頭（報告タイトル、報告日、報告者名など）
・レポートの頭（受講科目名、タイトル、作成者名など）
　これらを記入する場合は、以下のように操作する。

手順1．画面上の用紙の上部で、マウスの左ボタンをダブルクリック（すばやく2回押す）する。
手順2．文章を入力し、「文字揃え」や「Tab」を使って配置を調整する。（9-11）

ヘッダーとフッターの設定画面を閉じる

　本文の作成作業に戻るには、ヘッダーとフッターの作業画面を閉じる必要がある。

手順．ヘッダーとフッターの領域以外、つまり本文の領域でマウスの左ボタンをダブルクリックする。
　または、メニュー「ヘッダー／フッター ツール」→「デザイン」→「閉じる」欄の「ヘッダーとフッターを閉じる」を押すのでもよい。

ヘッダーとフッターの位置調整

　ヘッダーやフッターの位置調整は、以下のように行う。

手順1．ヘッダーかフッターの位置をダブルクリックする。
　　すると、「ヘッダー／フッター」のメニューが現れる。
手順2．メニュー「ヘッダー／フッター ツール」→「デザイン」
　　→「位置」欄の「～位置」の数字を変更する。

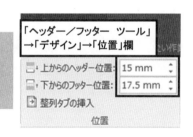

ヘッダーとフッターの使い方

　ヘッダーとフッターに記入した内容は基本、全ページ共通になる。しかし以下の機能と組み合わせると、ページによって設定を変えることができる。

・途中のページから表記を変えたい場合
　　「セクション区切り」を用いる。（9-8 右）
・見開き2ページで、左右のページのヘッダーに異なる情報を入れる場合
　　メニューの「ヘッダー／フッター ツール」→「デザイン」→「オプション」欄の「奇数/偶数ページ別指定」
　を選択すると奇数ページ、偶数ページに異なる補足情報を入れることができる。
　　この設定により、9-5 の余白の設定の「左」と「右」が「内側」と「外側」に変わる。この「外側」の値を「内側」よりも大きく設定すると見開きの内側が詰まり、本の表示に近いものになる。

9. Word 操作の基本

9-5. 文字数、行数の設定

用紙、文字数、行数

規定と Word の形式

文書（レポート、論文など）は規定に合わせて、自分で形式を整える必要がある。（自分で規定を調べる、あるいは定めなければならないこともある。）例えば、以下のような規定があるとする。

「用紙A4、横書き、40 文字、40 行で 20 枚以内」

この規定に合わせて Word 原稿を設定しても、文字数と行数を厳密に設定できるわけではない。それは、以下の三点の理由による。

1. **字体によって横幅が異なるため、文字数は目安にしかならない**

英語の字体は文字によって横幅が大きく異なるため、文字数を合わせるのが難しいことから、文字数が規定になっていないことが多い。日本語の場合は幅の違いを減らすため、MS 明朝のように P（プロポーショナル）が付かない、全ての文字の幅が揃っているフォント（字体）を用いる方法がある。しかし、この方法を使えば厳密に幅が揃うというわけではない。**(2-6、9-9)**

2. **禁則処理が働く**

「禁則処理」とは、句読点などが行の頭に配置されないよう、前の行の文末に収めて調整する機能のことである。ただし Word では「文章を行内に押し込むため、そうとう無理をする機能」といった方がよいほど無茶をすることがある。その結果として、字が変に詰まってしまうことがある。

3. **グリッド線に合わせて文字が配置される**

行数指定に合わせて、行間（一行あたりの高さ）が指定される。その境界線をグリッド線という。この線の高さよりも大きい文字サイズを指定すると、その文字を置くために 2 行分の場所を取ってしまう。また図や数式など、高さのあるものが入ると、それが収まる最低の行が取られてしまう。

なお、初期設定ではグリッド線は表示されないようになっている。

補足：グリッド線の表示

行数を指定すると、それに合わせて行間のサイズ（高さ）が指定される。

その行間を示すグリッド線を表示させるには、以下の操作を行う。

手順. メニュー「表示」→「表示」欄の「グリッド線」にチェックを入れる。

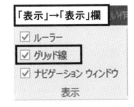

- グリッド線

用紙から余白を除いた長さと、指定した行数に合わせて、行間（一行当たりの高さ）が決まり、この行間に従ってグリッド線が引かれる。（初期設定ではグリッド線は表示されないが、ここでは上記の操作で表示させている。）

このグリッド線の高さよりも、大きいフォント（文字）サイズを指定すると、例えば標準の 10.5 ポイントに対し、14 ポイントを指定すると、

このように、その文字は二行の中央に配置される。

ページ設定

用紙サイズ、文字と印刷の向きの設定

ページ設定は**メニュー「レイアウト」→「ページ設定」欄**を使って行う。

このメニューの使い方は、以下の二つがある。

方法1.「ページ設定」欄から形式を選択する

方法2.「ページ設定」欄右下にある ⤢ を押し、表示された
　　　　「設定画面」を使って設定する

以下は、上記の方法1の「ページ設定」欄の形式を選択するだけで設定できるものである。

- 「サイズ」　　　　　用紙の選択（例：A4）
- 「文字列の方向」　　文字の横書き、縦書き
- 「印刷の向き」　　　用紙の横置き、縦置き

なお、メニューに用意されている余白の設定の選択肢は少ないため、また文字数と行数の設定はメニューではできないため、以下のように「設定画面」で細かく設定する必要がある。

余白の設定

指定できる文字数と行数の上限は、用紙のサイズと余白の取り方で決まる。上限よりも大きい文字数を設定する場合は余白を小さく設定し、文章が書ける領域を広くとる必要がある。

手順1. メニュー「**レイアウト**」→「**ページ設定**」欄右下にある
　　　　⤢ を押す。
手順2. 現れた「ページ設定」上部のタブで「余白」を
　　　　選択する。
手順3. 現れた「余白」欄に上下左右の余白サイズを
　　　　入力する。

なお、数値を入力する際は、「mm」をいちいち書かなくてもよい。

文字数、行数の設定

用紙サイズや余白サイズを変えれば、文字数、行数の最大値も変わることに注意すること。

手順1. メニュー「**レイアウト**」→「**ページ設定**」欄右下の
　　　　⤢ を押す。
手順2. 現れた「ページ設定」上部のタブで、
　　　　「文字数と行数」を選択する。
手順3. 現れた「文字数と行数の指定」欄で、
　　　　「文字数と行数を指定する」を選択する。
手順4.「文字数」と「行数」の欄に値を入力する。

横のカッコ内の数値は、指定可能な値の範囲を示す。
この値は余白、用紙、文字のサイズと連動して変化することを忘れないよう。

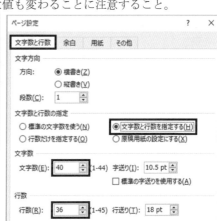

9. Word 操作の基本

9-6. ページ番号の設定

ページ番号

ページ番号を振る

文書でページ番号を振る方法として、以下の三種類を紹介する。

1. **全ページにページ番号を通しで振る**
2. **表紙（ページ番号なし）を付け、ファイルの２枚目からページ番号を振る（２枚目が１ページ目になる）**
3. **目次のページ番号をローマ数字（i, ii, iii）で振り、本文のページ番号をアラビア数字（1, 2, 3）で振る**

２の場合は、表紙だけ別のファイルで作成する方法もある。

全ページにページ番号を通しで振る（通常の設定）

特に指定のない場合、ページ番号はページ下部の中央に配置すればよい。

手順1. メニュー「挿入」→「ヘッダーとフッター」欄の「ページ番号」を押す。
手順2. 現れたメニューから、「ページの下部」を押す。
手順3. 現れた一覧の上部にある「シンプル」の「番号のみ２」を選択する。

ページ下部の「フッター」中央部にページ番号が表示されるようになる。
また「ページ番号／総ページ数」のように表示する場合は、「ページ番号」の右に「／」と「総ページ数」を記入する。

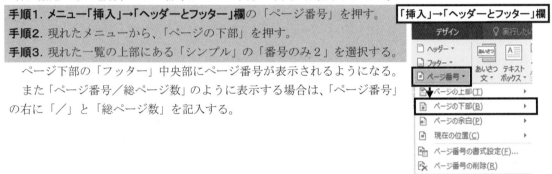

表紙を付け、２ページ目からページ番号を入れる

二つの作業で設定を行う

表紙にページ番号を付けず、２ページ目からページ番号を数えるようにするためには、上記の作業に以下の二つの作業を加える。

作業1. 1ページ目のページ番号を0にして、ページ番号を振る

手順1. メニュー「挿入」→「ヘッダーとフッター」欄の「ページ番号」を押す。
手順2. 現れたメニューから「ページ番号の書式」を選択する。

すると、「ページ番号の書式」の設定画面が表示される。

手順3. 現れた設定画面下部の「連続番号」の「開始番号」を「０」にする。

すると、表紙（１ページ目）のページ番号が「０」になる。

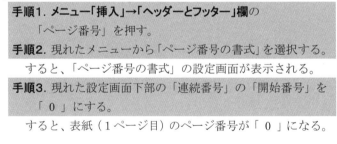
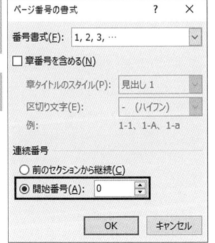

作業2. 表紙のページ番号を非表示にする

　文書には表紙を付けることがあり、この場合は表紙にページ番号を振らないことが多い。これを簡単に行うには、表紙を別のファイルで作成すればよい。
　これに対し、以下の方法を使えば一つのファイルで原稿に表紙を付けることができる。

手順1. 1ページ目に表紙を配置する。
手順2. ページ下部のページ番号が書かれた「フッター」の領域で、ダブルクリック（すばやく2回押す）する。
　すると「フッター」が開き、同時に「ヘッダー／フッター ツール」が上部メニューに現れる。
手順3. 現れたメニュー「ヘッダー／フッター ツール」→「デザイン」→「オプション」欄で「先頭ページのみ別指定」にチェックマークを入れる。
　これにより、表紙のページ番号（0）が表示されなくなる。

「ヘッダー／フッター ツール」→「デザイン」→「オプション」欄

ページ番号を、途中から振り直す
番号の振り方に分けて設定作業を行う

　目次のページ番号をローマ数字の小文字（i, ii, iii）、本文のページ番号をアラビア数字（1, 2, 3）で振るように、一つのファイルの途中で方法を替えたい場合は、以下の二つの作業を行う。

作業1. 最初のページ番号をローマ数字(i, ii, iii)に変更する

手順1. メニューの「挿入」→「ヘッダーとフッター」欄の「ページ番号」を選択する。
手順2. 現れたメニューから「ページ番号の書式」を選択する。
　「ページ番号の書式」の設定画面が表示される。
手順3. 現れた設定画面上部の「番号書式」右の▼を押す。
手順4. 現れた一覧からローマ数字（i, ii, iii…）を選択する。

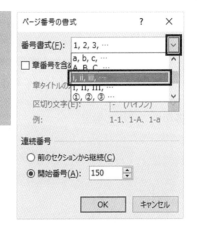

作業2. 途中のページからアラビア数字(1, 2, 3)に変更する

手順1. 番号を振りなおす直前のページを選択する。
手順2. メニュー「レイアウト」→「ページ設定」欄の「区切り」を選択する。
手順3. 現れたメニューから「次のページから開始」を選択する。
　すると、作業1を行っていた場合、改ページがされ、ページ番号も i （ローマ数字）から振り直される。
手順4. 上記の作業1の方法を使って、ページ番号をアラビア数字（1, 2, 3…）に変更する。

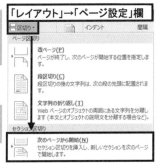

「レイアウト」→「ページ設定」欄

9. Word 操作の基本

9-7. 標準フォント(字体)とスタイルの設定

標準フォント(字体)の設定

フォント(字体)の設定

　フォント(字体)の設定方法は、以下の三種類に分かれる。

方法1．標準フォントの設定(ファイル全体に適用される)
方法2．「スタイル」を使った設定(段落ごとに設定する、右ページ)
方法3．字体の設定(一文字ごとに設定する、9-9)

　つまり方法1はファイルの基本設定を変更する、方法2は形式を整えるために使う、方法3は一部の文字に設定を加えることになる。

フォントの設定に使うメニュー

　文書でフォントやその装飾の変更を使うのは、以下のものである。
・章、節、項など見出しの設定(メニュー「ホーム」→「スタイル」欄、右ページ)
・数式、記号などの特殊な設定(メニュー「ホーム」→「フォント」欄、9-9)

標準フォントと勧めるフォント

　Word の標準フォントと本書が勧めるフォントは、以下のとおりである。

	Word2016 の初期設定	本書が勧めるフォント
全角文字	游明朝　あいうえお	MS 明朝　あいうえお
半角文字	游明朝　ABCDE abcde	Times New Roman　ABCDE abcde

　本書が強く勧めるのは半角文字、英数字の Times New Roman の方である。MS 明朝はそれに近い、以前の標準の日本語フォントであることによる。Times New Roman を勧めるのは、以下の理由による。
・数式や記号などで使われる筆記体調が使える(2-6)
・斜体(筆記体調、*abcdefgh*)、太字(**abcdefgh**)の設定に、専用のフォントが用意されている

標準のフォントの設定

　半角字体の標準を Times New Roman に変更するには、「既定値として設定」を用いればよい。

手順1． メニュー「ホーム」→「フォント」欄右下の 🔲 を押す。
手順2． 現れた「フォント」設定画面の「英数字用のフォント」で、Times New Roman を選択する。
手順3． 設定画面左下の「既定値として設定」を押す。

　これで次の新規ファイルから、この設定で作成されるようになる。
　しかし、理由不明確なまま突然元に戻ること、変わることもある。その場合は、設定をやり直し、「既定値として設定」を押す。

「スタイル」の利用

「スタイル」を使った「見出し」の設定

　「見出し」、つまり文章における章や節は重要な区切りなので、本文よりも目立つように表示する。そのためのフォント（字体）の設定は、「スタイル」の機能を使えば簡単にできる。(11-4)

　手順1．見出しの段落を選択する。
　　段落のどこかを選択していればよい。つまり、段落をまるごと範囲選択する必要はない。
　手順2．メニュー「ホーム」→「スタイル」欄にある設定を選択する。

　また、この「スタイル」一覧の右にある ▼ を押すと、一覧を全て表示することができる。
　なお Word2016 では、段落の一部を範囲選択してスタイルを選択すると、その選択した範囲だけが設定されるようになっている。そのため、むしろ範囲選択を中途半端にしないようにする必要がある。

「スタイル」の追加

　文書で用いる設定は限られるので、よく使う形式に「スタイル」を変えてしまうとよい。

　手順1．ある段落の文字揃え、インデント、フォント（字体）、文字飾りなどを設定する。
　手順2．メニュー「ホーム」→「スタイル」欄にある、スタイル一覧右下の ▼ ボタンを押す。
　手順3．現れた「スタイルの作成」を選択する。
　手順4．スタイル名を付け、「OK」を選択する。
　　段落頭を一文字下げるためインデントを使うなど、細かく設定したい時はこちらを用いる。

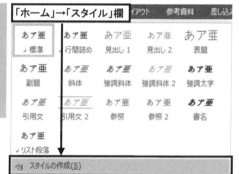

「スタイル」の変更

　元々ある設定を自分の使いやすいように変更する場合は、以下のように設定する。

　手順1．メニュー「ホーム」→「スタイル」欄の変更する項目の上で、マウスの右ボタンを押す。
　手順2．「変更」を選択する。
　手順3．現れた「スタイルの変更」の設定画面を使い、フォントやサイズなどを選択する。

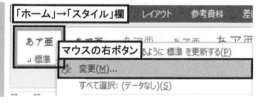

「スタイル」の削除

　使いそうにない「スタイル」は、一覧から削除してしまうとよい。

　手順1．メニュー「ホーム」→「スタイル」欄にある、削除する項目の上で、マウスの右ボタンを押す。
　手順2．現れた一覧から「スタイルギャラリーから削除」を選択する。

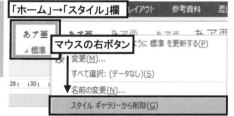

9. Word 操作の基本

9-8. テンプレートとセクション
「テンプレート」の設定

テンプレート

　「テンプレート」は「ひな形」とも呼ばれ、本来は形式や書式を示す手本のことを意味する。これに対し Office の「テンプレート」ファイルは、履歴書や申込用紙など特定の書式を用意するための特殊なファイルという意味になる。仕事では、特定の形式で何度も書類を整えることになるので、最初から形式が整えてある「テンプレート」ファイルを用意しておくと便利である。

　なお、Word のテンプレートの拡張子は「.dotx」であり、このファイルを開いても、新しいファイルが別に用意される。またそのファイルを保存しても、「テンプレート」としては変更されない。

「テンプレート」の形式の設定

　「テンプレート」ファイルを作成する前の段階として、まず以下のようなファイルの形式を整える必要がある。

・**用紙サイズ、余白の設定(9-5)**
・**文字数行数の設定(9-5)**
・**ページ番号の設定(9-6)**
・**標準フォント(字体)の設定(9-7)**
・**ヘッダー・フッターの設定(9-4)**
　他に補足説明や記入欄の表など、必要なものをあらかじめ入力しておくことができる。

「テンプレート」ファイルの作成

　形式を整える作業が終わったら、次にファイルを「テンプレート」に変換して保存する。

手順1. メニュー「ファイル」→「名前を付けて保存」を選択する。
手順2. 現れた一覧から「参照」を選択する。

　ファイルの形式を選択するメニューが表示される。

　この段階で保存したい場所に移動しても、以下の手順3で無効になり、「ドキュメント」フォルダーに戻ってしまう。

手順3. 「ファイルの形式」で「Word テンプレート」を選択する。

　選択すると、「ドキュメント」フォルダーに自動で作成される、**「Office のカスタム テンプレート」フォルダーに移動してしまう。**

　そのため、他のフォルダーに「テンプレート」ファイルを保存する場合は、改めて場所を設定する必要がある。

手順4. ファイル名を付け、「保存」を選択する。

「ファイル」→「名前を付けて保存」→「参照」

ファイル名(N): 文書2
ファイルの種類(T): Word テンプレート
作成者:
- Word 文書
- Word マクロ有効文書
- Word 97-2003 文書
- Word テンプレート
- Word マクロ有効テンプレート
- Word 97-2003 テンプレート
- PDF
- XPS 文書
- 単一ファイル Web ページ
- Web ページ
- Web ページ (フィルター後)
- リッチ テキスト形式 (RTF)
- 書式なし
- Word XML ドキュメント
- Word 2003 XML ドキュメント
- 完全 Open XML ドキュメント
- OpenDocument テキスト

フォルダーの非表示

「テンプレート」ファイルの変更

　「テンプレート」ファイルを変更する場合は、「テンプレート」ファイルでマウスの左ボタンをダブルクリック（すばやく2回押す）して新しい「文書」ファイルを用意し、それに変更を加えてからもう一度「テンプレート」形式で保存する必要がある。その際、同じ場所、同じ名前に設定して、既にある「テンプレート」を上書きすることはできない。同じ名前にするなら、いったん別名で保存した後、古い「テンプレート」を削除してから名前を変更する必要がある。

- 170 -

テンプレートとセクション　　9-8

セクション区切り

セクション区切り

　「セクション区切り」を使うと、その区切りの前後で文面の形式、ページ設定などを変更することができるようになる。例えば、一つのファイルに以下のように、複数の設定をすることができる。

・異なるページ番号の書類を一つのファイルにする
　目次のページ番号をローマ数字、本編のページ番号をアラビア数字で表記することができる。

・ヘッダーやフッターで示した内容を途中から変える
　一冊の本を一つのファイルにし、章ごとに異なる情報をヘッダーに配置できる。

・横書きだった文章を、途中から縦書きに変える

・1段組だった文章を、途中から2段組みに変える

「セクション区切り」の使い方

　「セクション区切り」は長い文書に必要になる。つまりファイルが大きくなり、パソコンにかかる負担が増え、処理速度が遅くなり、「応答なし」になる可能性が増えることになる。

　そこで複数のファイルに分けて作成し、それらを統合するのは、終わりが近くなってからにした方がよい。またファイルを合わせる際は、合わせる前のファイルは残しておくことを勧める。

　また「セクション区切り」の操作を行う前にいったん保存しておき、収拾がつかなくなった場合に備えることを勧める。

「セクション区切り」の設定

手順1. メニュー「**レイアウト**」→「**ページ設定**」欄の「区切り」を選択する。

手順2. 現れた一覧から区切り方を選択する。

　なお、「改ページ」の設定は、「Ctrl +Enter」で済ませることができる。

　またページ単位で区切ることが多いはずである。その場合は「次のページから開始」を選択する。この場合、「セクション区切り（次のページから新しいセクション）」が記載される。

　この区切りの前後で、別々に設定ができるようになる。逆に言えば、設定はこの区切りを越えて反映されないことに注意する必要がある。

段組の変更

　「セクション」を使えば、ページ内に異なる設定をすることもできる。しかし実際に使うのは、以下の「2段組」くらいであろう。

手順1. 2段組にしたい部分を範囲選択する。

手順2. メニュー「**レイアウト**」→「**ページ設定**」欄の「段組み」を選択する。

手順3. 現れた一覧から「2段」を選択する。

　これにより、段落の真ん中に余白を作り、2列に文章を表示できるようになる。なお、範囲選択前にその前後に1段組を残すよう、上下に改行をしておくことを勧める。

- 171 -

9. Word 操作の基本

9-9. フォント(字体)の設定

フォント(字体)の設定

フォント(字体)の設定に使うメニュー

一文字単位でフォント（字体）を変えるための設定メニューには、以下の二つがある。

メニュー「ホーム」→「フォント」欄

メニュー「ホーム」→「フォント」欄の位置が遠い時がある一方、マウスの「右ボタン」のメニューの機能は表示される内容が限定されているように一長一短なため、状況次第で使い分ければよい。

フォント一覧の表示

手順1. 変更したい部分を範囲選択し、二種類のメニューのどちらかを表示させる。
手順2. 左上にある「フォント」欄の右にある▼を押し、現れた一覧からフォントを選択する。

なお、フォント一覧の上部には「テーマ」の標準や、最近選択したフォントが表示される。

フォント名を入力して絞り込む

「フォント」欄に半角文字のフォント名の頭文字を入力すると、一覧の画面外下部にある半角専用のフォントも簡単に表示し、選択することができる。（以下、Times New Roman を例に）

手順1. フォントを変更したい文字を範囲選択し、二種類のメニューのどちらかを表示させる。
手順2. 左上にある「フォント」欄に、半角文字で「t」と入力する。

すると、Times New Roman または別の T で始まるフォントの名前が表示される。

なお、同じ頭文字の別のフォントが表示される場合は、キーボードの「↓」を押すと「t」で始まるフォントの一覧が表示されるので、必要なフォントを選択すればよい。また「ti」まで入力すれば、多くの場合、Times New Roman が表示されるはずである。

フォントサイズの設定

手順1. フォントサイズを変更したい文字を範囲選択し、二種類のメニューのどちらかを表示させる。
手順2. 左上にある「フォント」欄右の「フォントサイズ」欄の右にある▼を押し、現れた一覧から文字の大きさを選択する。

「フォントサイズ」欄に数字を打ち込み、「Enter」キーを押して設定する方法もある。

英単語が混ざった日本語の文章のフォント設定

日本語（全角文字）と英単語（半角表記）が混在する文章で、日本語と英語のフォントを別々に変更する場合は、以下の手順で設定する。

手順1. 変更したい文章を範囲指定する。全文ならば「Ctrl +A」を押す。（範囲選択、9-12）
手順2. まず**日本語、全角文字**（例：MS 明朝）を選択する。
手順3. そのまま範囲指定を変えずに、**英語、半角文字**（例：Times New Roman）を選択する。

文字の装飾

文字の装飾

文字の装飾の変更は、**メニュー「ホーム」→「フォント」欄**の左下のアイコンを使って行う。
これらの内、文書で使う主な設定をまとめたものが、以下の表である。

	ショートカット	メニュー	フォントの色	下線の選択
太字	Ctrl +B	B	「ホーム」→「フォント」欄	「ホーム」→「フォント」欄
斜体	Ctrl +I	I		
下線	Ctrl +U	U		
上付き	Ctrl+Shift +；（れ）	x^2		
下付き	Ctrl+Shift +ー（ほ）	x_2		
フォントの色		A		
書式のクリア				

なお、U ▼「下線」の右にある▼を押すと、「下線」の種類を選ぶことができる。
また「フォントの色」の初期設定は赤であり、色を変更する場合は以下の操作をする。

手順. A ▼ 右の▼を押し、現れた色の一覧から選択する。

より細かい設定は、**メニュー「ホーム」→「フォント」欄**の右下にある を押すと現れる「フォント」の設定画面を使って行う。

補足：MS P 明朝の P は Proportional（2-6）

MS 明朝には P が付くものと付かないものがある。その違いは、以下の通りである。

字体	数字、記号	英字	半角文字の横幅
ＭＳ 明朝	12345.，/？	AIUEO aiueo	横幅が全て同じ、全角の半分の幅
ＭＳ Ｐ 明朝	12345.,/?	AIUEO aiueo	字の形状によって異なる
Times New Roman	12345.,/?	AIUEO aiueo	字の形状によって異なる

プロポーショナルでないフォントは、「0」と「1」のように全ての文字が同じ幅で作られている。一方、プロポーショナルのフォントは、例えば半角英字の「O」と「I」のように字の形状に合わせて文字幅が定められている。なお、Times New Roman のように半角文字は P が付いていなくてもプロポーショナルであることが多い。

9. Word 操作の基本
9-10. 編集記号の設定
編集記号
編集記号の表示
編集記号（編集の設定のための、印刷されない記号）、Tab やスペース（空白）が表示されていない場合は、以下の操作をして表示させる。

手順. メニュー「ホーム」→「段落」欄にある ¶ 「編集記号の表示/非表示」を押す。

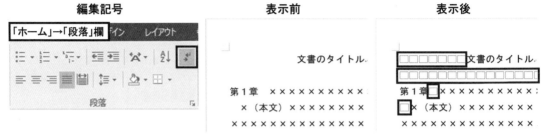

編集記号の活用例
文字位置の調整はスペース（空白）を使わず、編集記号（文字揃え、インデント、Tab）を使って行うとよい。全角スペースだけで強引に編集した左下の方法に比べ、編集記号を使って編集した右下の方法では最低限の操作で配置ができ、また細かい設定やその変更も簡単に行うことができる。

編集記号の種類
文字の配置は、編集記号を使って設定することを勧める。特に文書ではファイル間の文章の移動、規定に合わせた設定の変更、形式に合わせた調整などを行う必要がある。そこで、以下の「編集記号」を活用することを勧める。

- **インデント(右ページ)**
  段落の頭を一文字右にずらす、引用部分の段落をまとめて右にずらすなど、段落の設定に使う。
- **改行、改ページ(右ページ)**
  改行（Enter キー）は段落を変更するため、また行間を空けるために使う。
  改ページは改行を繰り返すのではなく、「改ページ」（Ctrl +Enter）を使うことを勧める。
- **スタイル(見出しの設定)(9-7)**
  見出しは「スタイル」を使って編集する。
- **文字揃え(9-11)**
  表紙のタイトルや表題で用いる。ただし、「文字揃え」は一段落（改行マークから次の改行マークまで）に一つしか設定できない。一行に複数の文字揃えをする場合は、以下の「Tab」を使う。
- **Tab(9-11)**
  目次や数式の配置のように、一行に複数の文字揃えを設定したい場合は、「Tab」を使って行う。

配置、編集のための「ルーラ」と表示方法

　Wordの作業画面上部にある「ルーラ」（定規）は、ページの余白と原稿の幅を示している。
　またルーラ上の数字は、標準フォントを標準のサイズで書いた場合の文字数を表しており、編集記号（インデント、Tab）の配置の目安に用いる。
　Wordの初期設定では、この「ルーラ」が表示されていないので、以下のように設定する。

手順.　メニュー「表示」→「表示」欄の「ルーラ」にチェックを入れる。

インデントの使い方

　文章の段落の頭、引用、参考文献一覧などの文字の配置は、「インデント」を使って設定する。段落頭を一文字右に下げる、引用部分を右に下げるなどの設定で用いる。
　なお、インデントは段落ごとに設定されるが、多数の段落をまとめて設定することもできる。

　インデントは作業画面上部の「ルーラ」の上に配置されており、それぞれ以下の意味を持つ。

- **左インデント**
  　左インデントは、下の三つの部品から構成されている。
  - **一行目のインデント（上）**
    　文頭、あるいは改行直後の文頭の位置を示す。
  - **ぶら下げインデント（中央）**
    　二行目以降の文頭の位置を示す。段落にある文章が一行で終わっている場合は機能しない。
  - **左インデント（下）**
    　上の二つのインデントの間隔を維持したまま、一緒に動かす時に使う。
- **右インデント**
  　右インデントは文字列の一番右側の位置、行の右端を表している。

補足：「スペース」キーを使った、インデントの変更

　文の頭で「スペース」キーを押すと、スペース（空白）が入る時と「一行目のインデント」が下がる時がある。これには以下のようなルールがある。（Mac版では機能しないようである。）

- 段落に何も文字が書かれていない場合　　→　　スペース（空白）が入る
- 段落に二文字以上、既に書かれている場合　→　　「一行目のインデント」が下がる

　また二行目以降の「ぶら下げインデント」も、この方法で左端の位置を設定することができる。

改ページ（ページ区切り）

　ページの変更は、改行を使わずに「改ページ」（ページ区切り）を使うことを勧める。

手順1.　次のページに移したい部分の初めの位置を選択する。
手順2.　「Ctrl +Enter」を押す。
　すると、「改ページ」と書かれた編集記号が表示される。
　メニュー「挿入」→「ページ」欄の「ページ区切り」を選択するのでもよい。（「ページ区切り」という名であるが、「改ページ」である。）

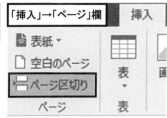

9. Word 操作の基本

9-11. 文字揃え、Tab 設定

文字揃え

編集記号の種類

1-9 にあるタイトルの例「偏差値の計算」は、「文字揃え」機能を使って文字を寄せてある。このように文字位置を揃えるには、右のメニューの枠内にある「文字揃え」ボタンを使う。

なお、初期設定は「両端揃え」になっている。「両端揃え」は、その行の文字数が少ないと「左揃え」を、一行の文字数が増えると「均等割付」をというように、自動的に使い分ける設定である。

| ≡ （左揃え） | ≡ （中央揃え） | ≡ （右揃え） | ≡ （両端揃え） | ≡ （均等割付） |

「文字揃え」は一段落全て、つまり改行されるまでが適用対象になる。

Tab を使った文字揃え

Tab 設定の使い方

Tab の設定は、一行にいくつかの文字揃えの設定が必要になる、以下の場合に用いる。

・表紙（作成者の名前や所属）
・目次（見出し、ページ番号、間の点線）
・数式の配置（数式、数式番号、補足説明）

これらの使用例は 1-7、1-8 にある。

Tab 設定の流れ

Tab の操作は慣れない人には複雑に感じるが、以下の二点を分けて考えればそれほど難しくない。

作業1. 文字揃えを設定したい文字の手前、つまり左側に Tab 記号「 → 」を入れる
作業2. 範囲選択した段落の文字の配置を、「ルーラ」と Tab を使って設定する

間違えたら無理に直そうとせず、「Ctrl +Z」（元に戻す）を使って設定前の状態に戻すことを勧める。あるいはスタイルの「標準」を押して、段落を初期設定に戻してしまう。**(9-7)**

Tab 設定の複製（コピー→貼り付け）

Tab の設定がされた行は、以下の方法で別の所に移すことができる。

・Tab 設定した行を改行する（次の行に同じ設定が引き継がれる）
・Tab 設定した行を丸ごと複製し、内容つまり文面を変更する
・Tab 設定した行の末にある、改行マーク（↵）だけ複製する

段落の設定を他の段落と同じように変更したい場合は、変更したい設定が既にされている段落の↵（改行）をコピーし、変更したい段落の↵（改行）手前に貼り付ける。

なお、Tab 記号が画面上に表示されていない状態で設定するのは難しいので、「編集記号」を表示した上で作業を行うこと。**(9-10)**

文字揃え、Tab 設定　　9-11

前提：「ルーラ」の表示方法
初期設定では Tab の設定に必要な「ルーラ」が表示されていないので、以下のように設定する。
手順．メニュー「表示」→「表示」欄の「ルーラ」の上でマウスの左ボタンを押し、チェックを入れる。

Tab の設定
作業1．文字揃えを設定したい文字の前に「Tab」記号（ → ）を入れる
まず文字揃えを設定したい文字の前で、「Tab」キーを押す。（キーボードの左端）
以下の例では、左揃え、中央揃え、右揃えの三種類の設定を一行に収めている。
手順．文字と「Tab」記号（→）を入力する。

作業2．「ルーラ」と Tab を使って設定したい位置と形式を設定する
文書では、以下の三種類の Tab を用いる。
　　　　　└（左揃え）　　　┴（中央揃え）　　　┘（右揃え）
Tab の選択と配置は、Word 操作画面左上にある「Tab 選択」と「ルーラ」を使って行う。
手順1．「Tab 選択」で使いたい Tab が表示させるまで、マウスの左ボタンを押し続ける。
手順2．使いたい Tab が表示されたら、「ルーラ」上の配置したい位置でマウスの左ボタンを押す。

この例では、三種類の Tab を以下のように配置してみる。
・左揃え Tab　　「ルーラ」の 6 近く
・中央揃え Tab　「ルーラ」の 14 近く
・右揃え Tab　　「ルーラ」の 22 近く
上記の「近く」とは、思った数値に設定することが、Word の仕様により難しいことによる。

注意：段落頭の「Tab」記号の入力
文字（例では「左揃え」）を入力してから段落の頭に「Tab」記号を入れると、「Tab」記号が入らずに一行目のインデントが動くことがある。この場合は、以下の方法で設定をし直す。
・「Ctrl +Z」（元に戻す）を押し、別の場所にある「Tab」記号をコピーし、段落頭に貼り付ける
・インデントの移動と一緒に現れる ３ （オートコレクトのオプション）を押し、「タブに戻す」を選択する

Tab の設定解除
ルーラの上に配置した Tab を削除するためには、以下の操作を行う。
手順1．ルーラ上の Tab にカーソル（マウスの矢印）を重ね、左ボタンをおさえる。
手順2．そのままカーソルを下にずらし、ルーラ上の Tab が灰色になったらマウスの左ボタンを放す。

なお、Tab の設定で混乱したら範囲選択し、メニュー「ホーム」→「スタイル」欄の「標準」を選択して設定を解除してしまい、最初からやり直すことを勧める。

9. Word 操作の基本

9-12. 範囲選択、移動と複製、削除
文章の範囲選択の効率化

範囲選択の方法を使い分けると、効率よく編集作業（移動、複製、削除）ができる。

方法1. マウスだけで範囲選択（選択する範囲が狭い場合）

画面内に納まっている程度の短い文章なら、マウスだけでも範囲選択できる。

手順1. カーソル（マウスの矢印）を選択範囲の最初の文字の左側に置き、マウスの左ボタンをおさえる。

手順2. 左ボタンをおさえたまま、選択する範囲の最後の文字までカーソルを移動する。

手順3. 最初と最後の文字の間が灰色で塗りつぶされるので、選択範囲を確認し、マウスの左ボタンを放す。

まずは | 1. マウスの左ボタンをおさえる | ならなければならない。つまり、まずは「何をしなければならないのか」を知る必要がある。それを踏まえ、| 2. 移動（右ページ参照） | ていないか」を把握できるよう、改善してい | 必要がある。

厄介なことに、ルールを十分把握 | 3. マウスの左ボタンを放す | ていない、つまり自分が「でたらめ」でしかないのに、「へたくそ」あるいは「できている」と思いこむことがある。この状態では、講義や研修などの機会で、せっかく時間と労力を費やしても、知識や技能を身につけることは困難になる。

方法2. 行を範囲選択する

文章の途中から選択する必要のない時は、左側の余白を使って行ごと選択する。

手順1. 選択したい文章の左側の余白にカーソルを移動し、そこでマウスの左ボタンをおさえる。

手順2. そのままカーソルを下に移動すると、動かした部分の行をまとめて選択することができる。

手順3. 選択したい範囲になったら、マウスの左ボタンを放す。

まずは、「でたらめ」から「へたくそ」にならなければなら | 1. マウスの左ボタンをおさえる | なければならないのか」を知る必要がある。それを踏まえ、そのうちの「何ができていな | 2. 移動（右ページ参照） | を十分把握していない、しようとしていない、つまり自分が「でたらめ」でしかないのに、「へた | 3. マウスの左ボタンを放す | る」と思いこむことがある。この状態では、講義や研修などの機会で、せっかく時間と労力を費やしても、知識や技能を身につけることは困難になる。

方法3.「Shift」キーで、一括範囲選択

広い範囲を選択する場合は、以下の操作を行う。

手順1. カーソルを選択したい範囲の最初の文字の左側に置き、そこでマウスの左ボタンを押す。
（おさえるではなく押す、になる。）

手順2. 選択したい最後の文字までカーソルを移動する。
（**右ページ**の「移動」を参照）

手順3.「Shift」キーをおさえて、マウスの左ボタンを押す。

まずは、「 | 1. マウスの左ボタンを押す | ならなければならない。つまり、まずは「何をしなければならないのか」を知る必要がある。それを踏まえ | 2. 移動（右ページ参照） | ていないか」を把握できるよう、改善してい | 必要がある。

厄介なことに、ルールを十 | 3. Shift +マウスの左ボタンを押す | ていない、つまり自分が「でたらめ」でしかないのに、「へたくそ」あるいは「できている」と思いこむことがある。この状態では、講義や研修などの機会で、せっかく時間と労力を費やしても、知識や技能を身につけることは困難になる。

なお、方法2と方法3を組み合わせると効率よく作業ができる。

- 178 -

範囲選択、移動と複製、削除　　9-12

画面外の行への「移動」と範囲選択

　画面外の遠く離れた箇所まで範囲選択するためには、「範囲選択」と **9-3** の「ページ送り」を組み合わせて行う。

マウスの左ボタンをおさえて「移動」（左ページの方法1、方法2で使う）

手順. マウスの左ボタンをおさえたままカーソル（マウスの矢印）を Word の作業画面の上部、または下部に移動する。

　すると、「ページ送り」をしながら範囲選択をすることができる。なお、マウスの位置によって「ページ送り」の早さが変わることを利用して、行き過ぎにならないよう、速度を調整するとよい。

　なお、範囲選択した部分の頭を表示したい場合は、「←」キーを押すと簡単に移動できる。

マウスのホイールを使う（左ページの方法3で使う）

　選択範囲の一方の端を選択した後、ページ送り（移動）をマウスの「ホイール」を使って行う。

　この方法は、画面からはみ出す範囲を選択する際に役立つ。ただし、選択範囲のもう一方の端が遠く離れている場合は、**9-3** のスクロールバーを使う方法を勧める。

スクロールバーを使う（左ページの方法3で使う）

　画面外にあるページを表示する場合は、スクロールバーを使った二種類の方法を使う。（**9-3**）

注：「Page Down」キー、「Page Up」キーは使わない

　「Page Up」キー、「Page Down」キーを使ったページ送りでは、範囲選択の初めの位置も一緒に移動してしまうため、範囲選択にならない。

範囲選択後の移動と複製、削除

移動の操作方法

手順. 範囲選択後、以下の移動の操作を行う。
- 「切り取り」（Ctrl +X）→「貼り付け」（Ctrl +V）
- 範囲選択した箇所でマウスの左ボタンをおさえ、そのままカーソルを移動し、マウスの左ボタンを放す

複製の操作方法

手順. 範囲選択後、以下の複製の操作を行う。
- 「コピー」（Ctrl +C）→「貼り付け」（Ctrl +V）
- 範囲選択した箇所でマウスの左ボタンをおさえ、そのままカーソルを移動し、「Ctrl」キーをおさえたままマウスの左ボタンを放す

削除の操作方法

手順. 範囲選択後、「Backspace」キーまたは「Delete」キーを押す。

---

1. 説明
2. 道具(PC)
3. 情報管理
4. 図
5. Excel 操作
6. 計算の基本
7. データ処理
8. グラフ
9. Word 操作
10.表加工
11.文書設定
12.スライド
13.印刷

1. Word 概要
2. Word 設定
3. ページ表示
4. 用紙
5. 文字数行数
6. ページ番号
7. 標準字体
8. テンプレート
9. 字体設定
10.編集記号
11. Word 概要
12. Word 設定
13. ページ表示

9. Word 操作の基本
9-13. 検索と置換
検索と置換

検索と置換の使い分け
Word では「検索と置換」を、以下のように用いる。
- 検索：単語、例えば人名や専門用語を検索する
- 置換：人名や特殊な用語の表記を書き換える
- 置換：句読点「、」と「。」をカンマ「，」とドット「．」に変える（提出先の規定に合わせるため）

検索メニューの表示と操作（Ctrl +F）
例として、論文内の人名（ケインズ）を検索する。

手順1．「Ctrl +F」を押す。
Word の作業画面左に「ナビゲーション」欄が現れる。
手順2．「ナビゲーション」欄上部の「文書の検索」に、検索したい語句を入力する。
なお、「Enter」キーや「OK」を押す必要はない。

置換メニューの表示と操作
「置換」の操作は、以下の「検索と置換」の設定画面で行う。
例では、カタカナ表記の「ケインズ」を英語表記の「Keynes」に置き換える。

手順1．「ナビゲーション」欄上部の「文書の検索」右の▼を押す。（右上図）
手順2．現れた一覧から「置換」を選択する。
手順3．現れた「検索する文字列」欄に「ケインズ」、「置換後の文字列」欄に「Keynes」と入力する。
手順4．「次を検索」を押す。
手順5．選択された対象を置き換える場合は「置換」を押し、置き換えをしない場合は、「次を検索」を押す。

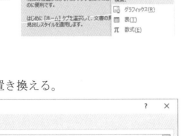

「すべて置換」は想定しない箇所まで置き換えてしまうことがあるので、使わないことを勧める。

注意：「検索」の初期設定
初期設定のまま用いると、以下のような条件で検索がされる。

- **半角文字と全角文字を区別しない**
「100」で検索をかけると「１００」も拾ってしまう。（漢数字やローマ数字は拾わない。）
- **数値の区切りカンマ（,）は無視される**
「100000」で検索をかけると「100,000」も拾ってしまう。
- **単純に文字を検索する**
「100」で検索をかけると「10010」の、前半の「100」も拾ってしまう。
- **「置換」は「元に戻す」が利く**
なお、置換操作の後にメニューを閉じた後、「元に戻す」（Ctrl +Z）をすれば、一括で元に戻すことができる。

「オプション」機能の活用

句読点とカンマ・ドットの置き換え（「あいまい検索」をしない検索）

　　通常の日本語の文章は句読点（　、と　。　）を使う。しかし横書きの論文では、句読点の代わりに「全角文字」のカンマとドット（　，と　．　）を使うことを規定としていることもある。この場合、最後にまとめて、「置換」を使って変更すればよい。

　　逆に、カンマとドットを句読点に置き換える場合は、置換を初期設定のまま行ってはならない。表の桁区切りのカンマや引用した英文、英語の参考文献名などで使われている半角のカンマとドットも、全角の句読点に変換されてしまうからである。そこで、以下のように設定変更を行う必要がある。

手順1. 左ページの「検索と置換」の設定画面を表示する。

手順2. 左下にある「オプション」を押す。
　　下に「検索オプション」が表示される。

手順3. 「あいまい検索（英）」と「あいまい検索（日）」のチェックを外す。

手順4. 「半角と全角を区別する」の設定が可能になるので、チェックする。

手順5. 「,」（全角のカンマ）を「、」に、「.」（全角のドット）を「。」に置き換えるように設定し、「置換」をする。

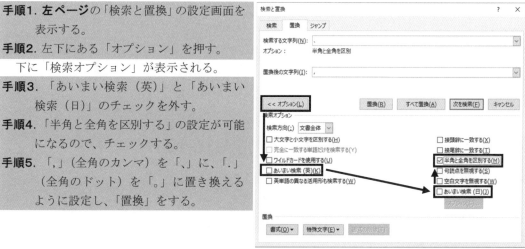

補足：あいまい検索の条件設定

　　上記の問題は、「あいまい検索」の初期設定が全角文字と半角文字を区別しないように設定されていることによって生じている。これを予防するためには「あいまい検索」の設定画面で、全角と半角が区別されるように設定しておく必要がある。

手順1. 「Ctrl +F」を押す。

手順2. 現れたナビゲーション下の「検索」欄右の▼を押す。

手順3. 「オプション」ボタンを押す。

手順4. 現れたオプション画面の「あいまい検索」の下にある、「オプション」を押す。

手順5. 現れた「あいまい検索」の設定画面で、不要な項目のチェックを外す。

　　なお、チェックを外す必要があると思われるのは、以下の三つである。

・大文字/小文字

・全角文字/半角文字

・ひらがな/カタカナ

10. 表の作成、加工

10-1. 説明に使う表の加工

理解用の表の加工

理解用の表

「理解用の表」とは、ここでは**7章**で示した計算方法などで作成した表のことを指す。

この「理解用の表」は、本人がまず理解するために作成するものなので、効率よく作成すればよい。

説明用の表

これに対し、「説明用の表」は人に「説明する」ことに用いる。そのため、「理解用の表」として作成した計算結果を Word に貼り付ける前に、見やすく加工する必要がある。

本書では、この「説明用の表」の加工作業を Excel と Word に分けて行う方法を説明する。

他の表を引用

「説明用の表」は、他の人が見ても分かるようにするため、いろいろな加工をすることになる。

そのため、元の計算結果を損なわないよう、計算結果を「引用」する形で加工用の表を別に用意するとよい。

「引用」とは、以下の式のようにして、他のセルにある値をそのまま持ってくる方法を指す。

「 = 引用する値や文字があるセルの座標 」

この方法だと、計算に使えない説明文や項目名なども引用することができる。これにより、「説明用の表」の体裁を整えた後、計算により元の「理解用の表」に変更がされても、その変更が自動的に「説明用の表」に反映されるようになる。

Excel 上の加工作業の流れ

この「引用した表」に加工を加える。本書では、Excel から Word にコピーする前に表の設定をある程度済ませてしまう方法を採る。この方法は、Excel で表にした設定がある程度、Word に貼り付けた表に反映される性質を利用している。

まず、以下の作業は Excel で作業する方が容易なので、Excel 上で済ませておくとよい。

・単位、桁の調整

単位の再設定、再計算による桁の調整、設定変更による小数点以下の表示の調整を行っておく。

・フォント（字体）、文字サイズの調整

本書では表の場合、全角文字（日本語）は MS 明朝、半角文字（英数字）は Times New Roman、フォントサイズは 9 ポイントに設定することを勧めている。なお、文字の設定を Excel 上でしておいても、Word に貼り付けた時に変更されることもある。しかし、表の幅を調整するために必要なので、設定することを勧める。

・表の横幅の調整

数値が表内に収まるよう、かつ Word 上の用紙に収まるように表の横幅を調整しておく。

そうしないと Word に貼り付けた際、表のレイアウトが崩れ、用紙から大きくはみ出してしまうのを調整しなければならなくなる。

・最低限の表の罫線を設定する

Excel では、表全体に細線を加えるだけでよい。これは、Word の罫線の方が柔軟に設定できるためである。

表の加工方法

表を説明に使う目的の確認

　計算結果は、値として文中に入れる、あるいは表、グラフなどに加工して載せることになる。どの表現を用いるのが適切かは、説明する内容や目的次第である。

　「説明する」際に必要がない表は載せなくてもよい。自身の理解のために必要不可欠であった表でも、相手に説明する際には必要なくなるということはある。

　ただし文書の場合、説明には直接関係なくても、参考になるデータを表にまとめて補足資料として載せることもあるので、その見極めが必要になる。

説明用の表の例

　右下の Word 上の表は、右上の Excel でまとめた「理解用の表」を「説明用の表」に加工したものである。その過程で、以下の加工を行っている。

- ・分類の追加

　　　ここでは項目（横）を大きく「国内」（国内の取引）と「貿易」（国外の取引）に分類した。

- ・期間の変更

　　　1980 年から 2009 年のデータから、1980 年から 2000 年の 21 年分を取り出した。

- ・字体、塗りの設定の変更

　　　説明用の表の字体に変更し、塗りつぶしを色なしに設定した。（10-2）

- ・表の罫線の追加

　　　Excel で細線を、Word で太線を追加した。

1. 計算結果（Excel、加工前）

2. Excel で加工した表（途中経過）

3. 説明用の表（Word、加工後）

10. 表の作成、加工

10-2. Excel で表を準備する
Excel：加工の準備

「説明用の表」の準備
　10-1 で示したように「理解用の表」では、計算処理を妨げないように罫線を書かず、作業内容別にセルの色を揃えて塗りつぶすといった、計算を行うのに必要な最低限の加工しかしていない。
　そこで「説明用」、つまり文書に載せる表を編集する前に、以下の作業を Excel 上で行う。

表の引用
　表を説明用に作り直す際に、手間がかからない方法で値を引用し、表に組み直す。

手順1. 「列や行の挿入」を使い、「説明用の表」を作成する場所を確保する。**(5-9)**
　後で再利用しやすいよう、Sheet の左上に配置するように工夫するとよい。
手順2. 「説明用の表」、これから作成する表の左上のセル（空白）を選択する。
手順3. 選択したセルに「 = 理解用の表の左上のセル 」を入力する。
手順4. 式を書いたセルを「Ctrl +C」でコピーし、「説明用の表」全体に「Ctrl +V」で貼り付ける。
　表の左上は選択されているので、「Shift +マウスの左ボタン」で右下を選択すればよい。**(5-6)**
手順5. 範囲選択をしたまま、メニュー「ホーム」→「フォント」欄の 「罫線」で「格子」を選択する。
　また、ただ値を引用するだけでなく、以下の作業も同時に行うとよい。

桁数、単位の変更
　読み手に値や変化が伝わりやすくするため、数値の桁数や単位、分類を調整する。
　例えば、kg で示された重量データで 0 が並んでいる場合は、単位を kg から t（トン、1,000kg）に変更する。
・**桁数の変更(5-12)**
　　表内の、数値の小数点以下の表記を揃える。
・**単位の変更**
　　別の表を設け、そこで「 = 元の値のセル / 10 」などの計算を行い、桁を調整する。
　　例えば、**7-3** の国内総生産（GDP）のデータは**十億円(billion、ゼロ九つ)**を単位にしている。
　　この単位を「億円」にするには、値を 10 倍にする。
・**カンマ区切りの追加(5-12)**
　　桁を数えやすくするためセルの設定を「数値」にし、三桁ごとにカンマを表示する。**(5-12)**
　　日本語では数値の位が四桁ごとに変わり、ゼロ四つで万、ゼロ八つで億になるので、十億円(billion、ゼロ九つ)の場合は小数点第一まで表示させる。これにより、**小数点を無視すれば億単位で表現しているように見える**。この表現方法は、GDP を十億円単位で示す際に使われている。

項目、数値の統合、削除(7-4)
　表を見やすくするよう、以下の作業を行う。
・**必要ない期間のデータを除く**
・**見せる必要のない値を統合し、「その他」のようにまとめてしまう**
・**合計値がない、整合性を取る必要がない場合などは、項目まるごと削除する**

Excel：セル設定の変更

Word 上の作業を効率よくするため、事前に Excel 上で以下の作業をしておくとよい。

字体、サイズの変更

本書が勧める Excel と Word のフォント（文字）とそのサイズは、以下のとおりである。

	フォント	フォントサイズ
Excel の設定	MS P ゴシック （全角、半角共に）	11 ポイント
Word 上の表の設定	全角：MS 明朝 半角：Times New Roman	9 ポイント

「説明用表」は注と同じ補足説明であるため、また表示する桁数を増やすため、フォントサイズを本文よりも小さくするとよい。表内のフォントも、文章と同じように全角文字は MS 明朝、半角文字は Times New Roman で統一することを勧める。以下の方法は、Excel、Word 共通である。

手順1. 表内をまとめて範囲選択する。（Excel は 5-6、Word は 10-3 右）
手順2. 文字の設定は、まず「全角文字」、次に「半角文字」の順に行う。（9-9）

この操作を行っても、半角文字が存在しないひらがなや漢字は、全角文字のまま変わらない。

なお、Excel で設定をしても、Word に貼り付けた時に失われることがある。その場合、Word 上でもう一度設定することになるが、Excel 上で罫線の横幅の調節するために必要なので行うこと。

横幅の設定

Word に貼り付ける際は、文字が枠内に表示されるように調整される。しかし Excel の設定では、文字がセルからはみ出すと勝手に改行されるか、はみ出るようになっている。そこで文字が一行に収まるように、セルの横幅を調整する。

手順1. メニュー「ホーム」→「配置」欄の「折り返して全体を表示する」を解除する。
押す回数は状況による。要は、その設定がされている状態で押すと解除される。（5-13）
手順2. 表の横つまり列の幅を調整するため、カーソル（マウスの矢印）を列の座標（ABC）の境界線上に配置する。（5-13）
手順3. マウスの左ボタンをダブルクリック（すばやく2回押す）する。

これで文字が一行に収まるように横幅が調整される。

Word 上の加工作業の流れ

以上の設定を Excel 上で済ませておくと、残る Word 上の表の加工作業は、以下のものになる。

・幅の調整

Excel 上であらかじめ幅の調整をしておくと、Word では微調整だけで済ませることができる。

・罫線の設定

Excel で細線を設定した状態の表を Word に移し、分類用の線（太線、二重線等）を追加する。

・表番号、表題、注、出展の明記を追加

表記を統一させる、また修正しやすくしておくため、Word 上で表の外側に設定することを勧める。ただし、脚（ページ下）にはなくても「注」つまり補足説明なので、文字の大きさは脚注と同じにする。つまり、表内の設定と同じ、例えば上記の方式ならば9ポイントにする。

10. 表の作成、加工

10-3. 表の移動

Excel：罫線を設定する

罫線を入れる

　　説明用の表に罫線を入れる作業は、Excel で行うものと Word で行うものに分けるとよい。

・Excel で行う作業：　基本的な区切りを示すため、単純な罫線を表全体に入れる

・Word で行う作業：　分類をわかりやすく示すため、太線や二重線で区切りを示す

　　これらの線の設定は Excel でも可能であるが、効率の面から Word で行う方法を説明する。

Excel：単純な罫線を入れる

　　Excel では、単一な罫線を表全体に入れる。

手順1. 表全体を範囲選択する。**(5-6)**

手順2. メニュー「**ホーム**」→「**フォント**」欄の「罫線」の一覧で ⊞「格子」を選択する。**(5-12)**

Excel から Word に表を貼り付ける

Word に貼り付ける

　　Excel から表を移すにあたり、事前に細線を設定しておく。

手順1. Word に移す表を範囲選択する。

手順2. 「コピー」（Ctrl +**C**）を行う。

手順3. Word ファイルの貼り付ける位置に、
　　　　5 行ほど余白を用意する。

手順4. 上下に余白がある位置、この場合は
　　　　用意した 5 行中の 3 行目に、
　　　　表の「貼り付け」（Ctrl +**V**）を行う。

手順5. この例のように、項目名が長くなる
　　　　場合は、改行を入れて調整する。

Word に貼り付けたばかりの表

	民間最終消費支出	政府最終消費支出	総資本形成	財貨・サービスの輸出	(控除)財貨・サービスの輸入	国内総生産(支出側)
1980	132,246.8	34,303.5	78,507.4	32,817.0	35,036.1	242,838.7
1981	140,698.1	36,876.4	81,574.4	37,846.4	35,927.1	261,068.2
1982	151,010.7	39,158.0	82,068.6	39,190.6	37,341.3	274,086.6
1983	158,991.4	41,501.4	79,698.4	39,125.4	34,258.2	285,058.3
1984	167,154.7	43,454.9	84,329.3	44,901.6	36,865.5	302,974.9
1985	176,706.7	45,371.4	92,284.4	46,176.6	35,137.2	325,401.9
1986	184,028.2	47,467.5	95,782.9	38,058.2	24,777.3	340,559.5
1987	192,604.2	49,505.9	101,499.0	36,180.2	25,619.1	354,170.2
1988	203,367.0	51,707.4	117,429.3	37,430.6	29,191.4	380,742.9
1989	217,529.3	55,045.8	131,310.0	42,272.9	36,035.8	410,122.2
1990	234,703.9	59,025.0	144,878.9	45,863.1	41,689.9	442,781.0
1991	246,499.3	63,074.3	152,501.3	46,667.9	39,120.9	469,421.8
1992	255,975.9	66,549.8	147,859.5	47,288.1	36,890.5	480,782.8

補足. 表を Word 上に貼り付けた後に表番号、注を追加する方法は **11-10** を参照。

表の配置方法

　　表は Word ファイルに貼り付ける際、以下の位置に配置する。

・その内容を説明している段落の近く、つまり段落の上か下に行間を空けて配置する

・文書の最後または別資料として、図表をまとめたページを設ける

注意：文書では、図表の配置に凝る必要はない

　　個人で文書を作成する場合は、表を必ずページ上に配置するといった配置（レイアウト）に凝る必要はない。レイアウトに凝る時間があるなら、内容を読み返し、より分かりやすい説明にすることに費やすことを勧める。そもそも Word で高度なレイアウトをするのは難しく、パソコンの負担が増えて遅くなり、形式を整えた後に文章を直すのが困難になる。

- 186 -

Word：配置の調整
縦の調整：表の行間をつめる

貼り付けた表の行間（縦）が、必要以上に大きいことがある。これは文字の大小によって行（縦）の間隔が変わらないよう、グリッド線に合わせて文字が配置されていることによる。また本文用のグリッド線とずれてしまう上、表専用のグリッド線は表示されないという仕様になっている。(9-5)

つまり、表の配置をグリッド線に合わせないように設定すれば、行間を詰めることができる。

手順1. 表の上にカーソル（マウスの矢印）を重ねる。
手順2. 表の左上の現れる ⊕ で、マウスの左ボタンを押す。
　　　すると、表全体が選択される。
手順3. メニュー「ホーム」→「段落」欄の右下の を選択する。
手順4. 現れた「段落」の設定画面の、「インデントと行間隔」にある、「1ページの行数を指定時に文字をグリッド線に合わせる」のチェックを外し、「OK」を押す。

横の調整：表を中央揃えにする

今回の表は横幅が十分あるため必要ないが、表全体の横幅が狭い場合は中央に配置するとよい。
Word 上の表を中央に配置するためには、以下の操作を行う。

手順1. 表の上にカーソルを重ねる。
手順2. 表の左上の ⊕ でマウスの左ボタンを押す。
手順3. 表全体が選択されるので、メニュー「ホーム」
　　　→「段落」欄の「中央揃え」を押す。

表右端外の改行マークまで範囲選択できていれば、表全体を中央に配置することができる。

補足：文字の中央揃え

これ以外の方法で、表を範囲選択して「中央揃え」のアイコンを押すと、表の中の文字が中央揃えになってしまうことがある。

　　　表の中央揃え　　　　　　　　失敗例（表内の文字を中央揃え）

10. 表の作成、加工
10-4. 表の罫線の設定
Word：表の線を変更
注意：「罫線の書式設定」を解除する
　表を加工していると、カーソル（マウスの矢印）が筆の形になることがある。これで表の罫線をなぞると、線の色や太さを変えることができるが、扱いが難しいので、以下のように解除すること。

手順. メニュー「**表ツール**」→「**デザイン**」→「**飾り枠**」欄の「罫線の書式設定」を選択する。

線の設定を選択する
　Word では、以下の流れで表の線を変更することができる。
作業1. 表の内、変更したい範囲を選択する
作業2. 設定（線の種類、太さ、色）を選択する
作業3. 「設定位置」（上下左右、内側の縦横、など）を選択し、変更する

作業1. 表の内、変更したい範囲を選択する
　右下の表は、範囲選択した3列が一つの分類に属する。これを太線で囲む方法を説明する。
　Word 上の表内の範囲選択は、Excel 上のマウスを使った範囲選択と同じ操作でできる。（5-6）

手順1. データの一角（例では、上の項目の左側）の上にカーソルを重ねる。
手順2. マウスの左ボタンをおさえ、対角（例では右下）にカーソルを移動する。

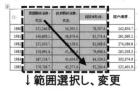
↓範囲選択し、変更

作業2. 線の設定を選択
　Word 上の表の罫線の設定は、Excel の罫線の設定とほぼ同じ操作で行うことができる。ここで変更する設定は太さ、色、種類の三種類である。例では、線の太さを 1.5 ポイントに変更する。

手順1. メニュー「**表ツール**」→「**デザイン**」→「**飾り枠**」欄にある各設定を選択する。
手順2. 現れた選択肢から、変更したいものを選択する。

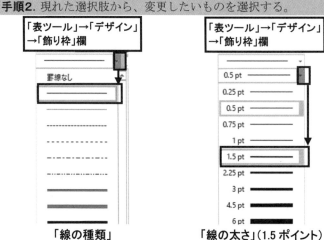
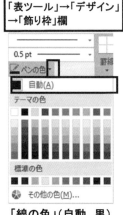

「線の種類」　　「線の太さ」（1.5 ポイント）　　「線の色」（自動、黒）

表の罫線の設定　10-4

1. 説明
2. 道具(PC)
3. 情報管理
4. 図
5. Excel 操作
6. 計算の基本
7. データ処理
8. グラフ
9. Word 操作
10.表加工
11.文書設定
12.スライド
13.印刷

1. 表の加工
2. Excel で準備
3. Word に移動
4. 罫線の設定
5. 加工1
6. 加工2
7. 進行表

変更する位置の指定

選択した範囲の、設定変更する位置を選択する。

手順1. メニュー「**表ツール**」→「**デザイン**」→「**飾り枠**」欄の「**罫線**」の下の ▼ を押す。

手順2. 現れたメニューから線を変える位置を指定する。ここでは ⊞「**外枠**」を選択する。

補足. 左ページの設定を初期状態（直線、0.5 ポイント、黒）にしてこのメニューを開くと、その表示から「枠なし」と「斜め罫線」以外が選択されていることが分かる。

これは選択した範囲のそれぞれの位置が、「直線、0.5 ポイント、黒」に設定されていることを示している。

「表ツール」→「デザイン」
→「罫線の作成」欄

- ⊞ 下罫線(B)
- ⊞ 上罫線(P)
- ⊞ 左罫線(L)
- ⊞ 右罫線(R)
- ⊞ 枠なし(N)
- ⊞ 格子(A)
- ⊞ **外枠(S)**
- ⊞ 罫線 (内側)(I)
- ⊞ 横罫線 (内側)(H)
- ⊞ 縦罫線 (内側)(V)

Word：罫線を透明にする

表の罫線を透明にする（二度同じ設定をすると、設定解除になる）

上記の「変更する位置を選択」の操作を二度すると設定が解除される、つまり線を透明にすることができる。この場合、画面上には点線が現れるが印刷はされない。

・透明にしたい線と同じ設定の場合

設定メニューが表の線の設定と同じ線種になっている場合は、線の設定の操作は一度でよい。

・透明にしたい線の設定と異なる設定の場合

設定メニューが表の線の設定と異なる線種になっている場合は、線の設定の操作をとにかくいったん設定してしまい、その状態で操作をもう一度行って設定を解除する、という手順を踏む。

補足：罫線を透明にする方法の使い方

項目を分類別にまとめる必要があり、分類名を配置するセルを結合しなくても項目名がうまくおさまる場合は、**10-6** の「セルの結合」の代わりに使う。

手順1. 範囲選択をする。

手順2. メニュー「**表ツール**」→「**デザイン**」→「**飾り枠**」欄の罫線の ⊞「**罫線（内側）**」を選択する。

□	□	国内	□
□	民間最終消費支出	政府最終消費支出	総資本形成
1980	132,246.8	34,303.5	78,507.4
1981	140,698.1	36,876.4	81,574.4
1982	151,010.7	39,158.0	82,068.6
1983	158,991.4	41,501.4	79,698.4
1984	167,154.7	43,454.9	84,329.3

この操作により罫線の設定が解除され線が表示されなくなる、つまり透明になる。

本書では、「セルの結合」を極力使わないこと、またその代わりとして罫線を透明にすることを勧めている。特に、**10-7** で説明する「授業計画表」のように Word 上で行を追加、削除するような大な変更を繰り返す場合は、「セルの結合」を使わないようにしたほうがよい。

- 189 -

10. 表の作成、加工

10-5. Word 上の表の加工　その1
表の配置
「説明する表」の左上の欄の使い方

「理解用の表」では、グラフ作成のため左上には何も記入しないよう、注意を促した。(7-2)

しかし、「説明する表」からグラフを作成することはないはずなので、「説明する表」の左上の欄に単位などの補足説明を加えてもよい。

単位など補足説明	項目（列、横）
項目（行、縦）	データ（数値）

表の間隔の自動調整

範囲選択した範囲の横幅を揃えるためには、以下の操作を行う。

Word では範囲選択した全体の幅はそのまま、その内側を均等に配分して調整する。

> **手順1.** 横幅を調整したい部分を範囲選択する。
> **手順2.** メニュー「表ツール」→「レイアウト」→「セルのサイズ」欄にある、「幅を揃える」を押す。
> **注意.** 間隔の自動調整をする際は、必要な部分を全て範囲選択するか、範囲を選択せずに位置だけを指定する必要がある。一部だけ範囲選択してしまうと、選択した部分だけが調整され、表の線が一部ずれてしまう。

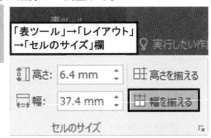

表の列幅（横幅）の自動調整

Excel と同様に、表の線上でマウスの左ボタンをダブルクリックすると、表内に文字がきれいに収まるのに適当なサイズに変更される。（うまく収まらない時は、同じ操作を何度か繰り返す。）

> **手順1.** 表の縦線の上にカーソル（マウスの矢印）を重ねる。
> **手順2.** 矢印の形が ╫ になったら、マウスの左ボタンをダブルクリックする。

注意：表の一部だけ範囲選択した状態で、線の位置を調整しないこと

表の一部を範囲選択したまま線の位置を変えると、選択された範囲の線が他の線とずれて移動してしまう。

表の間隔の指定

メニュー「表ツール」→「レイアウト」→「セルのサイズ」欄の「幅を揃える」の横にある「幅」を使えば、数値で横幅を指定できる。この場合は数値を入れるよりも、右側の ⁝ を使った方が値を調整しやすいこともある。

また、いくつかの列を範囲選択すると、まとめて同じ幅に揃えることができる。

注意：表の間隔を指定する際の範囲選択

範囲を選択した状態で位置を指定すると、その範囲だけが対象となる。つまり範囲選択した部分だけ設定変更され、他の線とは位置がずれてしまう。そこで、間隔を変える箇所が全て範囲選択されている状態にすること。

表の設定各種

文字揃え(上下左右)の設定

表では上下の文字揃えが必要な場合があるので、以下の文字揃えの操作を行う。

手順1. 文字設定したい位置を範囲選択する。
手順2. メニュー「表ツール」→「レイアウト」→「配置」欄の左にある「文字揃え」から、設定したいものを選択する。

表のサイズの変更

手順1. 表の上にカーソル（マウスの矢印）を重ねる。
手順2. 表の右下に現れた の上で、マウスの左ボタンをおさえる。
手順3. そのままカーソルを動かし、現れた点線が変更したい位置に移動したら、マウスの左ボタンを放す。

ただし、表内の文字の大きさや配置があるため縮小には限界があり、また表を大きくしても文字サイズは変化しないため、余白ができてしまう。

表の線の位置を変える

手順1. 表の縦線の上にカーソルを重ねる。
手順2. カーソルの形が になったら、マウスの左ボタンをおさえる。
手順3. そのままカーソルを横に動かす。
手順4. 表示を参考に、表の幅を指定したい位置でマウスの左ボタンを放す。

枠内の色の塗りつぶし

手順1. 塗りつぶしたい部分を範囲選択する。
手順2. メニュー「表ツール」→「デザイン」→「表のスタイル」欄右側にある「塗りつぶし」の下の▼を押す。
手順3. 現れた色の一覧から、塗りつぶしたい色を選択する。

10. 表の作成、加工

10-6. Word 上の表の加工　その2

表の挿入と削除

行（横）と列（縦）の追加

一行（横）、一列（縦）単位なら、以下の方法で簡単にできる。（2010 以前の Word ではできない。）

手順1. 行または列を挿入したい位置の境界線の上に
カーソル（マウスの矢印）を重ねる。
（行なら横線、列なら縦線）
手順2. 行なら左方向、列なら上方向に、カーソルを
移動する。
手順3. 表の端近くで ⊕ が現れるので、それを押す。

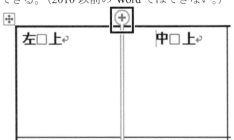

別の追加方法（昔の Word でも可能）

上記の方法でうまくできない場合、また 2010 以前の Word の場合は、以下の操作を行う。

手順1. 行（横）または列（縦）を挿入したい位置を範囲選択する。
手順2. メニュー「表ツール」→「レイアウト」→「行と列」欄の「～を挿入」
を使って、行（横）と列（縦）のどちらを追加するのか、
またどの方向に追加するのかを選択する。
補足. 範囲選択せず、位置の指定だけでも行や列の挿入は可能である。

行（横）と列（縦）の削除

行や列をまとめて削除する作業は、以下の操作で行う。

手順1. 行（横）または列（縦）を範囲選択する。
行の場合は、右端の表の外側にある改行キーまで選択する。
手順2. 「Backspace」キーを押す。

メニューを使った削除

上記の方法ができない場合、行や列を削除する作業は以下のように行う。

手順1. 削除したい行または列を範囲選択する。
手順2. メニュー「表ツール」→「レイアウト」→「行と列」欄の「削除」を押す。
手順3. 現れた一覧から削除するものを選択する。
補足. 範囲選択をせず、セルに文字を入力できるようにするだけでも、
行や列の削除は可能である。しかし誤操作を防ぐため、削除したい
箇所を範囲選択してから操作することを勧める。

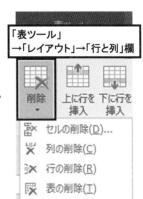

一つ以上の行や列を範囲選択して「Backspace」キーを押すと、「表の行/列/セルの削除」の設定画面が現れるので、削除する対象（行、列、セル）を選択してもよい。

Word 操作：表の完成

区切り方

太い罫線を使って分類を区切る加工を、以下の位置に施すことで右下の表が完成する。

列（縦）
- 縦項目名、年次（左端）
- 国内（左2～4列目）
- 貿易（左5～6列目）
- 国内総生産（右端）

行（縦）
- 横項目名（最上部2行）
- 年次（上3行目～最下部）

説明用の表（加工後）

年次	民間最終消費支出	政府最終消費支出	総資本形成	貿易 財貨・サービスの輸出	（控除）財貨・サービスの輸入	国内総生産（支出側）
1980	132,246.8	34,303.5	78,507.4	32,817.0	35,036.1	242,838.7
1981	140,698.1	36,876.4	81,574.4	37,846.4	35,927.1	261,068.2
1982	151,010.7	39,158.0	82,068.6	39,190.6	37,341.3	274,086.6
1983	158,991.4	41,501.4	79,698.4	39,125.4	34,258.2	285,058.3
1984	167,154.7	43,454.9	84,329.3	44,901.6	36,865.5	302,974.9
1985	176,706.7	45,371.4	92,284.4	46,176.6	35,137.2	325,401.9
1986	184,028.2	47,467.5	95,782.9	38,058.2	24,777.3	340,559.5
1987	192,604.2	49,505.9	101,499.0	36,180.2	25,619.1	354,170.2
1988	203,367.0	51,707.4	117,429.3	37,430.6	29,191.4	380,742.9
1989	217,529.3	55,045.8	131,310.0	42,272.9	36,035.8	410,122.2
1990	234,703.9	59,025.0	144,878.9	45,863.1	41,689.9	442,781.0
1991	246,499.3	63,074.3	152,301.3	46,667.9	39,120.9	469,421.8
1992	255,975.9	66,549.8	147,859.5	47,288.1	36,890.5	480,782.8
1993	261,255.9	69,350.0	142,340.4	44,109.0	33,343.5	483,711.8
1994	268,599.4	71,984.8	137,983.1	44,269.7	34,386.7	488,450.3
1995	272,756.6	75,121.2	140,330.1	45,230.1	38,272.4	495,165.5
1996	279,306.2	77,348.2	145,818.6	49,560.6	47,021.8	505,011.8
1997	284,778.1	78,966.8	146,141.7	56,073.6	50,316.1	515,644.1
1998	282,588.7	80,304.6	132,568.1	55,051.0	45,607.0	504,905.4
1999	283,880.1	82,207.2	123,648.9	51,143.5	43,251.1	497,628.6
2000	282,772.2	84,941.7	127,960.5	55,255.9	47,940.4	502,989.9

補足：表題、注の追加

残る作業は、以下の通りである。
- 表の上部に表番号と表題を付ける
- 表の下部に注や補足説明を付ける

設定方法は、11-10 を参照。

セルの結合（取り扱い注意）

表の項目を分類別にまとめる場合は、分類名はいくつかの項目にまたがって表示する必要がある。その場合はセルを結合すると、見やすく表示できる。

手順1. 結合したい部分を範囲選択する。
手順2. メニュー「表ツール」→「レイアウト」→「結合」欄にある「セルの結合」を押す。

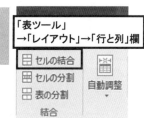

「表ツール」
→「レイアウト」→「行と列」欄

補足：「セルの結合」は極力使わないこと

「セルの結合」を使うと、後から行や列を追加した場合、表が崩れるなどの原因となる。そのため 10-4 で説明した「線を透明にする方法」をなるべく使うのが望ましい。しかし、上の表のように使わなければならないこともある。

そこで、以下の条件を踏まえた上で、使うことを勧める。

- 線を透明にするのでは対応できない場合に限定する
- 行や列の追加がない程度に、表の形式が定まってから行う

上の表では、「貿易」と「国内総支出」は結合して「中央揃え」で設定した。これに対し、「国内」では結合を使わずに、線を透明にすることで済ませている。

また 10-7 で説明する授業計画表は、印刷直前まで行を追加、削除することが必要なため、「セルの結合」を使わなければならない場合は、印刷直前までしないことを勧める。

10. 表の作成、加工

10-7. 授業計画表の作り方

授業計画表

授業計画表の例と設定方法

　　授業計画表を作成する際は書き直す、項目を変える、順番を入れ替える、行を足す、または削除するといった作業を頻繁に行うはずである。このような作業に必要な操作方法は、**10-4** から **10-6** で説明してきた。ここでは **1-10** で示した授業計画表の例を使い、具体的な設定方法を説明する。

・1-10 の例（一部抜粋）

　　各種資料と一緒に **1-10** に載せた指導案は、以下のようになっている。

主題：偏差値の計算			
1分	・以下のQ1〜Q5の質問をする	・求める答えが出てくるまで続ける	黒板
	Q1：テストが返されている時に、近くの友人と何をしていたか？　A：見せ合った	・板書計画に合う答えがでたら、番号を振りながら、記していく（板書計画を参照）	
	Q2：全員にテストを返し終わった教員は、次	・記す際は、数式も用いる	

・項目間に横線を入れない例

　　上の表では中央２列の項目間に横線で引いている。しかし、これは十分な場所を取れない場合の苦肉の策である。これに対し、以下のように項目を横線で区切らないものが、現場では使われることが多いようなので、ここでは以下の表の作成方法を説明する。

主題：偏差値の計算			
1分	・以下のQ1〜Q5の質問をする	・求める答えが出てくるまで続ける	黒板
	Q1：テストが返されている時に、近くの友人と何をしていたか？　A：見せ合った	・板書計画に合う答えがでたら、番号を振りながら、記していく（板書計画を参照）	
	Q2：全員にテストを返し終わった教員は、次	・記す際は、数式も用いる	

・Word で生じる問題

　　このような表は Excel で作成したいという意見が多いようである。その理由は、Word では以下のように項目がずれるからだという。（例：線で囲んだ箇所を追加したことで行がずれている。）

主題：偏差値の計算			
1分	・以下のQ1〜Q5の質問をする	・求める答えが出てくるまで同じ質問を続ける	黒板
	Q1：テストが返されている時に、近くの友人と何をしていたか？　A：見せ合った	・板書計画に合う答えがでたら、番号を振りながら、記していく（板書計画を参照）	
	Q2：全員にテストを返し終わった教員は、次		

・問題の解決方法

　　このずれは **10-4** で示した「罫線を透明にする」方法で解消できる。

主題：偏差値の計算			
1分	・以下のQ1〜Q5の質問をする	・求める答えが出てくるまで同じ質問を続ける	黒板
	Q1：テストが返されている時に、近くの友人と何をしていたか？　□A：見せ合った	・板書計画に合う答えがでたら、番号を振りながら、記していく（板書計画を参照）	
	Q2：全員にテストを返し終わった教員は、次に何をしたか？　□A:平均点を述べた	・記す際は、数式も用いる ・小学校にしていたことを強調する	

　　このように授業計画書では、「セルの結合」はなるべく使わずに、罫線を透明にするだけで済むように作成するとよい。

Wordだけで表を作成する方法

表の挿入　18行（縦）、4列（横）の場合

1-10にある授業計画表の例は、縦18行、横4列で構成されている。
この行数、列数で表を作成するには、以下の操作を行う。

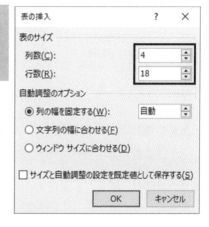

手順1. メニュー「挿入」→「表」欄の「表」を選択する。
手順2. 現れたメニュー下にある「表の挿入」を選択する。
手順3. 現れた「表の挿入」設定画面で表のサイズと指定し、「OK」を押す。

今回は、列数（縦）を「4」、行数（横）を「18」に指定する。
なお、8行（縦）10列（横）以下の場合は、**メニュー「挿入」→「表」**欄の「表」を選択し、現れた「表」で大きさを指定すればよい。

サイズの指定

作成された縦18行、横4列の表は、横幅が等間隔になっているはずである。この横幅を変更し、1-10の授業計画表の例のように整える際は、「セルのサイズ」を用いるとよい。

手順1. 表左端の列（縦方向をまとめて）を選択する。範囲選択はせずに、一カ所だけ選択していればよい。
手順2. 現れた**メニュー「表ツール」→「レイアウト」→「セルのサイズ」**欄にある「幅」に、「12」と記入する。

これで左端の列は、12mmで調整される。
同様に中央2列を66mm、右端を24mmに指定する。
なお、右図は**中央2列を66mmに指定**した状態である。

行の途中でページが変わらないように設定

表の途中で改ページがされると、表が読みづらいことがある。そこで、せめて罫線で区切られた行単位で、ページが切り替わるように設定しておくとよい。

手順1. 授業計画表の左上に現れる ⊞ の上で、マウスの左ボタンを押す。（10-3）
手順2. そのままマウスの右ボタンを押す。
手順3. 現れた「表のプロパティ」の「行」の設定画面にある、「行の途中で改ページする」のチェックを外す。

補足：文字の設定

実際の作業で作成する表は **9-5** で説明したページの設定、つまり余白、文字数、行数に基づいた調整が必要になる。なお、本書の **1-10** の例のように無理に詰め込む必要性が低い場合は、内容に合わせてページ数を増やせばよい。ただし、内容が長くならないよう簡潔、最低限にまとめること。

11. 文書の設定
11-1. 文書の形式
文書の例：論文

論文を文書の例にして説明

文書の形式を整える方法を、本章では論文（卒業論文程度）を例に説明する。

ただし、分野によっては本章で説明するものとは異なる形式のものを、「論文」と呼ぶこともある。その場合は、ここで説明する形式は一例として捉え、設定の参考にすること。

論文は文書の形式の一つであり、その内容は大きく分けて三つに分かれる。

・**初見の人向けの説明**

「要約」（400文字程度）、「はじめに」（目的の提示）と「おわりに」（得られた結論）

・**根拠を踏まえた、専門的で高度な説明**

「本論」（専門的で高度な、同分野の研究者を対象とした内容。難解でローカルルール強し。）

・**品質の判断材料となる説明**

参考文献、注、文中の図表、構成を示す目次など

論文の構成の一例

論文の構成と内容は、以下の通りである。（一例、分野によって異なる）

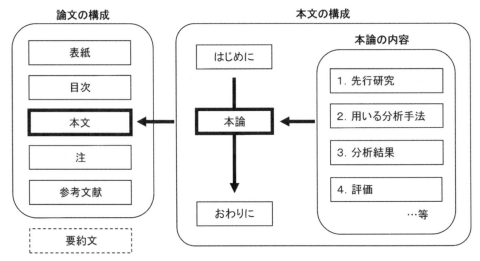

論文の内容は大きく分けると、以下の三つからなる。

1. **一つの主張を述べる（タイトルや要約文）**
2. **主張を、「はじめに」（導入部）と「おわりに」（結論部）に分けて示す**
3. **「おわりに」（結論部）で示した結論に行き着く論理や根拠を、「本論」で示す**

きちんと作成されている論文は要約文や「はじめに」と「おわりに」を読めば「主張」、つまり言いたいことが分かるようになっている。また「本論」には、「はじめに」で示された問いに対して、「おわりに」で示された結論に至った理由、根拠となる資料、分析手法、評価基準、分析結果などが示されている。つまり、「主張」だけなら400文字程度でも書けることを根拠付けて説明しているのが「本論」である。

もちろん、このような厳しい形式で、未経験者が文書を作成することは難しい。そのため、多くの人はパソコンを駆使し、最終的にこのような構成になるように試行錯誤することになる。

「はじめに」と「おわりに」

　「はじめに」と「おわりに」は、作成者の考えが現われる部分である。つまり、これらを読めば、作成者の「主張」と「本論」で示した説明の概要を、把握することができるはずである。

　別の言い方をすれば、筆者の主張が強く出るのが、「はじめに」と「おわりに」である。一方、「本論」はその根拠を説明しているため、主張を正面に押し出した説明は少ないはずである。

　また「はじめに」では、問題提起をそれに答える方法と一緒に示している。もちろん提示した疑問に全て答えられることが少ないので、「おわりに」では研究の至らなかった点、疑問点、また今回の研究の延長にある新たな研究課題などを示すことになる。

「本論」の構成

1. 先行研究の内容と経緯

　「本論」では意見を説明するだけでなく、意見の根拠も説明する。その方法は分野によって、分析手法などの内容によって異なる。しかし自身の研究の前提として、まずは関連する文献を並べて、以下のような先行研究全体の流れの概要を示すことを、多くの分野でするはずである。

- **・事象そのものの性質（変化や特徴）**
- **・事象に対する研究者の解釈**
- **・関係する研究の大きな流れ**

　ある研究分野の研究の流れや通説を示すためには、説明に学術的な論文を用いる必要がある。学術的な論文を定義することは分野、研究テーマによって異なるため一概にはできない。しかし論文誌や紀要に掲載されたものか、それをまとめた研究書に掲載されたものであれば、多くの場合は問題ないはずである。これらの論文誌や研究書は町の本屋や市立レベルの図書館では入手しにくく、大型書店や大学の購買部、大学や研究所の図書館などで探す必要がある。（3-9）

　これらの資料の意義を示し、これまでの積み上げられた研究の経緯を示し、一方で不足している点や別の切り口で見る必要性などを示し、作成者自身がこれから説明することの意義を示す。これにより、作成者がその論文で採る立場と説明する際の評価基準を示すことになる。

2. 用いる分析手法

　分析手法の意味は、分野によって様々である。例えば分析モデル、計算用のプログラム、器具、施設を利用した実験、実地調査、アンケート収集、インタビュー、公文書や古文書など記録の調査など、さまざまな方法がある。

3. 分析結果

　なるべく主観や評価を抜きに事実関係を説明する。分野によっては、この後の「分析結果に対する評価」と合わせて説明することもある。その場合は結果と評価の区別がつくように、説明に用いる表現を分けるように注意する必要がある。

4. 分析結果に対する評価

　分析結果に対し、上記の「立場、評価基準」に基づく一貫した解釈、評価をする。分析結果と合わせて示すこともある。

11. 文書の設定

11-2. 文書設定の概要

形式の設定

用紙の設定

規定や教員の指示を踏まえ、初期の段階でWordファイルの基本的な設定をしてしまうとよい。

特に規定等が設けられていなければ、先人（ゼミの先輩など）の論文の形式を参考にすること。

- **余白(9-5)**
- **文字数、行数(9-5)**

余白、文字数、行数の設定は、特に指定がない限り Word の初期設定でも構わないはずである。ただし、Word の初期設定では余白が 30mm もある。そこで印刷してペン等で書き込みをするつもりなら、そのまま行数を少なくして行間を増やすとよい。そうでない場合は、余白を 5〜10mm ずつ減らし、文字数、行数を増やすとよい。

いずれにせよ、行間を詰めすぎて見づらくならないよう、行数は文字数以上に設定しないこと。

- **ページ番号(9-6)**

表紙を付ける際はページ番号を0から振り、表紙のページ番号を表示しないように設定する。

- **標準フォント(字体)の設定(9-7)**

論文で標準となるフォント（字体）を設定する。標準設定のままでもよいが、数式や記号を多用する場合は半角文字（英数字）の標準フォントを Times New Roman に変更することを勧める。

また、数学記号（x, y, z）には、*Times New Roman* の斜体（イタリック）を用いることを勧める。

表紙(11-3)

タイトル、名前、所属、提出先などを表記する。そのため規定をきちんと把握し、それに合わせた設定をするのを忘れないようにすること。なお、項目を線で囲むかどうかで、以下のように作成方法が異なる。

- **枠線を入れない場合： インデント(9-10)、Tab(9-11)**
- **枠線を入れる場合：　表(10章)**

名前などの各項目を、枠線で区切る場合は表機能を使う。

また表の線を透明にすることで、枠線なしに見せることもできる。

見出し(11-4)

「文字機能」を使わず、「スタイル」を使って設定する。

- **「スタイル」機能(9-7右)**

「スタイル」機能を使って設定した箇所には、ページ左の余白に点が付くことがある。

この点は特定の「スタイル」を設定したことを示しており、印刷はされない。

目次(11-5)

見出しが各箇所の内容を要約、抽出したものになっているか確認する。

- **インデント(9-10)**
- **Tab(9-11)**

Tab で空いた部分を、点（リーダー）でつなぐ際は、Tab の機能を使って設定する。

また「スペース」キーで点線の前後に空白を入れ、見やすくなるように調整するとよい。

文書設定の概要　　11-2

本文、引用箇所、参考文献一覧

　文章を読みやすく、段落の区切りや引用箇所を判別しやすくするため、インデントを活用する。

・**インデント**(9-10、11-8)

　本文：　「一行目のインデント」を一文字右にずらす

　引用：　　左インデントを使い、本文のインデントの設定を全て三文字程度右にずらす

　参考文献：「ぶら下がりインデント」、二行目以降を一文字分右にずらす

　なお、本文、注、参考文献一覧の表記方法は、一つの文書内では統一すること。また長い作成期間中に知らぬ間に表記方法を変えていることがあるので、最後にまとめて設定し直すことを勧める。

注(11-7)

・**脚注機能**(11-7)

　引用注：　出所をページ番号、引用行数まで明記する

　補足注：　流れを損なうため文中には書けないことや、本文を補佐する内容を説明する

「注」が必要となる文の終わりの句点、つまり「。」の前に脚注番号を入れる。

　どこに注を入れたか分からなくなった場合は、「次の脚注」機能を使って探す。(**11-7 右**)

　論文の最後にまとめて「文末注」を設けるよう、あるいは別冊にするよう指示された場合は、まず「脚注」方式で作成し、最後に「文末脚注」(Word 上の名称)に「変換」するとよい。(7-6)

図(グラフ)と表

図、表の作成と配置

　図表は、まず論文とは別ファイルで作成しておき、それを論文用のファイルに貼り付けるとよい。図表作成後の作業の注意点は、以下の通りである。

・**図は PowerPoint で作成する**(4章)

　Word の「描画キャンバス」でも可能であるが、扱いにくく問題が生じやすいので勧めない。

・**図(グラフを含む)は、拡張メタファイル形式で貼り付け、図全体の拡大・縮小を可能にしておく**

・**表は2ページにまたがらないよう、Word 原稿1ページ内に収まるように作成する**(11-9、11-10)

　Word だけで作成する方法と、まず Excel で作成してから Word に貼り付けて加工する方法がある。

　貼り付けは普通に「Ctrl +V」で行うこと。表の場合、「形式を選択して貼り付け」は勧めない。

・**図表は、説明に使った文章の近くの段落の間に配置する**(11-10)

　図表を貼り付ける前に5行(空白、表題用、図表用、補足説明用、空白)を空けておき、図表の前後に余白があるようにすること。

　なお、図表の作成方法については、図は**4章**、表は**10 章**を参照。

図表番号や出所を表記

　貼り付けた図表には、以下の説明を追加する。

・**図表番号**：　文字の中央揃え(9-11、11-10)

・**補足説明**：　**インデント**(9-10、11-8)

補足説明は「注」にあたるので、文字を「注」と同じにするとよい。(例えば、9ポイント)

またインデントを使い、図表に合わせて位置を調整すると見やすくなる。

1. 説明
2. 道具(PC)
3. 情報管理
4. 図
5. Excel 操作
6. 計算の基本
7. データ処理
8. グラフ
9. Word 操作
10. 表加工
11. 文書設定
12. スライド
13. 印刷

1. 文書の形式
2. 設定の概要
3. 表紙、頭
4. 見出し
5. 目次
6. 参考文献
7. 注
8. 段落の配置
9. 図表貼付
10. 図表配置

- 199 -

11. 文書の設定
11-3. 文書の表紙、配布資料の頭
表紙の設定

表紙で使う設定
1-7 にある表紙の例で使っている設定は、以下の三つである。
- ページ末： 改ページ(Ctrl +Enter)(9-10)
- タイトル： 「表題」のスタイル(11-4)
- 名前、所属等： インデント(9-10)と Tab(9-11)、または表(10章)

名前と所属の作り方は、表と Tab を使う二つの方法がある。表と Tab のどちらを使うのかは、表の線が必要かどうかで決めればよい。

表紙に必要な項目
表紙には論文名、筆者名、所属などを記す。所属などは提出先や、目的などによって書くべき内容が異なるので、提出前にもう一度、何を記載すべきかを確認すること。

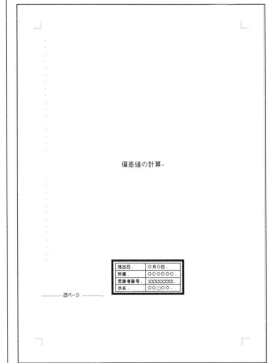

項目名(左側)の設定
- 一行目のインデントを使う(9-10)

個人情報(右側)の設定
- 左揃え Tab を使う(9-11)

設定
- 表の線で項目ごとに区切る(10章)
- 配置を、表の罫線を使って区切る

なお、表の線を透明にすると、左の Tab を使ったものに近い印刷物になる。

配布資料の頭

配布資料の頭の作成
配布資料の頭の作り方には、以下の二種類の方法がある。
- **最初のページに表示する（必須）**
　配布資料が使われた目的、日時や場所を後からでも把握できるようにしておく。（以下を参照）
- **ヘッダーを使い、全ページに同じ内容を表記する（9-4）**
　ヘッダーの場所は狭いため、最低限の情報を示す。

最初のページだけに表記する
配布資料の頭に表記する場合は、以下の設定を用いる。
- **タイトル：**　　　中央揃え（9-11）
- **名前、所属等：**　左揃え Tab（9-11）

文字の「右揃え」を使って、設定してもよい。

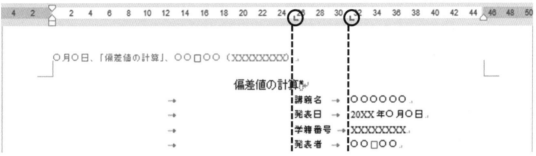

ヘッダーを使った表記
論文や配布資料の全ページにタイトルを付ける場合は、ヘッダー機能を用いる。

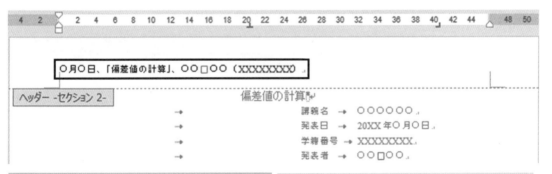

手順1.「ヘッダー」で、マウスの左ボタンをダブルクリック（すばやく2回押す）する。
手順2. ヘッダーに文字入力ができるようになるので、情報を書き込む。

11. 文書の設定

11-4. 見出し（スタイル）

見出しの設定

「スタイル」を使うメリット

「スタイル」機能を使って見出しの設定を行うと、以下の二点の効果が得られる。

1. 設定が楽にできる

字体、装飾、大きさなどを一括で設定してくれる。

2. 見やすくなる

「スタイル」を設定した箇所には、ページの左側の余白に点が表示される。この点は「スタイル」機能が使われていることを示すものであり、「編集記号」と同じく印刷されない。

見出しの階層（章、節、項）

多くの論文は章、節、項の単位で構成される。これらの見出しの表記方法は何種類もある。

なお、論文の長さによっては章の上に「部」をつけることもある。

例1	例2	例3	例4	例5
第1章	1	1.	100	I
第1節	1.1	1-1.	110	1
第1項	1.1.1	1-1-1.	111	(1)
第2節	1.2	1-2.	120	2

各見出しの一行前に余白を設け、区切りを明確にすること。

なお、本書では番号を自動で振ってくれる機能を使うことを勧めていない。（**9-2 右**）

また、他の自動機能もなるべく使わず、入力することを強く勧める。（**右ページ補足2**）

「スタイル」を使った見出しの設定

章、節の見出しは本文と違う字体設定にし、読む人が区切りであることを意識しやすくする。ここで説明する「スタイル」機能を使うと、簡単にフォント（字体）の設定を一括で行うことができる。つまり、**9-9** で説明したようなフォントの設定を、その都度行う必要がなくなる。

手順1. 見出しの段落を選択する。

その段落（行）のどこかを選択していればよい。逆に、範囲選択はしない方がよい。

手順2. メニュー「**ホーム**」→「**スタイル**」欄にある設定を選択する。

必要な見出しが隠れている場合は、一覧の右側にある ⌄ を押して表示させる。

- 202 -

見出し（スタイル）　11-4

「スタイル」と見出しの対応

　論文で使うスタイルの設定は限られており、以下の表のように用いることを勧める。

　なお、自分で「スタイル」そのものを設定、変更する場合は**9-7 右**を参照。

見出し	用いるスタイル	サイズ	全角	半角
タイトル	表題	16	MSPゴシック	MSPゴシック
章	見出し1	12	MSPゴシック	MSPゴシック
節	見出し2	10.5	MSPゴシック	MSPゴシック
項	見出し2	10.5	MSPゴシック	MSPゴシック
本文	標準	10.5	MS 明朝	Times New Roman（※）

※半角文字の標準設定を Century から Times New Roman に変更することを勧める。**（9-7）**

　なお、卒業論文レベルで「項」を用いるということは、その構成が相当細分化されていることになる。そこで、構成が細かくなり過ぎていないかを確認し、整理を検討することを勧める。

補足1：「標準」のスタイルの活用

　「標準」を選択すると、以下のように設定される。

・段落頭であることを示すため一文字右にずらしてある、「一行目のインデント」が左端による

・装飾等の文字設定が取り消される

　「標準」を選択すると文字の色、太字、下線、Tab、インデントなどの設定をまとめて削除し、初期設定に戻してくれる。そのため設定内容が分からなくなったら、時間を無駄にせず、さっさと初期設定に戻してしまえばよい。仕事では、人からファイルを引き継ぐことがある。そのファイル内の文章に特殊な設定が、自分のファイルと合わせた際に意図しない問題を起こすことがある。このようなことが起こらないよう、受け取ったらすぐ初期設定に戻してしまうのも、一つの方法である。

補足2：「スタイル」機能との連動

　なお、「スタイル」機能を用いると、以下の機能を合わせて使うこともできるようになる。

・目次の自動作成

・アウトライン

　本書ではこれらの機能の使用を勧めない。目次は構想段階から構成、つまりどのように説明していくかを示す、「設計図」の役割を持つ。つまり、執筆当初から仮置きの目次を作成するはずである。また、アウトライン（大まかな構想から作っていく方法）は、Word よりも紙の上で二次元的、好き勝手に書きなぐれる状態で考えた方が、作業がしやすい。慣れないうちはキーボードで入力しようとしているうちに忘れたり、分からなくなったりするので、紙に書きなぐってでも忘れないうちに残すことが必要である。

　多くの人は文書作成や編集のプロではなく、いろいろな作業の一環で文書や資料を作成するはずである。その仕事の内容を考えれば、このような機能を使わずに紙の上に書いてしまった方がよい。

11. 文書の設定
11-5. 目次(Tab)

目次の構成
目次の例
論文構成（目次）の例は、以下のようになる。

目次
第1節	はじめに	…………………………………………	1
第2節	偏差値の計算式	……………………………………	1
第3節	偏差値の理解に必要な、数学の復習	……………	1
第4節	小学生の行動と偏差値の計算	………………………	2
第5節	計算例	………………………………………………	2
第6節	おわりに	……………………………………………	3
参考文献		…………………………………………………	3

目次の設定
目次をインデント(9-10)と Tab 機能(9-11)を活用して作成すると、以下のようになる。

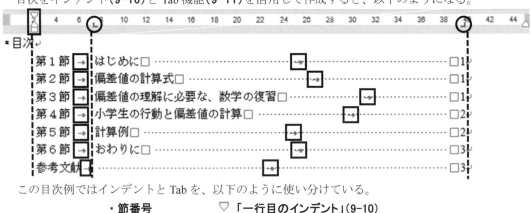

この目次例ではインデントと Tab を、以下のように使い分けている。
- 節番号　　　　　▽「一行目のインデント」(9-10)
- 小見出しの位置　└「左揃え Tab」(9-11)
- ページ番号　　　┘「右揃え Tab」(9-11)

Tab の設定
Tab の設定は、以下の手順で行う。(9-11)

手順1. 文字（目次）を入力し、区切る箇所の手前に Tab 記号「→」を入力する。
手順2. Tab を設定する範囲を選択する。
　選択した段落だけに、設定の操作が反映される。
手順3. 右図の線枠内（Word の作業画面の左端）でマウスの左ボタンを押し、
　設定したい Tab を表示する。
手順4. 目次例のように、文字を揃えたい位置（上記の枠線で示した箇所）に Tab を配置する。

なお、Tab が入力されていることを表す → の矢印は、初期設定では表示されない。
これを表示するには、**メニュー「ホーム」→「段落」欄**の「編集記号の表示/非表示」を押す。(9-10)

目次(Tab) 11-5

目次の設定の複製
目次の設定を複製する手順
　目次の設定を複製するためには、以下の操作を行う。
手順1. 目次を一行作成する、つまり目次に必要なインデントと Tab の設定をする。
手順2. その行（段落）を全て、コピー（Ctrl +C）する。
手順3. 必要な行数、貼り付け（Ctrl +V）を行う。
手順4. 貼り付けた行の見出し番号、見出し、ページ番号を書き換える。

「改行」を使った設定の複製
　なお、目次用の設定をした行の ↵ （改行）だけを範囲選択してコピーし、別の行の「改行」の手前に貼り付けると、その行を目次用の設定に変えることができる。
　この方法を使うことで、設定が異なる行の設定を目次用に合わせることができる。

補足：インデントの自動設定
　既に文字を入力した段落の頭に空白、この場合は全角スペースや Tab を入れると、「一行目のインデント」が右にずれてしまうことがある。その場合は、以下のように設定する。
- 別の場所の全角スペースをコピーして、段落頭に貼り付ける
- 先に Tab の設定をしておき、「一行目のインデント」がずれても問題ないようにしておく

リーダー（見出しとページ番号の間の点）の設定
　見出しとページ番号の間の点線は、「リーダー」（Leader、導くもの）機能を使って設定する。
　この設定を使うと、見出しの長さなどに合わせて自動的に点を打ってくれるようになる。
手順1. 目次の部分を範囲選択する。
手順2. 「ルーラ」上に設定した Tab が現れるので、現れた
　　　　Tab の上でマウスの左ボタンを「ダブルクリック」
　　　　（すばやく2回押す）を行う。
　すると、「タブとリーダー」の設定画面が現れる。
　別の設定画面が出てしまう場合は、**ダブルクリックをゆっくり行ってみる**こと。
　設定画面の「タブ位置」欄には、目次のどこに「Tab」を配置したかが示される。
手順3. 「…」（リーダー）を入れたい場所の右側に位置する
　　　　Tab を選択する。（例では「39.74 字」）
手順4. 「リーダー」欄で（5）の「………」を選択し、
　　　　「OK」を押す。
　この数字が現れない場合、同じ Tab 設定をしていない行を範囲選択に含めた可能性がある。そこで範囲を選択し直してみて、それでもこの数字が表示されなければ、面倒でも「スタイル」の「標準」を選択して初期設定に戻し、Tab の設定を初めからやり直すことを勧める。
　また Word の仕様上、「タブ位置」をマウスで設定する場合、正確に合わせることはできないことが多いため、位置はだいたいでよい。

11. 文書の設定

11-6. 参考文献一覧
参考文献一覧の形式（一例）

参考文献の示し方

参考文献の示し方には、以下の二つがある。

・参考文献一覧と注を合わせて示す

・注だけで示す

参考文献一覧の表記の形式はさまざまである。そこで、ここでは参考文献一覧の形式の一例を紹介するに留める。（11-7）

論文の形式を整える際は、各自で規定や分野ルールを調べて、それに合わせる必要がある。

また、同じ論文内では、形式を一貫させること。

日本語の文献の並べ方の例

ここで紹介する、参考文献一覧の表記方法では、以下のように並べる。

・著者の苗字で 50 音順に並べる

・同じ著者の複数の文献を出す場合は、文献の発表年を記し、年順に並べる

新しい文献から先に書く。（古い方から書く場合もある。）

・同じ年に複数の文献が発表されている場合は、発表年の右に abc を振る

・日本語文献（翻訳を含む）と外国語文献を分けることもある

・研究書に収められた論文を使う場合は、論文の掲載された章を示し、論文として引用する

外国語の文献の並べ方の例

参照した文献が外国語の場合、著者名・論文名等は外国語のままで言語別に、その言語の形式に従って表記する。ここでは英語表記の方法を説明する。

・苗字のアルファベット順で文献を並べる

・苗字を先に出し、カンマをうってから名前を記す

・必要があれば日本語と分け、言語別に並べる

ただし、苗字にあたるものがない人もいる。その場合は、引用した文献に書かれている表記に従うこと。また英語以外の外国語の論文の場合、論文誌の目次などに英語名が書かれてないか探すこと。

参考文献一覧の形式と例

その1　単著書の表記例

単著、一人で作成された文献は、以下のように記す。

日本語文献の例

型：　**著者名（出版年）『書名（あればシリーズ名）』、（翻訳者名、出版年）、出版社名。**

例：　スミス，アダム（1789）『国富論 II』、大河内一男 監訳（1978）、中央公論新社。

ポイント：書名を『　』（二重カギ）で囲む。

外国語文献の例

型：　**Author (Year), *Title*, City, Publisher.**

例：　Smith, Adam St. (1776), *An Inquiry into the Nature and Causes of the Wealth of Nations*, London: Methuen & Co., Ltd., UK.

ポイント：書名を*斜体*（イタリック）にする。

参考文献一覧　　11-6

その2　共著書の表記例

共著書は、大きくは以下のように分かれる。

・一つの研究テーマを設け数人が取り組んだもの

左ページの単著書のように複数名を記す。ただし表記されている名前の順番を変えないこと。

・数人の論文を集めて一冊の本にまとめたもの

共著書の一部である論文を引用することになるので、以下のように論文名を表記する。

日本語文献、論文の例

型：　著者名（出版年）「論文名」、編者名または共著者代表名他（編）『書名』、出版社名、ページ。

例：　小林秀雄、湯川秀樹（1948）『対話人間の進歩について』、新潮社。

堀米庸三（1965）「歴史学とウェーバー」、大塚久雄（編）『マックス・ヴェーバー研究 － 生誕百年記念シンポジウム』、東京大学出版会、116-132 頁。

ポイント：論文名は「　」、書名は『　』で囲む。共著の形になっていたら、代表者名を書いて「他」で省略する方法もある。また、編者名の後には（編）を入れること。

外国語文献、論文の例

型：　Author, "Title of the Article" in Editor(ed.), (Year), *Title of the Book*, City, Publisher, pages.

例：　Dolphin, Edward/Grant, Eric, Nature of Dulwich Village, in Wlison, Harro A.(ed.), (1964), The London region. *An annotated geographical bibliography*, Mancell Publishers, pp. 136-164.

ポイント：論文名は引用記号で囲み、書名を*斜体*にする。編者名の後には (ed.) を入れる。

その3　雑誌論文の表記例

日本語論文の例

型：　著者名（発行年）「論文名」、『雑誌名』、巻号、発行機関名、ページ。

例：　宇多賢治郎（2016）「経済学と経済教育の乖離　前編：経国済民と節約の分離」、『山梨大学教育人間科学部紀要』、第 17 巻、山梨大学教育人間科学部、93-100 頁。

ポイント：有名な雑誌の発行機関名は省略してもよい。月刊雑誌の場合は発行月も入れる。

外国語文献の例

型：　Author (Year), "Title of the Article", *Title of the Journal*, Volume, Number, pages.

例：　Thompson, Michael P./Hoepfl, Harro M, (1979), "The History of Contract as a Motif in Political Thought", *American Historical Review,* 84-4, pp.919-944

ポイント：論文名を引用記号で囲まなくてもよい。雑誌名は*斜体*にすること。

その4　新聞の表記例

新聞名と発行年月日を記すだけでもよい。他に「記事見出し」（コラム名、掲載面、執筆記者名もあれば）を記すと分かりやすい。外国語の場合もこれに準ずる。

その5　インターネット資料の表記例

型：　サイトの運営者、（あれば日付）、情報タイトル、（サイト URL）、情報入手日。

例：　内閣府、国民経済計算（GDP 統計）、2009 年度国民経済計算（2000 年基準・93SNA）、http://www.esri.cao.go.jp/jp/sna/menu.html、2016 年 9 月 1 日。

この例は、**7章**で用いている国内総生産のデータの出所でもある。

- 207 -

11. 文書の設定

11-7. 注
注の書き方

注の種類

注の種類を、内容別に大きく分けると、以下の二つになる。

・引用注：　　引用箇所の出所を示す

・補足注：　　本文の説明の流れを損なうため、入れられない補足説明を示す

注の書き方

注の番号は通常、説明が必要な箇所がある文の最後にある句点、「。」の前に上付き文字で記す。

　　　例：　　「〜この決定は短期間でなされた[1]。」

注の配置方法は、以下の二つである。（なお、「文末脚注」は Word 上の名称であり、「文末注」が適当なはずであるが、Word の表記に合わせる。）

・脚注：　　　脚注番号を入れたページ下に補足説明を配置する

・文末脚注：　論文末尾や章末に補足説明を配置する

脚注番号は論文を通して振ることが多いが、本の場合は章ごとに振ることもある。

参考文献との表記方法の違い

典拠（引用・参照）を示す場合はページ番号、場合によっては行番号まで示さなければならない。これを示す場合、以下の方法がある。

・参考文献一覧と合わせて使い、最低限の情報を示す（省略した参考文献の情報、ページ番号、行番号）

参考文献一覧の場合、外国語文献の著者名は苗字を先に出し、カンマを打った後に名前を記すことが多い。これに対し脚注の場合、名前ないしイニシャル、苗字の順にし、参考文献一覧に同姓がいなければ苗字だけでもよい。

　　　型：　　著者名（出版年）、ページ数。

　　　例：　　A. スミス（1776）、p.120。

・参考文献一覧を使わず、必要な情報を全て示す（参考文献の情報、ページ番号、行番号）

形式は多様なため、各分野の方法を確認すること。

なお、既出の文献を再参照、再引用する場合は、以下のように省略してもよい。

再参照、再引用の表記例

脚注で一度参照・引用した文献を、また参照することはよくあり、直前に参照したものなら、以下のように省略できる。

　　　日本語文献　型：　同上書（同上論文）、ページ数。

　　　外国語文献　型：　Ibid., p. 00.

少し前に参照したものなら間に他の脚注が入っているので、以下の簡略な説明を用いるとよい。

　　　日本語文献　型：　著者苗字、前掲書（前掲論文）、ページ数。

　　　　　　　　　例：　前掲、スミス（1776）、p.120。

　　　外国語文献　型：　Author, op. cit., p. 00.

　　　　　　　　　例：　Smith, op. cit., p.420.

論文中で同じ著者の文献をいくつも参照している場合には、著者名のあと「前掲書（論文）」だけでは分からないので発行年を記す。必要ならば書名（論文名）も記す。

脚注の設定

「脚注」機能の特徴
Wordの脚注機能は、以下の作業を自動的に行ってくれる。
- 脚注に番号を振る
- 本文の編集に合わせた注の配置やレイアウトをする

　脚注が置かれた箇所より前に追加、前の注を取り除くなど変更をすると、脚注の番号が振り直される。
　なお、注のフォントサイズは小さく、本文が10.5ポイントならば9ポイントにすることを勧める。

注の挿入（番号付けと場所の用意）
　注の内容はページ下（脚注）か、各章または論文全体の最後（文末脚注）に配置する。
　手順1. 脚注を入れる場所を選択する。
　手順2. メニュー「**参考資料**」→「**脚注**」欄の「脚注の挿入」を押す。
　すると、選択した場所に脚注番号が振られ、ページ下に注を書き込む欄が用意される。
　また「文末脚注」を入れる場合は、その右にある「文末脚注の挿入」を押す。

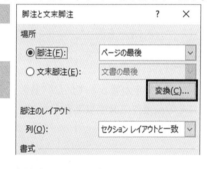

「脚注」の設定変更
　脚注を文末脚注にする、章ごとに脚注番号を数えるなどの設定の変更は、以下の設定画面で行う。
　手順. メニュー「**参考資料**」→「**脚注**」欄右下の 🡦 を押す。
　すると、「脚注と文末脚注」の設定画面が現れる。

「脚注」を「文末脚注」に変更
　手順1. 「場所」欄で「文末脚注」を選択する。
　手順2. 「変換」を押す。

章別に脚注の番号を振る、セクション区切りの活用（9-8 右）
　手順1. 章の文末を選択する。
　手順2. メニュー「**レイアウト**」→「**ページ設定**」欄の「区切り」を選択する。
　手順3. 現れたメニューから「次のページから開始」を選択する。

脚注を探す
　脚注番号は上付き文字で小さく表示されている。そこで脚注を探す場合は、以下の機能を使う。
　手順. メニュー「**参考資料**」→「**脚注**」欄の「次の脚注」を押す。
　また前の番号の脚注を探したい時は、以下のようにする。
　手順1. メニュー「**参考資料**」→「**脚注**」欄の「次の脚注」横の▼を押す。
　手順2. 現れた一覧から「前の脚注」を選択する。

11. 文書の設定

11-8. 文章の配置（インデント）

本文の設定

インデントを使った文章の設定

　　文章の段落の頭は一文字下げる。そこで文章の入力を始める前に、「一行目のインデント」を使って段落の頭を一文字分、下げてしまうことを勧める。

　　スミス（1789）の有名な「見えざる手」が説明された前の段落で、それが成立するための条件が示されていることは説明されないことが多い。
　　　　外国の産業よりも国内の産業を維持するのは、ただ自分自身の安全を思ってのことである。□
　　　　（中略）□だが、こうすることによって、かれは、他の多くの場合と同じく、この場合にも、

　　なお、「スタイル」を使った見出しの設定では、インデントも設定してくれる。そのため「一行目のインデント」が右にずれていても、見出しのスタイルを設定する前に直す必要はない。

インデントを使った参考文献一覧の設定

　　参考文献一覧のインデントは本文と異なり、例えば以下のように設定する。

　　アダム・スミス（1789）「国内でも生産できる財貨を外国から輸入することにたいする制限について」『国富論・II』、大河内一男・監訳（1978）、中央公論新社、p.120〜122。

補足:「スペース」キーを使ったインデントの設定

　　文頭で「スペース」キーを押すと、スペース（空白）が入る時と「一行目のインデント」が下がる時がある。これには、以下のようなルールがある。（Mac 版はスペースが入るだけのようである。）

・段落に何も文字が書かれていない場合　　　　　→　　スペース（空白）が入る
・既にその段落に二文字以上書かれている場合　　→　　「一行目のインデント」が下がる

　　また二行目以降の「ぶら下げインデント」も、「スペース」キーで設定が可能である。

引用の設定

引用の形式

・短い引用

　　自分の文章の一部に組み込んでしまう。ただし引用であることを「　」（カギカッコ）で示す。

・長い引用

　　段落を別に設ける。また引用文であることを示すため、段落全体を右に数文字ずらす。

短い引用

　　引用が一文またはその一部である場合は「　」（カギカッコ）でくくり、その後に引用元を示す。

　　なお、短い引用の場合、「　」でくくって用いるが、元の文にカッコがある場合は、区別のため『　』に変更する。

例:

　　スミス（1789）は、有名な「見えざる手」の説明の前に「外国の産業よりも国内の産業を維持するのは、ただ自分自身の安全を思ってのことである。」という成立条件を示している [13]。

文章の配置（インデント）　　11-8

長い引用

　引用文が長い場合は、以下のように段落を変え、本文と区別がつくよう、数文字下げて表示する。この場合、インデントは以下のように設定する。

```
 2              6    8   10   12   14   16   18   20   22   24   26   28   30   32   34   36   38        42
```

　　スミス（1789）の有名な「見えざる手」が説明された前の段落で、それが成立するための条件が示
　されていることは説明されないことが多い。↵

引用
部分　　　　外国の産業よりも国内の産業を維持するのは、ただ自分自身の安全を思ってのことである。□
　　　（中略）□だが、こうすることによって、かれは、他の多くの場合と同じく、この場合にも、
　　　見えざる手に導かれて、自分では意図してもいなかった一目的を促進することになる。↵

　　この説明を踏まえれば、少なくともスミスが示した「見えざる手」は、国外へ投資が盛んに行われ
　ている状況では成立しないことになる。↵

引用箇所の中略

　引用箇所が長すぎる場合は、途中の説明に不要な箇所を省略することができる。ただし、元の説明と意味が変わってしまわないよう、注意して省略しなければならない。

　　例：

　　　スミス（1789）の有名な「見えざる手」が説明された前の段落で、それが成立するための条件が示
　　されていることは説明されないことが多い。

　　　　　外国の産業よりも国内の産業を維持するのは、ただ自分自身の安全を思ってのことである。
　　　（中略）　だが、こうすることによって、かれは、他の多くの場合と同じく、この場合にも、
　　　見えざる手に導かれて、自分では意図してもいなかった一目的を促進することになる。

　　　この説明を踏まえれば、少なくともスミスが示した「見えざる手」は、国外へ投資が盛んに行われ
　　ている状況では成立しないことになる。

出所の明示

　文章を引用する場合、その引用した文献の出所を示さなければならない。

・**文章の中で示す（該当箇所を強調しているが、実際は前後と同じ設定を使う）**

　例：　スミス（1789）にあるように、

・**注で示す(11-7)**

出所や典拠の表記

　なお、文章を直接引用せず、他人の説や意見を要約する形で借用する場合も、出所や典拠を示す注をつける。

補足：ローカルルールに注意

　引用のやり方は、分野ルールなどのローカルルールがある。そのため、最終的には提出先の方法に合わせ調整する必要がある。忘れると審査拒否など門前払いの口実などに使われることもあるので、注意すること。

1. 説明
2. 道具(PC)
3. 情報管理
4. 図
5. Excel操作
6. 計算の基本
7. データ処理
8. グラフ
9. Word操作
10. 表加工
11. 文書設定
12. スライド
13. 印刷

1. 文書の形式
2. 設定の概要
3. 表紙、頭
4. 見出し
5. 目次
6. 参考文献
7. 注
8. 段落の配置
9. 図表貼付
10. 図表配置

11. 文書の設定

11-9. 図表を Word に貼り付け

Word に貼り付ける形式

図とグラフ、または Excel だけで作成する表の貼り付け

　本書では、図は PowerPoint（4章）、グラフは Excel（8章）で作成方法を説明した。また、表は Excel で途中まで作成し、Word で仕上げる方法と、Word だけで作成する方法を 10 章で説明した。

　しかし Excel で作成した表を、そのまま貼り付けた方が良いこともある。このような場合は、以下の「図（拡張メタファイル）」形式で貼り付けることを勧める。

　なお、Mac 版は脱稿時点（2016 年 12 月）では、図（拡張メタファイル）」形式で貼り付けることはできないようである。そのため代わりに、Windows 版ではできない、PDF 形式で貼り付けることになる。

形式を選択して貼り付け(Ctrl+Alt +V)

　これらの図、グラフ、表を「図（拡張メタファイル）」形式で貼り付ける理由は２つある。

・トリミングによる加工が容易
・拡大縮小が容易（特にサイズ指定を使った場合）

　つまり、図は PowerPoint、表やグラフは Excel で完成形にしておき、Word では配置するだけで済むようにしておく。その作業が済んだら、以下の手順で貼り付ける。

手順1. 図、グラフ、表をコピー（Ctrl +C）する。
　　　図は、PowerPoint で作成したスライド（4章）
　　　グラフは、独立した Sheet に移動したもの（5-17）
　　　表は、普通の貼り付けと同じく範囲指定したもの
手順2. 「Ctrl+Alt +V」を押す。
手順3. 現れた「形式を選択して貼り付け」の設定画面で、
　　　「貼り付ける形式」から「図（拡張メタファイル）」
　　　を選択し、「OK」を押す。

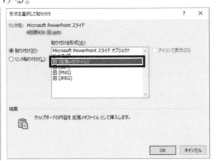

　なお、図は PowerPoint 作業画面右にある「一覧」にある図を選択し、「Ctrl +C」でコピーすると、Word 上では「Ctrl +V」で貼り付けを済ませることもできる。（ただし、画質が劣化することがある。）

図、グラフの貼り付け方の例

　貼り付けたものを同じ大きさで揃えると読みやすくなる。例えば、本書で勧める方法で作成していれば、PowerPoint で作成した図は横4：縦3、Excel は作成したグラフは横3：縦2になる。

　そこで、これらを貼り付けた後に高さを 6 cm に揃えれば、一行に二つ配置することもできる。また、メニュー「ホーム」→「フォント」欄右上にある「囲み線」を使うと、枠線を簡単に書くことができる。

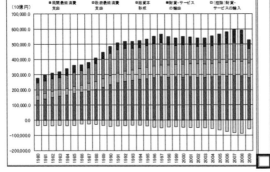
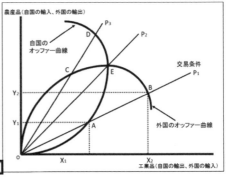

- 212 -

貼り付けたものの加工方法

トリミング（不要な箇所の削除）

「描画キャンバス」内の図を「図（拡張メタファイル）」で貼り付けると、大きく余白を取った状態で貼り付けられ、編集や配置の作業に支障をきたすことがある。

この余白を取り除くため、以下の「トリミング」の作業を行う。

> 手順1．貼り付けた図の上にカーソル（マウスの矢印）を重ね、マウスの左ボタンを押して選択する。
> 手順2．メニュー「図ツール」→「書式」→「サイズ」欄の「トリミング」を選択する。
> 手順3．境界線上の太い黒線の上で、マウスの左ボタンをおさえる。
> 手順4．そのまま余白が小さくなるようにカーソルを移動する。
> 手順5．境界線の外側でマウスの左ボタンを押し、トリミングを終了する。

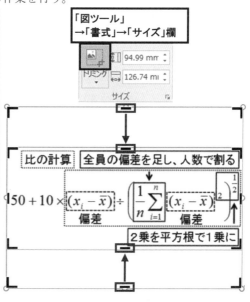

貼り付けたものを白黒化

図表（拡張メタファイル）を白黒化するには、以下の方法を用いる。

> 手順1．白黒にする図、グラフ、表を選択する。
>
> 図、グラフ、表は、全て「図（拡張メタファイル）」形式で貼り付けられているものとする。
>
> 手順2．メニュー「図ツール」→「書式」→「調整」欄の「色」を選択する。
> 手順3．現れた一覧から「色の変更」の1行目、左から二番目の「グレースケール」を選択する。
>
> 他の項目と区別がつきにくく、これでよいか不安な場合は「カーソル」を重ねて、数秒待てば項目名が表示される。

補足：写真（画像）の貼り付けとトリミング

写真などの画像を貼り付ける方法は、PowerPointと同じである。（12-6）
またPowerPointの場合も、画像の白黒化は上記の方法で行う。

11. 文書の設定

11-10. 図表の配置と番号付け

図表の配置

貼り付けの形式を守る

効率よく執筆作業を行うためには、複製（「コピー」→「貼り付け」）の作業の際、適切な形式を選択する必要がある。本書では基本、以下の形式で貼り付けることを勧める。

	作成元	コピー先	勧める貼り付け形式	Word 上の加工	参照
図	PowerPoint	Word（文書）	拡張メタファイル	トリミング、拡大縮小	11-9
		PowerPoint	拡張メタファイル	トリミング、拡大縮小	11-9
グラフ	Excel	Word（文書）	拡張メタファイル	拡大縮小	11-9
		PowerPoint	拡張メタファイル	拡大縮小	11-9
表	Excel	Word（文書）	拡張メタファイル	拡大縮小	11-9
		Word（原稿）	通常「Ctrl +V」	罫線等の設定	10-1
	Word（原稿）	Word（文書）	通常「Ctrl +V」	完成してから貼り付け	10章

上記の「Word（原稿）」は貼り付けた図表を追加加工するためのファイル、「Word（文書）」は完成した図表の貼り付け先のファイルを指す。なお、一つの Word ファイルで作業をしてもよい。

しかし長い文書の場合は、加工の際に処理が遅くなる場合があるので、分けることを勧める。

配置の方法

図や表は、文章の段落と段落の間に五行ほど空け、文章や他の図表に影響を与えないようにしてから、その中央に貼り付ける。そのための方法をまとめると、以下のように配置を行うとよい。

- **図表は、それを使った説明の近く、できるだけ同じページに配置するようにする**
- **グラフは図の一形式として扱い、同じ通し番号を振る**
- **表が2ページにまたがらないよう、表を置く段落の位置に注意する**
- **図を置いた前のページに、大きな余白ができない位置に図を配置する**
- **段落の間を改行で5行分広げる**
  - その中央（3行目）に図表を貼り付ける
  - 貼り付けた図表の上（2行目）に番号と表題を記す
  - 貼り付けた図表の下（4行目）に原典、出所、補足説明を記す
- **原典が入手できず、孫引きせざるを得なかった時に出所を記し、また加工した場合は補足する**

表題とナンバリング

注意：配置の方法

論文に図や表を載せる際は通し番号、タイトル、出所などをつける。

ただし専門分野、図表の元データの引用方法、加工方法によって、形式や表記するべき説明が異なる。また文中で図表を示す場合は、図表のタイトルではなく、図表番号を明記する。なお、これもローカルルールがあるので、それに合わせるよう注意すること。

図表の自動ナンバリングは使わないこと

Word には図表番号を自動で入れる機能がある。しかし他の Word ファイルの内容と合わせると番号が振り直されるなどの、思いがけない変更が生じる可能性があることから勧めない。

表のナンバリング

表は2ページにまたがらないよう、つまり1ページ内に収まるように配置する。

表は論文に載せる時は、以下のようにする。

- **表番号と表題を付ける**
- **単位を明記する**
- **原典を記す**
- **孫引きであれば出所も記す**
- **必要があれば補足説明を付ける**

ただし補足説明は、脚注として加えるのではなく、表の下に記すこと。改行が必要なほど説明が長くなる場合は、表の幅に合わせて書くと見やすくなる。

図（グラフ）のナンバリング

図を論文に載せる時は、以下のようにする。

- **図とグラフはまとめて図として扱い、番号を振る**
- **図番号と表題を付ける**
- **必要があれば単位を明記する**
- **必要があれば補足説明を付ける**
- **孫引きであれば出所も記す**

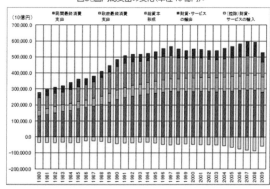

表に比べて、加工の必要性が多い分、補足説明をする必要性が高くなる。補足説明は脚注として加えるのではなく、図の下に記す。

なお、**8-3** で説明したように、グラフ内に注を記入してしまう方法もある。

注意：編集作業中の図表番号の扱い

図表の追加、削除、配置の変更作業は、頻繁にするものである。そこで変更に柔軟に対応できるよう、作業をしなければならない。そのため、以下の方法を勧める。

- **文中では図表番号で示す**

  文中で、図表についてふれる時は、「下図〜」や「次の表〜」などのあいまいな表現は用いず、図表番号で示すようにすると分かりやすく、かつ読み間違いも少ないものになる。

- **提出直前まで赤字にしておく**

  図表番号は、提出用の原稿を印刷するまでは赤字にしておく。すると図表を追加、削除、移動した時に、文中の番号を振り直しやすくなる。

- **章別、節別に区切って番号を振っておき、最終段階で振り直す**

  番号を **図 2-2**、**表 3-1** のように章別に振っておき、最後に通し番号を振り直す方法もある。

- **一覧表を作成する**

  別個に図表の一覧表を作成しておく。これを論文内に補足資料として載せてもよい。

12. スライドの作成
12-1. スライドを使った説明
スライドを使った説明の特徴
スライドの効果と欠点

スライドを使って説明することにより、以下の効果を得ることができる。

・聞き手の視線を集めることができる

・演出効果などを組み合わせることで、「印象に残る」説明ができる

一方、以下の特徴も理解した上で使わなければならない。

・配布資料と同じく、口頭でする説明を補佐するものである

・スクリーン（画面）に映せる量は限られている

・スライドだけ使う場合は、説明全体の流れを示すことはできない

聞き手への配慮

これに加え、説明者は聞き手が置かれている状況も考える必要がある。

・聞き手にとって初めて聞く内容である（と想定して作成する）

・スライドに映したことを全て把握できるわけではない

・既に見せたスライドを全て覚えていることはまずない

・まだ見せていないスライドの内容を知らない

・配付資料を見る時、ノートを取る時などはスクリーンから目が離れる

これらのことから、スライドは商品の宣伝のように、相手に印象を与える説明には向いているが、授業や発表のように詳しく説明し、かつ理解してもらうように用いるのは難しいことが分かる。

このようなことから、スライドを使って説明する場合は、概観をつかませる程度のことしかできないと考えたほうがよい。このことから、今後の理解のきっかけになるために用いるくらいがよいことになる。そのため、スライドの枚数や1枚あたりの情報量を少なくすることを心がけることを勧める。

まずはきちんと内容を作成する

説明に慣れていない人は、説明する内容と資料を作成する際、まず配布資料（レジュメ）を準備し、それをスライドに変えるようにすると良い。その場合の手順は、以下のようになる。

作業1. 内容の概要を作成する（要点を並べる）

作業2. 内容を配布資料としてまとめる（例：1-9）

作業3. その後、その内容をスライドにしてまとめ直す（例：1-10）

まずは説明の内容から要点をまとめたメモを作成し、そこから配付資料を作成する。それで時間が足りなくなったら、スライドを作成することはあきらめ、配付資料を使って説明した方がよい。

またスライドを作成する際は、以下のことを守るようにすること。

・配布資料の箇条書きを、スライドに移す

配付資料を箇条書きで作成し、それを分割してスライドに配置していけばよい。

ただし、ただ貼り付ければよいのではなく、一行あたりの文字数を短くするなどの追加的な加工が必要になる。

・図表などは、基本的に文書や配布資料で使ったものを再利用する

スライドに貼り付ける図表の加工は、スライドとして見やすいものにする程度にとどめておく。

- 216 -

スライド作成のコツ

要点を箇条書き、一行内にまとめる

　スライドでは文字入力の際、以下のことに注意すること。

・箇条書きで短く一行に納め、一目で把握できるようにする（読むことに集中させないように）

・文字は大きく（なるべく32ポイント以上を用いる、つまり標準設定以下にしないように）

・字体はゴシック体を使うようにする（明朝体は遠くからでは見づらい）

　これらの注意点は、PowerPoint の標準設定を使えば、ほぼ守れるようになっている。ただし、PowerPoint2016 では画面比を横４：縦３に変更すること、また標準のフォント（字体）である「游ゴシック」は線が細いため「MS P ゴシック」に変更することを勧める。

　当然、字を大きくすれば１枚のスライドで示せる文字数は少なくなる。一方、枚数を増やせば目まぐるしくなる。このことから、スライドで示すのは要点だけに絞ることを勧める。その結果、スライドを見ただけでは理解が難しい、説明不十分なものになるのは当然のことである。

　なお、持ち帰って検討してもらうことを前提に作成する場合、つまりスライドの形式で配付資料を作成する場合は別である。この場合は、読むだけでも分かるように説明文を付ける必要がある。

スライド作りのポイント

　スライドは、プロジェクターや大画面ディスプレーを使って映すものである。そこで会場の状況を把握し、それに合わせてスライドを作成するのが望ましい。しかし会場の規模、使える機器、画面と聞き手との距離などの状況を知らないまま本番を迎えることもある。

　そのため、どのような会場にも対応できる汎用のスライドを作成するようにしておくとよい。

・小さく印刷しても読めるよう（1-10 右、13-2）

　スライドを「配布資料」、つまり１枚の用紙に縮小したスライドを並べて印刷し、配布できるようにする。また、白黒印刷でも分かるようにスライドを作成するよう。結果的に装飾過剰、演出過剰をおさえられる。

・遠くからでも見えるかを確認しながら作成する

　作成中に部屋を暗くして、画面から数メートル離れて見るなど、見づらい状況で確認する。

・一枚のスライドが持つ情報量を減らす

　スライド一枚に配置する図表は、なるべく一つにする。また説明に応じて元の表をいくつかに分割する、不要な部分を極力省く、重要な部分を拡大するなどの加工をする。

・図表から説明に必要な部分を抽出、強調する

　図表から説明に不要な部分を削除し、重要部分を拡大する。また図表の重要な箇所の文字に色を付ける、枠線で囲むなど、必要な箇所に視線が集まるように工夫する。

・数字の桁数を減らす

　数字の桁は必要最低限に、たとえば重量の単位を kg からトン、またトンから千トンに変えるなどして桁を減らす。ただし説明に必要な部分、他の値と比較した時に違いを示せるように調整すること。

・文字が目立つ背景色を使う

　文書の図表をそのまま貼り付ける場合は、文字や表の黒色が良く見えるよう、背景は白や淡い色にして文字が映えるようにしておく。なお、使う色数はおさえること。

12. スライドの作成

12-2. スライドを作成する前提
スライドの使い方

汎用性の高いスライドの設定

　PowerPoint で作成したスライドを、表示する会場の環境や設備は様々である。スクリーンの前の照明を落とせない、画面が小さい、ピントが合っていない、ケーブルが古く接触不良などの理由で表示がおかしい、会場が縦長で後ろの人には見えにくいといったことがありうる。また古いプロジェクターの場合、解像度が低く、文字が潰れて読めないこともおこりうる。

　これらのことを踏まえ、以下のように用いることを勧める。

・スライドの比率を横4：縦3に

　PowerPoint2016 の標準設定はワイド（横 16：縦 9）、つまり横幅が長いものである。このスライドをワイド画面に対応していないプロジェクターを使って映すと、テレビで見る映画のように画面の上下が黒くなり、表示が小さくなってしまう。そこでスライドは横 4：縦 3 の比で作成しておく。

・スライドを隅々まで使う

　作業中は、スライドの周りに余白を設け、窮屈に感じないようにしたくなる。しかし、映されたスライドの周りは空間のはずなので、スライドを隅々まで使いきっても、作業中ほど狭くは感じないはずである。

・文字のサイズは最小 32 ポイントに（引用は 28 ポイント）

　基本、標準設定のゴシック体、32 ポイントで箇条書きにし、一行内に納めるようにすること。収まらない場合はスライドを分ける、文字を減らすなど工夫する。引用の場合は、読ませるものなので、数行に及んでもよいものとし、28 ポイントや明朝体も試してみるとよい。

　大事なのは話している内容であり、スライドは補佐でしかない。それを読ませることに集中させてしまい、口頭で説明していることを聞く妨げになってはならない。

・「新しいプレゼンテーション」（白紙に黒文字、装飾無し）を使う

　地（スライド背景）の色と、文字の色の濃さを真逆（例えば白と黒）にすることを勧める。

・使う色数は最低限

　一枚のスライドの表現量を考え、例えば黒文字にワンポイントで赤一色程度に限るとよい。

発表時の操作方法

　発表時に必要な最低限の操作は、以下の通りである。

発表開始	再開	スライドをめくる	中断、終了
「F5」キー	「Shift +F5」	マウスの左ボタン キーボードの「↓」キー	「Esc」キー

　他にカーソル（マウスの矢印）を表示する、ペンで書き込むなどの追加が可能である。しかし、このような作業は説明の妨げになるので、これらの機能を使わなくても説明ができるように、スライドをきちんと準備しておくことを勧める。

　また質疑応答などの場で必要なスライドを表示させたい時は、以下の操作を行う。

手順1. メニュー「表示」→「プレゼンテーションの表示」欄の 「スライド一覧」を押す。
手順2. 現れた一覧から表示したいスライドを選択する。
手順3. 「Shift +F5」で再開する。

スライドを作成する前提　　12-2

PowerPoint の設定

変更しておくべき設定

PowerPoint でスライドを作成する際にしておくべき設定は、以下の通りである。

・「最大化」を用い、画面いっぱいに広げるように表示する

PowerPoint の作業画面の右上にある「最大化」を使い、作業領域を広くとる。

・「ルーラー」を表示する

手順. メニュー「表示」→「表示」欄の「ルーラー」をチェックする。

箇条書き機能を使う

箇条書きにし、点で始めて一行以内、つまり一目で把握できる長さに収める。（12-4 右）

マウスは不可欠、しかし極力使わずに済むよう

細かい調整は、なるべくマウスでしないようにすること。具体的にはコピーや移動、サイズの変更などであり、以下の方法も併用するとよい。

・複製のショートカット操作（Ctrl +D）

PowerPoint の場合は、選択した図形を「複製」（Ctrl +D）する。

つまり、「コピー」（Ctrl +C）→「貼り付け」（Ctrl +V）を、一回の操作で済ませることができる。

・図形等の移動は「上下左右」キー（↑↓→←）

図形の位置調整は大まかにはマウス、細かい調整は「上下左右」キーで行う。

この「上下左右」キーを使った操作を、以下の「グリッド線の調整」と組み合わせると、効率よく作業ができるようになる。

・メニューの活用

マウスの右ボタンで現れるメニュー、また PowerPoint 上部にはよく使う操作が並んでいる。これらの方法を活用することで操作の手数を減らすことができ、作業の効率化が図れる。

グリッド線の調整

「グリッド線に合わせる」に設定しておくと、通常は表示されないグリッド線（9-5）の間隔に合わせて図形が移動できるようになる。このグリッド線の間隔を「0.1cm」に設定しておくと、例えば縮尺 10 分の 1 の板書計画（スライドの 10cm が黒板の 1 m 相当）で、文字や図形の配置調整が容易になる。

手順1. メニュー「表示」→「表示」欄右下の「グリッドの設定」を押す。
手順2. 現れた「グリッドとガイド」の設定画面の上部にある、「位置合わせ」の「描画オブジェクトをグリッド線に合わせる」をチェックする。
手順3. 同設定画面の中央にある「グリッドの設定」で、「間隔」を「0.1cm」に変更する。

なお、PowerPoint の場合は「グリッド線」を表示させると、線ではなく点が現れる。

1. 説明
2. 道具(PC)
3. 情報管理
4. 図
5. Excel 操作
6. 計算の基本
7. データ処理
8. グラフ
9. Word 操作
10. 表加工
11. 文書設定
12. スライド
13. 印刷

1. 使用方法
2. 前提
3. PPT基本
4. 文面作成
5. 図表の貼付
6. 画像、写真
7. 演出

12. スライドの作成

12-3. PowerPoint の基本

PowerPoint の操作画面

スライドの「一覧」

PowerPoint の作業画面の構成は、大きく二つの部分からなる。

右側：作業画面
左側：スライド「一覧」

左側のスライド「一覧」を使い、スライドを以下のように扱う。

入れ替え(マウスを使って移動)
複製(Ctrl +D)
削除(「Delete」キー)

スライドの並び替え

手順1. 作業画面左側のスライド「一覧」にある、移動したいスライドの上でマウスの左ボタンをおさえる。
手順2. そのままカーソル（マウスの矢印）を動かし、スライドを配置したい位置に移動して、マウスの左ボタンを放す。

スライドのレイアウト

スライドの作成作業は、まず「レイアウト」の一覧から用いる形式を選択する。

次に、「形式」で定められた配置に合わせて文字を入力し、図表や数式を追加していく。

この「レイアウト」は、以下の二種類でも十分である。

・表紙用　「タイトルスライド」
・本編用　「タイトルとコンテンツ」

またスライドの上部にタイトル、下部に図を拡張メタファイルで貼り付ける場合は、「タイトルのみ」を使うとよい。

なお、**4章**の図を描く方法では「白紙」のみ使っている。

表紙用スライド

新規に用意された PowerPoint ファイルには、表紙用の「レイアウト」がされたスライドが一枚だけ用意されている。

手順1. スライド上部の欄に、「報告タイトル」を記入する。
手順2. スライド下部の欄に、報告者名や所属など、発表者に関する情報を記入する。

スライドの追加、削除
スライドの追加(Ctrl +M)

　2枚目以降の新しいスライドは、「Ctrl +M」で追加することができる。

　標準設定なら「タイトルとコンテンツ」、つまり二種類の枠が用意されたスライドが現れる。

　それぞれの枠には、以下のように書き込むとよい。
・「タイトル」（上部）：　見出しを入力
・「コンテンツ」（下部）：要点を箇条書きに

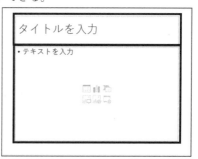

スライドのレイアウトの変更

　スライドのレイアウトの変更は、スライド追加時でも、スライドの作成作業中でも可能である。

手順1. メニュー「ホーム」→「スライド」欄の「レイアウト」を押す。
手順2. 現れた一覧から「スライド」の種類を選択する。

　本書では左ページのように、「タイトルとコンテンツ」、「タイトルのみ」、「白紙」しか使わない。

　レイアウトを変更したスライドの上で「Ctrl +M」の操作をすると、そのレイアウトのスライドが追加される。

スライドの複製(Ctrl +D)

　同じレイアウトにした方がよい場合は、スライドを「Ctrl +M」で新規に作り直すのではなく、複製（Ctrl +D）したものを加工することを勧める。

　つまり、作成したスライドを複製してそれを加筆すれば、効率よくスライドが作成できる。

手順1. 作業画面左側のスライド「一覧」から複製したいスライドを選択する。
手順2. 「Ctrl +D」を押す。

　または、作業画面左側のスライド「一覧」の上でマウスの右ボタンを押し、「スライドの複製」を選択する。

スライドの削除

手順1. 作業画面左側のスライド「一覧」の削除したいスライドの上で、マウスの左ボタンを押す。
手順2. 「Delete」キーを押す。

　作業画面左側の「一覧」で複数のスライドを選択したい場合は、「Shift」キーをおさえながら選択すればよい。

　なお、何度も使いまわすファイルの場合、今回だけは一部のスライドを使わないということもある。その場合は削除せず、作業画面左側のスライド「一覧」の上で、マウスの右ボタンを押すと現れる一覧から「非表示スライドに設定」を選択すれば、表示されなくなる。ただし非表示であることを示すのが、左側にある小さく表示された番号の斜線だけでは分かりにくいため、注意が必要になる。

12. スライドの作成
12-4. スライドの文面作成
標準フォント(字体)の変更
フォント変更の手順
　PowerPoint2016 になって、標準フォント（字体）は「MS P ゴシック」から、「游ゴシック」に変更された。このフォントは線が細く、画面に映しても見づらいため、他のフォントを標準として設定する方法を説明する。

スライドマスターで標準フォント(字体)を選択する
　手順1. メニュー「**表示**」→「**マスター表示**」欄の「**スライドマスター**」を押す。
　手順2. 現れたメニュー「**スライドマスター**」→「**背景**」欄の「**フォント**」右の▼を押す。
　手順3. 現れた一覧から「Office2007-2010」を選択する。

「スライドマスター」→「背景」欄

スライドマスターで標準フォント(字体)をパターン別に設定する
　この「Office2007-2010」の設定では、日本語（全角文字）は「MS P ゴシック」、英数字（半角文字）の見出しは「Cambria」、本文は「Calibri」になる。全角文字、半角文字が混在した際に、字のバランスが気になるのなら、英数字（半角文字）も全て「MS P ゴシック」に設定してしまうとよい。

　手順4. メニュー「**スライドマスター**」→「**背景**」欄の「**フォント**」右の▼を押す。
　手順5. 現れた一覧から「**フォントのカスタマイズ**」を選択する。
　手順6. 現れた設定画面、「**新しいテーマのフォント パターンの作成**」のフォントを全て「MS P ゴシック」に変更する。
　手順7. 「保存」を押す。

　スライドマスターを終わらせるには、メニュー「**スライドマスター**」→「**背景**」欄の右にある「マスター表示を閉じる」を選択する。

テンプレートの作成
　PowerPoint では、この設定を標準にすることはできないようである。そこで、この形式のスライドを作成しやすくするよう、「テンプレート」を用意しておくとよい。テンプレートの説明は **9-8** でしているため、ここでは方法だけを説明する。

　手順1. メニュー「**ファイル**」→「**名前をつけて保存**」の「参照」を押す。
　手順2. 現れた「名前をつけて保存」の下部にある「ファイルの種類」で、「PowerPoint テンプレート（*.potx）」を選択する。
　　自動的に「Office のカスタム テンプレート」のフォルダーに移動してしまう。
　手順3. テンプレートに名前をつけて保存する。

「ファイル」→「新規」

　これで PowerPoint を起動すると現れるスライドの形式一覧の「個人用」に、この形式のテンプレートが現れるようになる。
　これを「お勧めのテンプレート」（メニュー「**ファイル**」→「**新規**」）に表示、つまり初期画面に表示させるには、テンプレートの上でマウスの右ボタンを押し、現れた「一覧に固定」を選択する。

箇条書きのスライドの作成

配付資料からスライドへ

ここでは、配付資料（レジュメ）の文章をスライドに複製する方法の説明を行う。
そのためには資料の文章を、以下のように複製する。

・配付資料の小見出し　→　スライド上部の「タイトル」欄
・配付資料の箇条書き　→　スライド下部の「コンテンツ」欄

慣れているというのなら、いきなりスライドから作成するのでもかまわない。

> 手順1．スライドに移す配布資料（Wordファイル）上の文を範囲選択し、
> 　　　　コピー（Ctrl +C）を行う。
> 手順2．スライドで「タイトル」または「コンテンツ」欄の枠内を選択し、
> 　　　　そこに文字が入力できる状態にする。
> 手順3．文章の貼り付け（Ctrl +V）を行う。

「コンテンツ」欄の箇条書き用の点について

スライド下部に用意される「コンテンツ」欄は、箇条書きをするように設けられている。
箇条書きの段落初めの「点」は、以下のように用いるとよい。

・箇条書きの「点」をマウスの左ボタンでおさえ動かすと、段落の順序を入れ換えることができる
　「点」をマウスの左ボタンでおさえると、一段落全てが選択されるので、複製も簡単にできる。
・箇条書きの段落で改行すると、箇条書きの行を増やすことができる
・箇条書きの「点」の後を選択して「Backspace」キーを押すと、「点」を消すことができる

箇条書きの設定

箇条書きの設定またその解除は、以下のように行う。

> 手順1．設定をする段落を選択する。単一の段落ならその一か所を選択、
> 　　　　複数の場合はまとめて範囲選択する。
> 手順2．メニュー「ホーム」→「段落」欄の左上にある「箇条書き」を押す。

補足：フォント（字体）の設定（半角文字、数式と記号）

WordからPowerPointに複製した文章は、以下のように変化する。

・フォントは自動的にPowerPointの設定（ゴシック体）に変更される
・文字の装飾（太字、上付き文字など）は、Wordでした設定が残ることがある

　PowerPointがしてくれる変更は、そのまま用いるのが望ましいことが多い。しかし、数式や記号のフォント（半角文字）をTimes New Romanで揃えるため、以下の操作を行う。

> 手順1．フォントを変更したい欄の外枠を選択する。（文字枠の中身を一括で選択できる）
> 手順2．フォントを「Times New Roman」に変更する。（9-9）

この方法なら半角文字だけが変更され、全角文字（日本語、ゴシック体）はそのまま残る。

12. スライドの作成
12-5. スライドに図表を貼り付ける
スライドに貼り付ける作業
スライドに貼り付ける前の準備
　文書や配付資料用に作成した図表は、そのままスライドに用いるのには適さないことがある。そこでスライドに移動する前に必要な部分を切り出す、省略できない部分をその他としてまとめるなどの加工作業が必要になる。

　なお、本書ではパソコンにかかる負担をおさえて、パソコンが遅くなりにくい、「応答なし」や突然の再起動などが起こりにくい方法を説明する。

貼り付ける場所を確保する
　図、表を含むスライドを、以下のようにして用意する。

手順1. スライド下部の「コンテンツ」（箇条書き部分）の領域を小さくする
　「Backspace」キー、「Delete」キーを使って領域そのものを削除することもできる。
手順2. 中央にできた余白に図、表、数式を貼り付ける

　また、箇条書きをする「コンテンツ」欄のサイズ変更は、以下のように行う。

手順1. スライド「コンテンツ」欄の枠を選択する。
手順2. 上部中央の丸い点をおさえ、下に移動する。

　補足．図形のように「コンテンツ」欄を移動することもできるので、図や表が「コンテンツ」欄と重ならないよう、あらかじめどけておくとよい。

またはメニュー「ホーム」→「スライド」欄の「レイアウト」で「タイトルのみ」を選択しておき、文字はメニュー「ホーム」→「図形描画」欄左上にある 　「テキストボックス」で追加する方法もある。

貼り付けの使い分け
　スライドに貼り付ける場合、自分で作成したものを含め、他の資料の紹介に留める場合と積極的に説明に使う場合では、かけるべき手間や時間が異なる。そこで、以下のように使い分けるとよい。
・そのまま引用する場合は、拡張メタファイル（拡大・縮小、トリミングが容易）
・スライド上で変更を加える場合は、以下の方法を用いる

スライドに貼り付ける形式
　WordやExcelなどから図表や文字をPowerPointのスライドに移す場合は、以下の方法を勧める。

	作成手段	貼り付けの形式	補足
グラフ	Excel	拡張メタファイル （Ctrl+Alt +V）	発表用の図形の追加はPowerPointで、 それ以外はExcelで事前に配置
表	Excel、Word	貼り付け（Ctrl +V）	貼り付けた後、スタイルを変更
		拡張メタファイル	貼り付けた後、拡大・縮小
図	PowerPoint	スライド欄をコピー	そのまま利用する場合はスライドを丸ごと複製
		拡張メタファイル	スライド内に貼り付けた後、縮小、トリミング

貼り付け後の加工

グラフの貼り付け

　グラフは「拡張メタファイル」形式で貼り付けることを勧める。これにより、貼り付けたグラフを加工することはできなくなる。そのため必要な加工があれば、事前に Excel で済ませておく必要がある。具体的には字を大きくする、ゴシック体にする、線を太くする、図形を描き加えるなどである。
　一方、PowerPoint 上では強調する、流れを示すなど、スライドを使った説明に必要な追加だけを行うようにした方がよい。

表を「拡張メタファイル」形式で貼り付ける (11-9)

　表の場合は文書などに載っているものを引用するのか、そこから説明用に切り出すのかで、加工が異なる。引用する場合はフォント（字体）をゴシック体に変え、必要ない箇所を取り除いてまとめた表を「拡張メタファイル形式」で貼り付け、スライド内で大きく表示すればよい。

表を貼り付け、スタイルを後で変更

　これに対し、表の加工をスライド上で行うこともある。この場合は、ただ「貼り付け」（Ctrl +V）を行う。この場合は罫線（枠線）が白、地（表内）が青色になるので、「スタイル」を変える必要がある。
　ここでは飾り気のない、白い地に黒い罫線、黒文字の表にする方法を説明する。

手順1. 用意した表の貼り付け（Ctrl +V）を行う。
手順2. 貼り付けられた表を選択する。
　　　メニューに「表ツール」が現れる。
手順3. メニュー「表ツール」→「デザイン」→「表のスタイル」欄の右下の ▼ ボタンを押す。
手順4. 現れた一覧から「スタイルなし、表のグリッド線あり」を選択する。

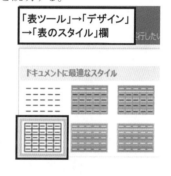

図の加工（4章全般）

　本書では、図を PowerPoint で作成する方法を説明している。そのため、作成した図（スライド）を別のスライドに貼り付ける際は、以下のように使い分けるとよい。
・**スライドとして、作業画面左側の一覧に貼り付ける**（左ページ）
・**スライド内に、図として拡張メタファイルで貼り付ける**(11-9)
　なお、貼り付けた拡張メタファイルはトリミングで必要な箇所を切り取り、拡大縮小で大きさを調整する。
　トリミングの方法は、11-9 を参照。この画像のトリミングの操作は、「拡張メタファイル」形式でも使うことができる。**(12-6)**

文章の貼り付け

　文章を貼り付ける場合、貼り付ける場所が異なるだけで操作方法は同じである。
・**事前に貼り付ける場所（「コンテンツ」欄の中）を指定し、その場所に貼り付ける**
・**指定せずに貼り付ける（新たにテキストボックスが作成される）**

12. スライドの作成

12-6. 画像（写真）を載せる

写真（画像）の利用

カラー写真（画像）はスライドで見せる

説明によっては、写真などの画像を見せないと困難なものがある。しかし画像（主に写真）を文書や配付資料に載せるのは、以下の理由から難しい。

・利用できる機器（コピー機やプリンター）の都合、白黒印刷で配布することが多い
・仮に可能であっても、写真はカラーインクを多用するため大量印刷に向かない
・カラー印刷は費用負担が大きい

これらの問題は、スライドに映すことで回避できる。また画面に映す画像は、印刷物に比べてきれいに見えるものである。そのため元の写真や画像が小さく、また画質が粗いものであっても、スライド用の画像としては使えることが多い。

画像の貼り付け

画像をスライドに貼り付ける方法はいくつかあるが、ここでは以下の二種類の方法を説明する。

方法1. ドラッグ＆ドロップ

手順1. 右の図のように、PowerPoint の作業画面と「エクスプローラ」が画面内に表示されるようにする。
手順2. 「エクスプローラ」で画像があるフォルダーの中を表示する。

なお、フォルダーの中が画像だけの場合、縮小された画像が自動的に表示されることがある。（3-5）

手順3. 貼り付けたい画像の上に、カーソル（マウスの矢印）を重ね、マウスの左ボタンをおさえる。（ドラッグ）
手順4. マウスの左ボタンをおさえたまま、PowerPoint の作業画面の上にカーソルを移動する。
手順5. マウスの左ボタンを放す。（ドロップ）

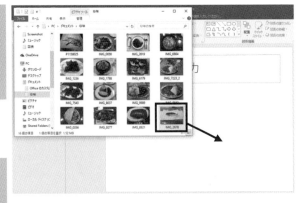

方法2. 画像の挿入

手順1. メニュー「挿入」→「画像」欄の「画像」を選択する。
手順2. ファイルの選択画面が現れるので、画像が置かれたフォルダーに移動し、必要な画像ファイルを選択する。

補足：写真の管理

Word や PowerPoint に貼り付けた写真は、元の写真データに比べて質が低下することがある。そのため元の写真のファイルを別に用意し、すぐ利用できるように保管しておくことが必要になる。特に、出版社が関わる場合は、一番保存状態のよい（無加工に近い、容量が大きい）の画像ファイルを渡せるようにしておく必要がある。

画像の編集

トリミング（不要な部分の削除）

「画像」から必要な箇所を取り出す、「トリミング」の方法を説明する。

この方法は、「拡張メタファイル」形式の図のトリミングにも使うことができる。

手順1．画像を選択する。
手順2．メニュー「図ツール」→「書式」→「サイズ」欄
　　　の「トリミング」を選択する。
手順3．画像の四隅に現れた黒く太い線の上で、
　　　左ボタンをおさえる。
手順4．そのまま画像の不要な部分を取り除く
　　　ため、カーソル（マウスの矢印）を移動する。
手順5．画像の外側でマウスの左ボタンを押し、
　　　トリミングを終了する。

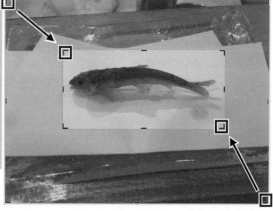

拡大・縮小

画像を拡大・縮小する方法は、基本的に図形の操作と同じである。（4-6）

画像と図形の違いは、画像の角にある「丸」を使って拡大・縮小をすると、縦と横の比率が維持されることである。つまり、図形を選択すると現れる角の丸を使っても、縦横の比率を変えることはできない。変形をする場合は、画像の縁の中央に現れる丸を使い、縦と横どちらか一方の変形に分けて行う必要がある。つまり、画像を拡大縮小する場合は、「Shift」キーをおさえる必要はない。

あるいは、メニュー「描画ツール」→「書式」→「サイズ」欄を使って、設定することも可能である。

色の「調整」

画像を選択した時に現れるメニュー「図ツール」→「書式」→「調整」欄を利用すると、画像の色調整ができる。

ここでは白黒（グレースケール）に変換する方法を説明する。

手順1．画像を選択する。
手順2．メニュー「図ツール」→「書式」→「調整」欄の「色」を選択する。
手順3．現れた「色の変更」の左から二番目の「グレースケール」を
　　　選択する。

「グレースケール」であるか分かりにくいので、不安ならカーソルを重ねたまま数秒待ち、現れた説明で「グレースケール」であることを確認するとよい。

また画像の明暗や色を調整したい場合は、メニュー「図ツール」→「書式」→「調整」欄に表示された調整例に従い、「修正」で明暗を、「色」で色をそれぞれ選択すればよい。

なお、同じ欄の「図のリセット」にある「図とサイズのリセット」を選択すれば、貼り付けた時の状態に戻してくれる。

12. スライドの作成
12-7. アニメーションの追加
演出効果の使い方
「アニメーション機能」を使う理由

　余計な演出は「説明」の邪魔でしかない。内容がきちんとできていないのに演出に凝るのはごまかしでしかない。説明を聞かされる方からすれば、きちんと順序立ててまとまっていない空虚な内容に、それをごまかすためとしか思えない演出をごてごて付けられても不愉快なだけである。その行為は聞く人に対して失礼である、ということを意識したほうが良い。

　逆に、「説明する」ために必要ならば用いればよい。そのため、まず状況を整理してみる。

- 聞き手は画面をいつも見つめているわけではない
- 配付資料として作成した印刷物には、動きを付けられない

　これらの当たり前を前提に、必要最低限の演出を整理すると、以下のようになる。

- 理解を妨げないよう、その段階では必要ないものを隠しておく
- 写している内容が変わったということを分かるように伝える

　このような、説明を分かりやすくするという目的に限り、演出効果を利用することを勧める。

スライドの切り替えを伝える

　上記の説明を踏まえると、スライドをめくるとは、必要な情報を適切に順序立てて見せるための工夫である。このことから、まず1枚あたりの情報量を最小限でスライドを作成しておき、スライドをめくったということが伝わりやすくしておけばよいことが分かる。

　しかし標準設定では瞬時に切り替わるため、「めくった」ことが相手に伝わりにくい。そこで画面切り替えの際に「フェード」、徐々に替わる演出がされる方法を説明する。

手順1. PowerPoint 作業画面左側の「一覧」のスライドのどれかを選択する。
手順2. 「Ctrl+A」を押し、すべてのスライドを選択する。
手順3. メニュー「画面切り替え」→「画面切り替え」欄の一覧にある「フェード」を選択する。

　これでスライドをめくる時に「フェード」、つまりスライドが徐々に替わる効果が働くようになる。

スライド内の演出

　「アニメーションウィンドウ」を使い、以下のように演出を加えるとよい。（**右ページ**）

- 必要になるまで隠しておき、必要な時になったら表示する
- ただし画面に「追加する」（「開始」、in）のみ使い、「消す」（「終了」、out）は使わないこと

　つまり、スライドの内容を小出しにして、それぞれが必要な時に表示されるようにする。具体的には、箇条書きを順に表示する、図をいくつかに分けて必要な箇所から順に表示する。

　また本来の図には存在しないが、見てほしい箇所を矢印や丸を使って示すこともある。この場合は、必要がなくなった時点で矢印や丸を消す必要があろう。

　これを表示されているものを「消す」（メニューでは「終了」）操作で行うと、設定画面が混雑する。（そもそも同じスライドで同じ図形に「追加する」と「消す」を設定することはできない。）

　そこでスライドを複製し、複製したスライドから矢印や丸を取り除いてから、次の説明に必要になる図形を追加することを勧める。

スライド内のアニメーション

アニメーションウィンドウの表示
スライドにどのような演出がされているかを一覧にして示す、「アニメーションウィンドウ」を作業前に表示してしまう。

手順1. **メニュー「アニメーション」→「アニメーションの詳細設定」欄**の「アニメーションウィンドウ」を押す。

作業画面右側に「アニメーションウィンドウ」が表示される。

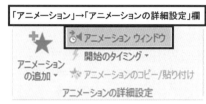

アニメーションの設定
図や文字の違いなく、設定の操作は同じなのでまとめて説明する。

手順1. 設定したいもの（図形、文章）を選択する。
手順2. **メニュー「アニメーション」→「アニメーション」欄**にある「フェード」（緑色）を選択する。

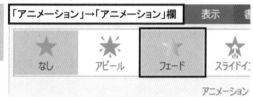

選択するものとアニメーションのかかりかた
同じ箇条書きでも、選択の仕方によってアニメーションのかかりかたが異なる。
- 「テキストボックス」を選択　→　箇条書きに上から順に効果がかかる（段落別）
- ボックス内の文章を範囲選択　→　範囲選択にかかった段落全体に一括でかかる（全て同時）

テキストボックス内の文章の一部を範囲選択した場合、その箇所に一括で設定を加える。つまりボックス全体を一括で設定したい場合は、内部の文章を全て選択し、まとめて設定する。また図形には、以下のようにアニメーションがかかる。

- 複数の図形を範囲選択　→　範囲選択した図形に一括でかかる

なお、「Shift」キーや「Ctrl」キーを使って複数の図形を選択すれば、まとめて設定できる。

アニメーションのタイミングの変更
手順1. 作業画面右側の「アニメーションウィンドウ」の一覧で順序を変えたいものを選択する。
手順2. マウスの左ボタンをおさえたまま、移動して順番を替え、マウスの左ボタンを放す。
手順3. 項目を選択すると右側に現れる▼を押し、「クリック時」と「直前の動作と同時」を切り替える。

なお、「アニメーションウィンドウ」内の複数の項目を「Shift」キーや「Ctrl」キーを使って選択し、まとめて設定を変更すること、並び替えることができる。

アニメーション効果の削除
これらの演出効果を取り消すには「アニメーションウィンドウ」で選択し、「Delete」キーを押す。この場合も「Shift」キー、「Ctrl」キーを使って選択すれば、同時に削除することができる。また「Ctrl +A」で一覧の全てを選択し、一度に削除することもできる。

13. 各ファイルの印刷
13-1. 文書(Word)の印刷
Word 印刷の基本
各ファイルの印刷

本書では、最終的に Word の文書ファイル上で文章や図表を合わせ、印刷すれば済むように説明してきた。しかし実際は、Word 以外の印刷も必要なことがある。そこで本章では、Word の印刷だけでなく、PowerPoint の配付資料、Excel の印刷、PDF ファイルの印刷から実用的な方法を説明する。

Word の「印刷」設定画面の表示

印刷するには、まず「印刷」の設定画面を表示させる必要がある。

手順1. 「Ctrl +P」を押す。
 メニュー「ファイル」→「印刷」でもよい。
 すると、「印刷」の設定画面が現れる。
手順2. 現れた「印刷」設定画面で「ページ」を
 指定する。(詳細は以下の項目を参照)
手順3. 上にある「部数」を指定する。**(右ページ)**
手順4. 「印刷」を押す。

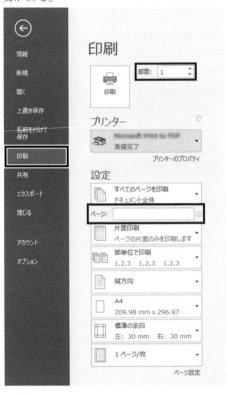

なお、接続しているプリンターによっては、印刷の設定画面が右に表示しているものと異なることがある。つまり、ここで説明した項目がない、あるいはより便利な項目があるということがありうる。

印刷範囲の指定(ページの指定)

普通に全ページを印刷するだけなら、初期設定のまま「印刷」を押せばよい。
印刷するページを指定する場合は、指定は「設定」欄にある「ページ」に、以下の表にあるように記入する。

印刷したいページの例	「ページ」の表記
1、5ページ	1, 5
1〜5ページ	1-5
1〜5、8〜10ページ	1-5, 8-10

ただし、ページ番号はファイル上のページ数ではなく、設定されたページ番号に基づく。例えば、**9-6** の表紙付き(ページ番号ゼロ、表示なし)原稿の表紙を印刷するには、0ページを指定する。
なお、セクション区切りを使ったことで、ファイル内でページ番号が重複している場合は、ページ指定がうまく働かないことがある。

印刷の設定（応用）

印刷部数の指定
　「部数」の数字を設定すれば、必要な部数だけ印刷することができる。
　この時、設定画面中央にある「部数単位で印刷」を「ページ単位で印刷」にしてしまうと、指定した部数だけ同じページごとに印刷されてしまうので、変更しないようにすること。

見開き印刷の指定（例：A4原稿をB5に縮小、B4に見開きで印刷）
　配布資料などを見開き（1枚の用紙に2枚分の原稿を印刷）にすると、見やすくなる。
　また両面印刷に設定すると、紙が少なく済む。

手順1．「Ctrl +P」を押す。
手順2．現れた「印刷」設定画面下の「設定」欄を、
　　　　以下のように設定する。
　　　・印刷方法は「両面印刷　短辺を綴じます」
　　　・用紙サイズの指定は「B4」
　　　・1枚あたりのページ数は「2ページ/枚」
手順3．「ページ」や「部数」を設定する。
手順4．「OK」を押す。

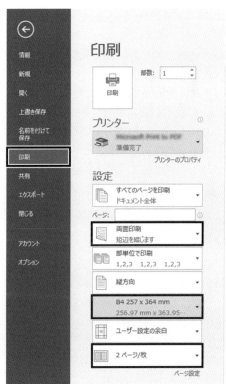

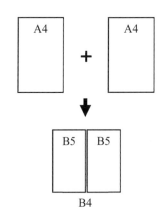

両面印刷の「とじ」の位置
　両面印刷する時の「とじ」の方向は、以下のように設定する。
・通常の両面印刷は紙が縦長になるので、横で綴じる場合は長辺とじを選ぶ
・見開きの両面印刷は紙が横長になるので、横で綴じる場合は短辺とじを選ぶ

補足：コピー機にかける原本（オリジナル）の作成
　コピー機にかける原本（オリジナル）は裏面の印刷が写ってしまわないよう、片面印刷で作成すること。プリンターの仕様から原寸で見開き印刷できない場合は、「複写」する時に合わせればよい。またコピー機に原稿を置く際は、下を向ける際に左右を間違えることがないよう確認すること。
　なお、コピー機によって仕様が異なるので、1部試し刷りをし、印刷やとじの向きが適切か確認することを勧める。

13. 各ファイルの印刷

13-2. 配付資料（PowerPoint）の印刷

「配布資料」の作成

「配布資料」の印刷の準備

　　参加者に対し、レジュメの代わりにスライドを印刷して配布するのも、一つの方法である。その場合は、スライド1枚あたりの情報量が少ないことから、数枚のスライドを1枚の紙に印刷する「配布資料形式」形式を勧める。

　12章の「スライド」の作成方法ならば、6枚のスライドを一緒にA4用紙1枚に配置しても問題はないはずである。「配付資料」にすることを前提にしたスライド作成は、以下のように行う。

- 「標準」（横4：縦3）で作成し、「ワイド画面」（横16：縦9）は使わない
- 余計な背景を追加したりせず、画面いっぱいに文字や図を配置する
- アニメーションは最低限、「追加」（開始、緑）のみを使い、「消す」（終了、赤）は使わない

　また本書では勧めていない「ワイド画面」で、スライドを作成することもありうる。これをA4用紙の縦置きにスライド6枚を配置する形式で印刷すると、表示が小さくなってしまう。

　そこで「ワイド画面」のスライドを「配布資料」にしなければならない場合は、A4用紙は横置き、スライドは4枚配置で印刷することを勧める。

　なお、カラープリンターでスライドを印刷できるとしても、配布物は白黒にせざるを得ないことがある。このような白黒印刷での可能性を考えれば、初めから極力演出や色の使用をおさえて作成するように心がけて作業をすることが必要になる。

「配布資料」の印刷

　　配付資料で印刷するためには、「印刷」の設定画面で設定を行う必要がある。

手順1．「Ctrl +P」を押す。
　　メニュー「ファイル」→「印刷」でもよい。
　　すると、「印刷」の設定画面が現れる。
手順2．「印刷」の設定の中央下にある、「フルページサイズのスライド」右の▼を押す。
手順3．現れた一覧から「6スライド（横）」を選択する。

　「6スライド（横）」は、左上に1枚目、右上に2枚目と並ぶのに対し、
　（縦）は左列の上から1、2、3枚目となる。

補足：Wordで「配布資料」を整える方法

　1-10ではPowerPointで作成したスライドを、Word上に「配付資料」のように並べている。
　　この場合は、以下のように行う。

- スライドをWord上に貼り付ける
　　PowerPoint左側の一覧を使えば、「形式を選択して貼り付け」を使わずに貼り付けができる。
- スライドの幅を「80mm」に設定する（この場合、余白を小さくする必要がある、9-5）
- 1行に2枚スライドを貼り付け、間に全角スペースを入れる
- スライドを選択し、「囲み線」の設定をする
　　そのために必要な操作方法は、11-9、11-10を参照。

- 232 -

配付資料マスター
配付資料マスターの設定
　「配付資料マスター」は印刷する際、数枚のスライドを縮小し、1枚の用紙に配置して印刷するための設定である。この「配付資料マスター」は、以下のようにして表示させる。

手順．メニュー「表示」→「マスター表示」欄の「配付資料マスター」を選択する。

配付資料マスターの変更の注意点
　印刷する際の縦横の変更は、**メニュー「配付資料マスター」→「ページ設定」**欄の「配布資料の向き」で設定する。それ以外の項目は、印刷時点でも設定できるので、変更しておかなくてもよい。
　なお、元の作業画面に戻るには、**メニュー「配付資料マスター」→「閉じる」**欄の「マスター表示を閉じる」を選択する。

配付資料マスターの変更
　この「配付資料マスター」の設定画面では、以下のように設定することを勧める。
- 左上に発表会やタイトルを記入する
- 右上を説明に使用する日に書き換える
　印刷した時点の日付が記入される設定になっている。しかし大量に資料が必要な場合など、前もって印刷することもあるので、自動入力に任せず日付を入力することを勧める。
- 左下に発表者の所属や名前を記入する
- 右下はページ番号が自動で振られるので、全ページ数を追加しておくのもよい
　<#>が「自動ページ番号を振る」ことを示しているので、それを消さずに前後に全ページ数を記す。例えば「全〇ページ中、<#>ページ」あるいは「<#> / 〇」（〇は、全ページ数）と記入する。

補足：背景の変更
　スライドの背景に所属する組織や団体名、特殊な背景を入れたい場合に使用するとよい。

手順1．メニュー「表示」→「マスター表示」欄の「スライドマスター」を選択する。
　すると、「スライドマスター」の設定画面が現れる。
手順2．画像や図形を貼り付ける。
手順3．貼り付けた画像や図形が一番下に置かれるよう、「再背面へ移動」する。（4-6 右）

　貼り付けた背景は通常の作業画面では変更できないので、消す場合は再度「スライドマスター」を開いて削除する必要がある。

13. 各ファイルの印刷

13-3. シート(Excel)の印刷

Excel の印刷

Excel で印刷する場合の注意点

本書では Excel のシートを印刷することを勧めない。その理由に、「表示された通りに印刷されない」ことがあげられる。つまり、画面上ではきれいに収まっていたはずの文字が印刷時は収まっていないこと、はみ出して別のページで印刷されるといったことが生じる。

しかも、手持ちのプリンターで問題ないことを確認したとしても、別のプリンターではおかしくなるということもある。このような問題は、未だに Excel ではそれなりに起こる。特に Windows 版と Mac 版の間でファイルをやりとりした場合は、印刷設定が変わってしまうことを当たり前のこととし、設定をはじめからやり直すつもりでいた方がよいほどである。

これらのことから、Excel での印刷は文書や資料の作成作業中に必要になったものに限ったほうがよい。例えば、計算結果を打ち出してみる時などである。

印刷領域の設定

Word の原稿、PowerPoint のスライドは、画面に表示されたものがほぼ印刷されるようになっている。これに対し Excel の場合は、作業画面に対応する用紙サイズは決まっていても、通常の作業画面では印刷される用紙を意識しないで済むように設定されている。

そこで以下の操作を行い、印刷する前に印刷領域を設定あるいは確認する必要がある。

改ページプレビューの表示

縦横に広がるセルが印刷時にどのように区切られるのか、表示するように設定する。

手順1. メニュー「表示」→「ブックの表示」欄の「改ページプレビュー」を押す。
　するとページ番号が振られ、青の点線で各ページの境界が標示される。
手順2. ページの境界線である青の点線の上にカーソル（マウスの矢印）を重ね、左ボタンをおさえて移動する。

表示を元に戻すには、「改ページプレビュー」の左隣にある「標準」を押す。

印刷の各種設定

用紙の設定

「改ページプレビュー」で変えられる境界線の範囲は限られている。大幅に変更したい場合は、まず用紙の設定を行う。

手順1. メニュー「ページレイアウト」→「ページ設定」欄を表示する。
手順2. 「印刷の向き」、「サイズ」、「余白」を調整する。
　例えば、以下の設定を行うとよい。

- データや計算結果の配置を踏まえ、「印刷の向き」を用紙内に収まるように変更する
- 「サイズ」で印刷する用紙の大きさを変更する（プリンターの性能による）
- 「余白」は、「狭い」か「ユーザー設定の余白」を設定の一覧から選択する
　その際、「ヘッダー」、「フッター」は使わないので、「 0 」（cm）で設定してもかまわない。

シート(Excel)の印刷　13-3

ページ区切りの設定
シートの内容を定まった用紙サイズと印刷領域に配置するには、以下の操作を行う。

手順1. メニュー「ページレイアウト」→「拡大縮小印刷」欄を表示する。
手順2. 「横：自動」、「縦：自動」、「拡大/縮小：100%」を、以下のように状況に応じて設定する。
- 「縦」、「横」を自動にして「拡大/縮小」を変更する
- 「縦」、「横」にページ数を割り振り、引かれた境界線を調整する

「縦」、「横」にページ数を割り振ると、「拡大/縮小」の数値は変更できなくなる。
なお、「拡大/縮小」の数値を変更できるようにするには「縦」、「横」を「自動」に戻す必要がある。

補足：収拾がつかなくなったら
Excel の印刷領域はうまく設定することが難しい。
そこで設定する際は、以下のことを知っておくとよい。
- 「縦」、「横」両方とも「自動」にし、「拡大/縮小」を 100% に戻せば初期状態に戻る
- 印刷設定用に別ファイルを用意しておき、それで設定を試みる

印刷する項目の設定
Excel の標準設定で印刷すると、セル座標も罫線も印刷されずに数字だけが並ぶことになる。
これらセル座標や罫線、また数式を印刷するには、以下のように設定する。

・数式の表示と印刷
式を入力すると計算がされてしまい、計算結果である値が表示される。式そのものを表示させる場合は、式の前に「 ' 」を入力する。例えば、「 '＝SUM(A2 : A5) 」と入力する。

・枠線の追加
以下の設定をしておかないと、枠線が印刷されないので注意すること。

手順1. 印刷する表を範囲選択する。
手順2. メニュー「ホーム」→「フォント」欄の「罫線」で「格子」を選択する。

・セル罫線と見出し(座標)の表示
格子の設定をせずに罫線を全て表示させる、また座標を見出しとして表示させる場合は、以下の操作を行う。

手順1. メニュー「ページレイアウト」→「シートのオプション」欄を表示する。
手順2. 「枠線」と「見出し」の「印刷」をチェックする。

- 235 -

13. 各ファイルの印刷

13-4. PDF ファイルの活用

PDF ファイルの活用

PDF ファイルに変換する理由

文書や発表用資料の印刷は自分で行い、印刷物を確認することが望ましい。

しかし、実際は以下のように対処しなければならないことがある。

- 誰かに代わりに印刷してもらう(この場合、印刷物を確認することができないことがある)
- 作成時と異なるパソコン、プリンターで印刷する(共有物や借り物のため、調整がしにくい)

これらにより、印刷されたものが画面に表示されていたものや、思っていたものと違ってしまうことがおこりうる。また 13-3 で説明したような、画面の表示と印刷されたものが一致しないという問題が、Excel 以外でも生じることがある。

この問題を解消する方法の一つに、PDF ファイルに変換し、それを印刷する、してもらうという方法がある。

PDF ファイルの活用方法

PDF に変換することで、以下のような効果を得られる。

- ほぼ画面に写ったとおりに印刷してくれる
- その際、パソコン等の環境には影響されにくい
- 追加的な加工がされにくい

また印刷することなく、Tablet や SmartPhone の画面上で読んで済ませることもできる。

しかし、Tablet や SmartPhone の場合、Word ファイルは表示できても形が崩れるなど、うまく表示されない問題がおこることがある。一方、PDF 形式では表示の問題は生じにくい。

PDF ファイルの作成方法(印刷)

まず「印刷」を使って、PDF 形式に変換する方法を説明する。

手順1. メニュー「ファイル」→「印刷」を選択する。
手順2. 「プリンター」を「Microsoft Print to PDF」選択する。

用紙サイズの指定などの操作方法は、13-1 を参照。

この場合、印刷の設定を使ってページ指定や形式の選択ができる。

PDF ファイルの作成方法と設定(名前を付けて保存)

また Office では「名前を付けて保存」を使い、「ファイルの形式」から「PDF(*.pdf)」を選択することで PDF 形式に変換して保存することもできる。(全ページが PDF 形式に変換される。)

この場合、保存画面で「PDF(*.pdf)」を選択すると現れる、オプションで以下の設定ができる。

- 標準(オンライン発行及び印刷)を使う
- パスワードの設定

ファイルにパスワードをかけるため「ドキュメントをパスワードで暗号化する」にチェックを入れる。すると、「PDF ドキュメントの暗号化」の設定画面が現れ、6～32 文字のパスワードを入れるように求められる。ただし、このパスワードはファイルの閲覧を制限するためのもので、追加的な編集や文章の抜き出しを禁止するものではない。

PDF ファイルの応用
ポスター分割印刷
　資料を大きく印刷して黒板に貼りたいとしても、使えるプリンターでは大きな用紙に印刷できない、ということがある。このような場合は、プリンターで印刷可能な大きさに分割して印刷する必要がある。昔の Office にはこの機能が付いていたようであるが、Office2016 にはなく、独自にプリンターがその機能を備えているのでなければ、PDF に変換してから印刷するなどの工夫が必要になる。

手順1. 左ページで説明した保存や印刷の方法を使って、PDF 形式に変換する。
手順2. Adobe Reader で PDF ファイルを開く。
手順3. 「Ctrl +P」で「印刷」の設定画面を表示する。
手順4. 設定画面中央左の「ページサイズ処理」の「ポスター」を押す。
手順5. 「倍率」に数値を記入し、「印刷」を押す。

印刷されるサイズの指定
　「倍率」に入れる数字は面積比でなく、辺の比になる。つまり、「200%」にすれば、縦2倍、横2倍なので、面積は4倍になる。
　ただし、200%にすれば印刷枚数は4枚になるというわけではなく、右図のように 200%に設定したら6枚に分割されることもある。そのため設定画面右に、用紙に印刷がどのように配分されるかという点線と印刷物の大きさが表示されるので、それを参考にするとよい。
　また、「倍率」欄に数値を入力した後に「Enter」キーを押してしまうと、印刷が始まってしまうことがある。倍率と原稿のページ数によっては、相当な枚数印刷されてしまうので注意すること。

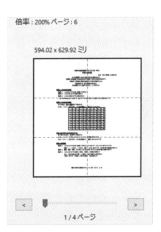

PDF ファイルを使った発表（PowerPoint の代用）
　PDF ファイルを使って発表を行う場合は、以下の操作方法で行う。

発表開始	スライドをめくる	スライドを戻す	中断、終了
「Ctrl +L」	「↓」キー	「↑」キー	「Esc」キー

　PDF ファイルでできるのは、画面にページ全体を表示し、それをめくっていくだけである。PowerPoint にある、アニメーション機能などは使えない。
　なお、SmartPhone、Tablet、また「タブレットモード」がついたパソコンと組み合わせることで、ペンを使った書き込みができることもあるので、持っている機器でできるか試してみるとよい。

補足：ファイル内の情報の保護
　PDF ファイルの内容、つまり中の文章を取り出され、利用（つまり複製）されないようにする方法として、Adobe Acrobat を使って制限をかけた PDF 形式に変換する方法がある。

おわりに

　この本の主旨をまとめると、以下のようになる。

・道具は便利にするためにあるのであって、不便をもたらす「道具」は使う必要がないはずである

・使わなければならない「道具」に不便を感じるのは、それを使う理由を把握できていない可能性がある

・そこで「説明する」という理由を設け、そのために「道具」を使う方法を説明することにした

　本書でも述べたが、「説明する」という技能は、教員などの職種で重要とされる以前に、社会に所属し、生活する人として必要なもの、つまり本来の意味での「教養」（Arts）のはずである。

　これに対し、「専門知識」の高度な部分は一部の人が理解できていればよく、何を学ぶのかを各自で選択し、身につかなかった責任は最終的に個人に帰する。このようなものなら、過度に競争をあおり、差がつくようにし、脱落者を放置しても済ませられるのかもしれない。

　しかし、人に「説明する」ためには、本来は情報を収集・整理し、そこから必要なものを切り出し並べるなどの総合力、つまり「教養」を必要とする。また、相手がいないと成立しないのだから、知らないことでも受けとめられるだけの幅広い知識と能力、聞いて理解しようとする姿勢、つまり「教養」が聞く相手にも求められる。この聞く相手は不特定で入れ替わるのだから、同じ社会に所属して生活する人達の多くが、それなりに情報を受け入れ処理するための基礎となる様々な知識を持ち、情報収集から話すまでの汎用の能力を組み合わせて、総合的に用いることができることが、自分が「説明する」際に望ましい状態ということになろう。このようなことから、「説明する」という技能は、「専門知識」のように、特別な一部の人が持っていればよいというものではないことが分かるはずである。

　また、特殊な使い方をする一部の方々を除いた、多くの人にとって「パソコン」というものは、いろいろなことに役立つ、汎用性の高い「道具」のはずである。本書は、それを「説明する」ために必要な様々な情報を収集し、加工するなどの処理作業を「補助」するための「道具」として用いる方法を示したものでしかない。この「道具」は、今日では多くの人が仕事などで使わなければならず、所有するか、教育現場などの職場や施設などで利用しなければならないものになっている。それならば、昔のように一部の特殊な専門分野で活躍する、特別な方々の視点からその使い方を教えるのではなく、それ以外の多くの人達が役立てるための方法を説明すべきであろう。

　この考えに基づいて本書を作成し、英語のサブタイトルを付けた。これは 1984 年に発売された Macintosh の宣伝文「The computer for the rest of us.」、当時の一部の特別な方々以外の「残された我々のためのコンピューター」にあやかり、有名な「The Chicago manual of style」をもじったものである。なお、「The」でなく「A」にしたのは、本書のような類の本は世の中にあるべき、あるはずであり、その中の「教育の場」に向けた一冊になればという思いを込めた。

　もちろん、本書には Macintosh のように世界を変える力はない。しかし、せめて本書を手に取り、受け入れ、活用してくれる人たちの役に立てばと思っている。本書を仕事用のパソコンの傍に置いてくださった方々の余計な作業時間と労力を減らし、より重要なことに集中力と労力を向けられるよう、また心身を休める時間を確保できるようになる、そのきっかけになること、また日々の作業で役立つことを願っている。

宇多　賢治郎

謝辞

　この本の作成にあたり、多くの方々に協力していただいた。ここに記し、感謝申し上げる。

　以下、項目別、所属別に五十音順に把握できた範囲ではあるが、記載するようにした。

　なお、基本的に肩書（教授、教諭等）でなく敬称（先生、氏）で統一し、協力していただいた時点の敬称を用いた。また、山梨大学教育学部の先生方の所属は省略した。

執筆協力（推敲、助言等）

　仲本 康一郎 先生、皆川 卓 先生、山際 基 先生、鈴木 悠莉 氏（ゼミ学生）

アンケート協力（状況把握のための調査）

　大木 志門 先生、高橋 英児 先生、田中 勝 先生、古家 貴雄 先生、山下 和之 先生

交渉・調整協力（紹介、仲介等）

　加藤 繁美 先生、酒匂 淳 先生、進藤 聡彦 先生、寺崎 弘昭 先生、鳥海 順子 先生、
　中村 和彦 先生、中村 享史 先生、成田 雅博 先生、服部 一秀 先生、尾藤 章雄 先生、
　藤原 嘉文 先生、古家 貴雄 先生、武藤 秀夫 先生、
　本学事務員　新垣 俊 氏、網倉 和雄 氏、奥原 利昌 氏、木村 美那 氏、小林 聡 氏、宝示 一男 氏、他

情報収集協力

　多数のため、既出の場合は省略した。

　大隅 清陽 先生、岡松 恵 先生、神山 久美 先生、後藤 賢次郎 先生、小山 勝弘 先生
　附属小学校　岡田 正志 前副校長、中國 昭彦 副校長、
　　　　　　　風間 俊宏 先生、堀田 誠 先生、中込 繁樹 先生、前島 光一郎 先生、中島 康夫 先生
　附属中学校　田邉 靖博 先生

　他にも多くの方々に助言などの形で協力いただいた。山梨大学教育学部の学生、特に社会科経済ゼミに所属あるいは同演習に参加した学生からは、授業や教育実習などで、教員に必要な技能の聞き取り、また授業を通じて教材の改善などに協力してもらった。

免許更新講習の映像作成の技術協力

　本書は、KAGAC（e ラーニング教員免許状更新講習推進機構）の免許更新講習のシリーズ「教員の仕事を効率化するためのパソコン術」（その1～3）と並行して作成したものである。e ラーニング教材の映像作成に関しては、以下の皆さんに協力いただいた。

　佐藤 眞久 先生（本学工学部）、都築 和宏 先生（愛媛大学）、吉原 太郎 先生（本学部非常勤講師）

他、協力

　本書の作成に至る過程でも様々な人にお世話になった。経済産業省通商政策局企画調査室に所属時、同室の皆様には共に働くなか、様々な面でお世話になった。

　最後に、立正大学の石田 孝造 先生、藤岡 明房 先生に深く御礼申し上げる。先生方のご指導、ご支援がなければ本書はなかった。

著者紹介

宇多 賢治郎
　山梨大学 教育学研究科 准教授

　日本経済の構造変化を長期的、マクロ的視点で分析することを研究テーマにしている。その研究成果を基に、任期付職員として所属していた経済産業省通商政策局企画調査室が作成した『通商白書 2011』、『通商白書 2012』で、「失われた 20 年」に生じた経済構造の変化を説明する箇所の執筆を担当した。また、その時の現場の経験や、現在は教育学部にいることを活かし、学者やエコノミストが「主張」の際に使う「経済学」や、経済学部などで教えられる「経済学」と、社会科など教育の場で説明される経済の相違も研究している。

教育の場で「説明する」ためのパソコン術

2017 年 3 月 10 日　第一版第一刷発行
2018 年 10 月 10 日　第一版第二刷発行

著　者　宇　多　賢治郎
発行者　田　中　千津子
発行所　㈱学　文　社

〒 153-0064　東京都目黒区下目黒 3 ― 6 ― 1
電話（03）3715-1501㈹　振替　00130-9-98842
http://www.gakubunsha.com

落丁・乱丁本は、本社にてお取り替えします。
定価は売上カード・カバーに表示してあります。

印刷／新灯印刷 ㈱
〈検印省略〉

ISBN 978-4-7620-2699-7

ⓒ 2017　Uda Kenjiro Printed in Japan